인공지능시대

Artificial Intelligence Era

법관의 미래는?

What is the future of judges?

오세용 지음

박영사

감사의 말

제가 이 책을 출간하게 된 과정을 돌이켜 보면, 우연인지 운명인지 모르겠고, 참 신기하고 놀랍기 그지 없습니다. 출간에 이르기까지 일련의 과정 속에서 나비효과를 불러일으킨 나비의 작은 날갯짓이 어느 지점인지 궁금해집니다.

저는 직업이 법관입니다. 원래 법관의 주된 업무는 재판이고, 재판이란 과거의 사실관계를 증거 등을 통해 조사, 확인하여 그 행위들의 시시비비를 가리고 법적 판단을 하는 작업입니다. 그렇다 보니 곧이곧대로 믿기보다는 한번 더 의심해 보고, 사건기록에 있는 과거 속 현장으로 들어가서 사실관계를 파악하고 법적으로 판단하려다 보니 다분히 과거 지향적인 측면이 많습니다. 그런데 저는 법관으로서 이런 통상적인 재판업무 외에도 특별하고 예외적인 경험이라고 할 수 있는 회생·파산 및 통일사법 업무를 담당해 볼 수 있는 기회를 가질 수 있었습니다. 흔히 '법정관리'라고 불리는 법인회생 분야는 도산한 기업의 계속기업가치 및 회생계획안의 수행가능성을 검토하고 담보권자, 채권자들의

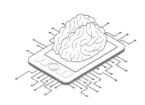

결의 등을 통해 회생계획의 인가를 결정하는 분야입니다. 법인회생 업무를 하면서 채무자 기업의 미래 영업과 투자 등을 위한 허가 여부 결정을 내려야 하는 경우가 많았습니다. 또한 통일사법 업무는 사법부의 입장에서 북한법령연구, 통일 이후 법제통합연구, 북한이탈주민 법적지원 등의 업무를 말합니다. 그중에서 통일 이후 법제통합연구는 통일이란 미래 상황을 설정하고 통일 이후의 법제를 어떻게 통합하고 어떻게 구축할 것인지를 다루는 일이었습니다. 이러한 업무들은 재판업무와 달리 과거가 아닌 미래에 관한 전망과 통찰을 필요로 하는 미래 지향적인 분야입니다.

특히, 대법원 사법정책연구원에서 근무하면서 2017년 "통일 이후 북한지역 토지등기제도의 수립방안"이라는 연구보고서를 작성, 발간한 적이 있었는데, 통일과 같이 변수가 많고 불확실한 미래를 준비하고 대책을 마련하는 작업이 얼마나 중요하고 어려운지를 실감할 수 있었습니다. 그렇다 보니, 미래학과 미래전략이라는 분야에 대한 관심과 호기심이 저도 모르는 사이에 많이 생겼던 것 같습니다.

2019년 당시 대전지방법원 공주지원장으로 근무하던 저는 우연한 계기로 KAIST에 미래전략대학원이 있다는 것을 알게 되었고, 공주와 가까운 곳에서 수업을 들을 수 있을 뿐 아니라 좀 더 체계적으로 미래전략이라는 학문을 배울 수 있겠다는 생각에 입학을 결심하게 되었습니다.

KAIST 미래전략대학원에서 보낸 2년 반가량의 시기는 제 인생에 있어서 가장 뜻깊고 유익했던 시간들로 기억될 것입니다. KAIST의 홀

룽한 교수님들로부터 정보기술, 바이오기술, 환경·에너지기술, 나노기술 등 첨단 과학기술과 4차 산업혁명에 대하여 배우고, 다양한 분야에서 맹활약하고 있는 동급생들과 함께 미래학이라는 학문과 체계적인 미래예측방법론을 배우고 실습하면서 저도 모르게 조금씩 성장하면서 과학 분야 상식도 늘고 미래를 바라보는 식견이 높아졌습니다. 특히, 인공지능기술의 발전에 관한 다양한 수업을 통해 인공지능이 무엇인지에 관하여 진보나 세대로 배울 수 있었고, 인공지능기술의 발전에 따라 달라질 법관의 미래 모습을 위와 같은 방법론을 활용하여 예측해 보면 어떨까 하는 호기심이 계기가 되어 학위논문을 작성하게 되었는데, 결국 그 논문이 토대가 되어 이 책이 탄생하였습니다. 일과 병행하다 보니 주로 주말과 야간에 집필 작업을 할 수밖에 없는 등 결코 쉽지 않은 과정이었지만, 그래서인지 더 뿌듯하고 기쁜 것 같습니다.

　　이 책이 만들어지기까지 많은 분의 도움과 격려가 있었습니다. 부족한 저를 지도반 제자로 받아주시고 항상 따뜻한 격려와 세심한 배려로 이끌어 주셨던 KAIST 이광형 총장님, 성실하게 논문지도를 해 주시고 따스한 조언을 아끼지 않으셨던 KAIST 이상윤 교수님, 저를 처음으로 미래학과 미래전략이라는 세계로 인도해 주시고 남다른 통찰력으로 많은 가르침을 주셨던 KAIST 서용석 교수님께 감사드립니다. 특히, 단행본 출간을 권유해 주시고 친히 추천사까지 작성해 주신 이광형 총장님께 다시금 깊이 감사드립니다. 또한 이 책의 발간을 적극적으로 후원해 주신 박영사의 임재무 상무님, 이영조 팀장님 그리고 이렇게 깔끔하고 산뜻한 책자가 나올 수 있도록 편집·교정작업을 완벽하게 해 주신

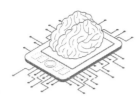

양수정 편집장님께도 감사의 인사를 전하고 싶습니다.

　마지막으로 늘 격려와 응원을 아끼지 않았던 사랑하는 아내 수진, 아들 민석, 부모님 등 가족들에게 이 책자를 바칩니다.

오세용

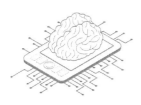

추천사

제가 오세용 판사를 알게 된 것은 2019년으로 거슬러 올라갑니다. 당시 그는 공주지원장으로 근무하는 부장판사였는데, 판사가 KAIST 미래전략대학원에 입학한다고 하여 흥미롭게 보고 있었습니다. 당시 저는 KAIST에서 매년 여름학기에 미존(未存)이라는 수업을 개설하였습니다. ´미존´이란 문자 그대로 존재하지 않는 것을 말합니다. 이 시간은 세상에 존재하지 않는 것을 논하는 수업입니다. 모든 학생들은 이 세상에 없는 아주 새로운 이야기를 해야 하는데, 새롭고 기발한 내용일수록 높은 평가를 받고, 어디선가 들어본 것 같은 말을 하면 점수가 없습니다. 오세용 판사도 이 수업을 들었는데, 그는 새로운 아이디어를 이야기하고 토의하면서 무척 흥미로워하고 즐거워하였던 것으로 기억합니다. 전형적인 판사와는 좀 다른 느낌이었습니다.

그와 더욱 가까워진 계기는 그의 논문지도교수를 맡게 되면서부터입니다. 저는 KAIST 미래전략대학원에 진학한 이들에게 각자 자신이 속한 분야에 관한 내용을 소재로 삼아 이를 기초로 학위논문을 작성하도록 권유하곤 하였는데, 그는 법관이라는 자신의 전문영역을 살려서 '인공지능기술의 발전에 따른 법관의 미래'에 관한 논문을 써 보겠다면서 저를 찾아왔습니다. 최근 인공지능 법관 도입 이야기도 나오고 인공지능의 발전으로 사라질 직업으로 법관이 언급되기도 하는 등 무척 흥미로운 주제라고 생각했습니다. 이러한 내용은 법관의 실제 업무나 구

체적인 내용을 알지 못하면 제대로 작성하기 어려운 것인데, 현직 판사가 직접 이러한 내용을 작성한다면 매우 독창적이고 유용한 연구성과가 나올 것으로 보았습니다. 그 후 약 2년에 걸쳐 그는 KAIST 미래전략대학원에서 익힌 미래예측방법론을 충실하게 적용하여 '인공지능기술의 발전에 따른 법관의 미래'를 예측하는 내용이 담긴 훌륭한 논문을 완성하였습니다. 저는 매달 한 번씩 주말 점심시간에 논문지도반 미팅을 진행하였는데, 그는 항상 빠짐없이 참석하여 지도교수인 저와 상의해 가면서 성실하게 차근차근 벽돌을 쌓아 가듯 논문작성 준비를 했던 것으로 기억합니다. 저는 이러한 연구성과가 학위논문으로만 남아 있기보다는 보다 많은 사람들이 접하도록 하여 인공지능기술과 법관의 실상에 관하여 좀 더 제대로 알 수 있는 계기가 되기를 바라는 마음이 들었습니다. 그에게 단행본 출간을 권유한 결과 이처럼 독창적이면서도 시의적절한 내용을 담은 멋진 책자가 나오게 되었습니다.

이 책에서는 인공지능기술에 관하여 알기 쉽게 기술하였을 뿐 아니라 국내외 사법 분야에서 인공지능의 현황과 미래에 관하여 충실하게 다루고 있습니다. 특히, 법관의 미래를 인공지능기술의 관점에서 다양한 미래예측방법론을 사용하여 체계적인 예측을 해낸 것이 무척 인상적입니다. 이 책을 읽다 보면, 낯설게 느껴지던 미래예측작업이 친숙하게 다가오게 될 것 같고, 향후 구체적인 미래예측방법론을 사용해서 미래예측을 시도해 보고자 하는 분들에게도 큰 도움이 될 것입니다.

끝으로, 저자인 오세용 판사는 이미 지식재산권법 전공으로 법학석사학위 및 파산법 전공으로 외국대학의 법학박사학위를 취득한 상태였음에도 또다시 새로운 분야에 도전해서 KAIST에서 공학석사학위를 취득하였을 정도로 학구적인 분입니다. 또한 판사라는 안정적인 직업에 안주하지 않고 늘 호기심을 갖고 새로운 도전을 하는 미래지향적인 분입니다. 앞으로 그의 새로운 도전이 무엇일까 궁금한 생각을 하면서, 인공지능기술이나 법관의 미래에 관심 있는 분들에게 일독을 권합니다.

이광형(KAIST 총장)

차 례

프롤로그 ·· 1

01
인공지능기술의 발전 및 전망

Ⅰ. **인공지능의 역사** ··· 17
인공지능은 어떠한 발전과정을 거쳤는가?

앨런 튜링과 튜링테스트 ·· 17
'인공지능' 용어의 탄생 ·· 20
전문가 시스템의 유행 ·· 23
머신러닝 방법론의 태동 ·· 26
1980년대 인공신경망의 부활 ··································· 29
딥러닝의 유행 ·· 34

Ⅱ. **인공지능의 현황** ··· 38
인공지능기술은 지금 어느 정도 수준일까?

머신러닝과 딥러닝 ·· 38
시각이미지 처리 ·· 42
음성인식 처리 ·· 46
자연어 처리 ·· 49

Ⅲ. **인공지능의 미래 전망** ··· 54
향후 인공지능은 어디까지 발전할 것인가?

적대적 생성 네트워크(Generative Adversarial Network)의 발전 ················ 54
강화학습(reinforcement learning)을 통한 창의적인 인공지능의 등장 ············· 57
인공지능을 장착한 로봇의 출현 ································ 60
'강한 인공지능'과 '특이점의 시대'에 과연 도달할 수 있을 것인가? ··········· 61

02
사법(司法) 영역에서 인공지능기술의 활용

I. 사법제도와 법관에 대하여 ·· 79

현행 사법제도의 헌법상 근거는 무엇인가? ······························ 79
법관은 어떠한 법적 지위를 갖는가? ······································· 82
법관은 구체적으로 어떠한 업무를 담당하는가? ························ 85

II. 외국 법원에서는 인공지능을 어떻게 활용하고 있을까? ··········· 89

미국의 형사소송절차 ·· 89
미국의 민사소송절차 ·· 93
중국 ··· 98
유럽 ··· 108
기타 국가 ··· 114

III. 우리나라 사법 영역에서 인공지능의 도입 현황은 어떠한가? ····· 122

우리나라 법원의 인공지능 도입 현황 ···································· 122
인공지능은 법관 업무를 돕기 위해 어떻게 활용될 수 있을까? ····· 132
인공지능 법관은 과연 출현할 수 있을 것인가? ······················ 137

IV. 사법 영역에서 인공지능을 활용하기 위해 해결하여야 하는 과제는
무엇인가? ··· 148

법적·윤리적 위험성 문제 ··· 148
알고리즘의 편향성과 불투명성 문제 ····································· 151
사법 빅데이터 공개·활용 문제 ·· 154
그럼, 우리는 무엇을 하여야 하는가? ··································· 156

03
인공지능기술의 발전에 따른 법관의 미래 예측

Ⅰ. 미래예측 5단계 알고리즘 ·· 175

Ⅱ. 미래예측 1단계 : 문제의 정의 ·· 177

Ⅲ. 미래예측 2단계 : 관련 요소 추출 ·· 180
　사회 분야 관련 요소 ··· 182
　기술 분야 관련 요소 ··· 185
　환경 분야 관련 요소 ··· 187
　인구 분야 관련 요소 ··· 189
　정치 분야 관련 요소 ··· 191
　경제 분야 관련 요소 ··· 194
　자원 분야 관련 요소 ··· 197

Ⅳ. 미래예측 3단계 : 핵심동인 결정 ·· 200
　교차 영향 분석법 ··· 200
　상호작용 다이어그램 ·· 203
　핵심동인의 도출 ··· 204

Ⅴ. 미래예측 4단계 : 3차원 미래예측법 ···································· 206
　관심영역 설정(1단계) ·· 206
　관련영역 설정(2단계) ·· 208
　데이터 수집(3단계) ··· 209
　미래환경 설정(4단계) ·· 215
　미래예측 완료(5단계) ·· 217

Ⅵ. 미래예측 5단계 : 예측결과 통합 및 분석 ·· 220

시나리오 기법에 따른 미래예측 ·· 220

전문가 설문조사 결과 분석 ··· 248

미래예측 통합 결과 정리 ··· 263

04
인공지능기술의 발전에 따른 법관의 미래 전략 수립

Ⅰ. 미래 전략 수립의 두 가지 방향성 ··· 279

Ⅱ. 인공지능의 기술적 과제를 해결하기 위한 방안 ······················· 282

인공지능에게 기술적 한계가 있을 것인가? ··· 282

인공지능으로 인한 부작용이나 오류가 발생하면 어떻게 하나? ················ 285

Ⅲ. 인공지능의 윤리적 과제를 해결하기 위한 방안 ······················· 288

인간 법관만이 처리하도록 하여야 할 영역을 둘 것인가? ······················ 288

인공지능의 사법적 활용에 따른 책임을 누가 질 것인가? ······················ 290

Ⅳ. 국민의 사법 신뢰도 제고 방안 ·· 292

재판참여 기회와 사법적 지원의 확대 필요성 ······································· 292

사법데이터의 공개 등 사법절차의 투명성 제고 ···································· 297

충실하고 신속한 재판을 위한 양적, 질적 확충 방안 ···························· 298

에필로그 ·· **307**

논의의 요약 · 정리 ·· 307

이번 미래예측 작업에서 아쉬웠던 부분 ···································· 318

마치면서–미래는 다가오는 것이 아니라 만들어가는 것 ············ 319

참고문헌 ·· **323**

색인 ·· **335**

프롤로그

알파고 사건, 그 후에는 어떤 일이…

최근 딥러닝 기술의 발전, 컴퓨터 처리능력의 급격한 향상, 디지털화된 데이터의 폭발적인 증가 등으로 인해 인공지능의 발전을 보여주는 획기적인 사건들이 연이어 나타났다. 체스, 바둑, 퀴즈쇼 등에서 인공지능이 인간을 상대로 승리를 거두면서 사람들은 큰 충격에 빠졌고, 인공지능 시대가 도래하였음을 실감하게 된 것이다.

가장 대표적인 사건으로 2016년 3월 한국에서 벌어졌던 구글 딥마인드(Google DeepMind)가 개발한 프로그램인 알파고(AlphaGo)와 이세돌 사이의 바둑 대결을 들 수 있다. 이 대결에서 알파고는 당시 세계 최고의 바둑기사인 이세돌에 4대1로 승리를 거두었다. 대다수의 사람들은 대결 전에 이세돌의 승리를 점쳤지만, 결과는 예상과 정반대였기 때문에 더욱 큰 충격을 받았다. 이는 인공지능기술의 발전이 상당한 경지에 이르렀다는 것을 보여주는 상징적인 사건이라 아니할 수 없다.

알파고와 이세돌의 바둑 대결 장면

이후 알파고는 어떻게 되었을까? 조금 더 진화한 알파고는 중국 최고의 바둑기사인 커제 9단을 3대0으로 가볍게 격파하였다. 알파고는 바둑 규칙뿐 아니라 대량의 인간 바둑기사들의 기보를 머신러닝을 통해 익힌 후 자기 자신을 상대로 수없이 바둑을 두면서 진화하였던 프로그램이었다. 그런데 2017년 등장한 알파고제로(AlphaGoZero)는 이세돌을 이겼던 알파고를 상대로 100대0으로, 커제를 이겼던 알파고를 상대로 89대11로 승리하는 등 기존의 알파고를 압도하였다. 놀라운 사실은 알파고제로는 알파고와 달리 인간 바둑기사들의 기보를 전혀 학습하지 않은 프로그램이었던 점이다.

알파고와 커제의 바둑 대결 장면

이러한 알파고제로도 오래가지 못하였다. 그 직후인 2018년에 나타난 알파제로(AlphaZero)는 불과 30시간 만에 알파고제로를 능가하였다. 이름에서 알 수 있듯이 알파제로는 바둑만 둘 줄 아는 프로그램이 아니다. 알파제로는 바둑뿐 아니라 체스와 일본장기도 둘 줄 안다. 게다가 알파제로는 인간 바둑기사들의 기보를 사전에 학습하지 않았을 뿐 아니라 바둑에 관한 특정지식도 모르는 상태에서 시작하였던 것이다. 말 그대로 '제로베이스'에서 시작하였음에도 불구하고 4시간 만에 알파고의 체스버전인 스톡피시(Stockfish)를 능가하였고, 30시간 만에 알파고제로까지 넘어선 것이다.

프로그램	처음 제공 정보	학습방법	가능 영역
〈알파고〉	바둑 규칙, 인간 기보	지도학습, 딥러닝	바둑
〈알파고제로〉	바둑 규칙	비지도학습, 강화학습, 자가학습	바둑
〈알파제로〉	없음	비지도학습, 강화학습, 자가학습, 창의적인 수	바둑, 체스, 일본장기 등

알파고, 알파고제로, 알파제로의 비교

　　이처럼 인공지능기술의 발전은 정말 급속도로 이루어지고 있고, 우리가 상상했던 것 이상의 결과를 보여주고 있다. 그럼 대체 인공지능은 어디까지 발전하게 될 것인가? 이제 알파제로가 바둑이 아닌 법률을 공부하기 시작한다면, 어떤 결과가 초래될 것인가?

바둑뿐 아니라 체스와 일본장기도 둘 수 있는 알파제로의 범용능력

출처: www.econovill.com/news/articleView.html?idxno=353280 (2021.8.16.확인)

한편, 우리나라에서는 그동안 유전무죄, 전관예우 등의 문제로 사법 기관에 대한 불신이 적지 않았고, 특히 최근에 있었던 이른바 '사법농단' 사건으로 인해 사법부에 대한 신뢰는 크게 하락하였다. 그렇다 보니, 법 원 판결에 대한 불만을 가지는 비율도 점차 늘어나게 되고, 급기야는 인 공지능 법관을 도입하자고 주장하는 이들마저 등장하게 되었다. 인공지 능 법관은 인간 법관과 달리 감정, 편견, 정치적 성향, 외압 등에 굴하지 않고 공정한 판단을 내릴 것이라는 기대를 품는 이들도 많아졌다. 게다가 인공지능기술이 발전함에 따라 멀지 않은 미래에 사라질 직업 중에 판사 도 포함되어 있다는 분석 결과나 언론 보도가 나오기도 하였다.

이에 반해 인공지능은 복잡한 계산이나 연산을 인간보다 쉽게 할 수 있지만 인간처럼 사물을 보고 종합적으로 이해하는 능력은 아무래 도 부족할 수밖에 없고 고도의 가치 판단 역시 어려울 것이기 때문에 인공지능이 법관의 역할을 맡기에는 역부족일 것이라는 주장도 만만치 않은 상황이다.

어려운 문제이다. 앞서 본 알파제로를 떠올려 보면, 향후 인공지능이 법관의 역할을 맡지 못할 이유는 없어 보인다. 반면, 인간의 두뇌가 어떻게 생각이나 판단을 할 수 있는지 제대로 파악하지도 못하고 복잡한 두뇌의 신비에 대하여 이제 조금씩 알아가고 있는 현재의 과학기술 발전 수준에 비추어 볼 때, 인간이 가진 고도의 판단 기능을 대신할 정도의 인공지능이 과연 출현할 수 있는 것인지 회의적으로 보는 이들도 많다.

그렇다면, 인공지능기술은 어느 정도까지 발전할 수 있을 것인가? 과연 인공지능은 인간 법관의 역할을 대체할 수 있을 정도까지 발전할 것인가? 만약 인공지능기술이 그와 같은 수준에 도달하였다고 할 때, 우리 국민들은 인공지능 법관을 도입하자고 할 것인가? 인공지능 법관을 도입하고자 할 때, 인공지능 법관으로 대체되는 범위는 어떠할 것인가? 이 책에서는 위와 같은 의문점들을 하나씩 하나씩 살펴보고자 한다.

2050년, 법관의 미래 모습은?

이 책에서는 궁극적으로 인공지능기술의 발전에 따라 법관의 미래가 어떻게 달라질 것인가에 관한 예측을 하고, 그에 대한 대응전략을 모색할 것이다. 즉, 법관의 미래에 관한 다양한 미래예측 시나리오를 도출한 후, 그중 최유력 미래, 최악의 미래, 선호미래가 무엇인지 살펴보고, 그에 맞는 미래전략을 구상해 보려고 한다.

이를 위해서는 먼저 인공지능기술의 발전 경과, 현황에 관하여 살펴볼 필요가 있다. 위와 같은 인공지능기술의 발전 추세를 살펴봄으로써 향후 전망을 모색하는 것이다. 앞서 본 바와 같이 지금의 인공지능기술은 종전에 비해서 급속도로 많은 성과를 이루어 내고 있다. 현재와 같은 발전 추세에 비추어 보면, 인공지능기술은 당분간 계속적으로 이러한 추세를 이어갈 것으로 보인다. 다만, 그 정도에 관하여는, 인공지능기술이 인간 법관을 대체할 수 있을 정도까지는 발전하지 못할 것인지, 대체할 수 있을 정도로 발전할 것인지, 나아가 강한 인공지능이나 특이점의 시대가 도래할 것인지 등으로 나누어 볼 수 있을 것이다. 이 책에서 살펴보고자 한 첫 번째 질문은 '인공지능의 인간 법관에 대한 기술적 대체가능성' 문제이다.

인공지능기술이 도달할 발전의 끝은 과연 어디까지일까? 이에 대한 정답은 현재로서는 아무도 알 수 없다. 만약 인공지능기술의 발전으로 인간 법관을 대체할 수 있을 정도까지 이르게 된다면, 국민들이 인공지능 법관에게 자신들의 재판을 맡길 것인가 하는 문제가 생긴다. 이는 '인공지능 법관에 의한 재판에 대한 사회적 수용가능성' 문제라고 볼 수 있다. 이에 대하여는 아래와 같은 여러 가지 가능성이 존재할 수 있을 것이다. 즉, 인공지능기술에 대한 불신이나 우려 등으로 인해 인공지능 법관의 도입을 반대할 수도 있고, 인공지능 법관을 도입하여 인간 법관과 병존하도록 할 수도 있으며, 아예 인간 법관을 퇴출시키고 인공지능 법관으로 완전하게 대체할 수도 있다. 인공지능 법관의 도입을 반대하는 경우에는 인공지능을 인간 법관의 보조도구로서 활용하게 될 것이다. 인공지능 법관과 인간 법관이 병존하는 경우에는 이들 간에 업무분장을 어떻게 할 것인지, 누구로부터 재판을 받을 것인지에 관하여 당사자의 선택에 맡길 것인

지, 인공지능의 판단에 불복하는 경우에는 반드시 인간 법관의 판단을 받도록 할 것인지 등과 같이 재판시스템에 큰 변화가 불가피할 것이다. 인공지능기술이 위와 같이 발전하였을 때 과연 국민들은 어떤 선택을 하고 어떤 결정을 하게 될 것인지가 이 책에서 살펴보려는 두 번째 질문으로서 '인공지능의 인간 법관에 대한 규범적 대체가능성' 문제이다.

위와 같은 두 가지 문제는 법관의 미래에 영향을 미치게 될 가장 중요한 핵심동인(核心動因)이라고 볼 수 있다. 이러한 핵심동인을 활용하여 2050년에 펼쳐질 법관의 미래 모습을 예측해 보고자 한다. 사실 위와 같은 미래를 정확하게 예측하고 알아맞힌다는 것은 사실상 불가능에 가깝다고 볼 수 있다. 그렇게 하기 위해서는 향후 발생할 수 있는 수많은 변수와 예상치 못한 급변 사태 등까지 모두 고려하고 반영하여야 하지만, 현실적으로 이는 불가능하기 때문이다. 그렇지만 거대한 방향성이나 추세는 어느 정도 존재하기 때문에 최대한 합당한 근거를 통해 설득력 있는 여러 가지 미래상을 제시함으로써 다가올 변화에 능동적으로 대처할 수 있을 것이다.

따라서 이 책에서는 인공지능기술의 발전 추이에 따라 달라지는 법관의 미래 모습을 그려볼 것이다. 즉, 인공지능으로 완전히 대체되어 인간 법관이라는 직업이 사라지게 될 것인지, 인공지능 법관과 인간 법관이 공존하면서 가치판단이나 정책결정이 필요한 사안에 관하여는 여전히 인간 법관이 담당하도록 할 것인지, 인공지능은 인간의 보조도구로 남아서 효율적이고 신속한 업무처리를 도울 것인지 등에 관하여 9가지 미래예측 시나리오를 상정하고자 한다. 이 중에서 최유력 미래, 최악의 미래, 선호미래 등을 정하여 보고, 최악의 미래는 피하고 선호미래로 나아갈 수 있는 대응전략을 살펴보고자 한다.

위와 같은 내용에 대해 누가 가장 많은 관심을 보일 것인가? 아무래도 직접적 이해관계자인 법원 그리고 법원의 구성원인 법관들이 이를 가장 궁금해 할 것이다. 이들은 이 책에서 다루고 있는 인공지능기술이 사법 영역에 미치게 될 영향이나 법관에게 닥쳐올 미래예측 시나리오를 살펴봄으로써 효과적인 준비와 대응을 할 수 있고, 이를 통해 사법 영역에서 인공지능기술을 더욱 합리적이고 효율적으로 활용할 수 있게 될 것이다.

인공지능기술의 발전에 따라 우리 사법시스템이나 재판제도가 달라진다면, 이는 인공지능기술에 의해 직접적인 영향을 받게 될 법원과 법관들만의 문제는 아닐 것이다. 이들 외에도 인공지능 전문가, 변호사, 검사, 재판연구원 등 법조인, 리걸 테크 산업 종사자, 관련 법령이나 정책을 입안하고 시행할 입법기관과 행정부처 등도 인공지능기술의 발전에 따라 펼쳐질 미래 모습에 관하여 반드시 알아야 하고, 이에 대비할 수 있어야 한다.

이 책에서 다루고자 하는 인공지능기술의 발전에 따른 법관의 미래 모습에 관한 여러 가지 예측 시나리오와 대응전략은 사법부 내 정책 결정이나 국회나 정부의 입법 조치, 후속 관련 연구 등에서 참고하고 반영될 수 있기를 바란다. 특히, 인공지능 법관의 도입이나 그 범위 문제 등은 전 국민적인 논의와 공감대가 형성되어 헌법적 결단이 필요한 매우 중요한 이슈이기 때문에 이들 전문가 그룹에서 앞으로도 계속 법적, 윤리적, 정책적 검토를 충실하게 진행하여야 한다.

하지만 인공지능 법관을 도입한다거나 재판 영역에서 인공지능을 활용하는 것과 같은 중대한 사법시스템의 변화에 가장 밀접한 영향을 받는 것은 아무래도 우리 국민들이다. 특히 누구로부터 재판을 받게 될 것인가는 헌법상의 기본권과도 관련된 중차대한 문제이다. 향후 위와 같이 중요한 헌법적 결단을 위한 공론의 장에서 충실한 논의를 만들어 내기 위해서는 인공지능기술 및 법관의 역할, 인공지능기술이 사법 영역에의 도입 시 해결하여야 할 과제 등에 관하여 국민들에게 정확하고 충분한 정보가 먼저 제공되어야 할 필요가 있다. 뒤에도 나오겠지만 인공지능기술의 발전에 따른 법관의 미래 모습에 가장 큰 영향을 미칠 핵심동인 중 하나가 바로 '인공지능 법관에 대한 국민의 인식'이다. 따라서 우리 국민들이 인공지능기술이나 법관의 업무에 대하여 정말 제대로 된 정보를 얻고 정확하게 잘 파악하고 있어야 한다. 그렇게 된다면, 나중에 국민들이 인공지능기술을 사법 영역에 어떻게 얼마나 도입할 지 여부를 결정할 때 지혜롭고 현명한 판단을 내릴 수 있을 것임에 틀림없다.

흔히들 인공지능기술에 대하여, 인공지능 법관에 대하여 막연한 기대나 두려움을 가지고 있는데, 이 책을 통해 인공지능기술과 인공지능 법관에 대한 막연한 공포심을 극복하고 그 실체를 제대로 이해하는 데 조금이나마 도움이 되기를 바란다.

어떻게 법관의 미래를 예측할 것인가?

이 책에서는 인공지능기술의 발전에 따른 법관의 미래에 관하여 논의를 시작함에 있어, 선행연구가 대부분 인공지능의 사법 영역에서의 활용 현황 및 과제를 다룬 것인 반면, 인공지능기술 발전에 따른 법관의 미래 모습을 미래예측방법론이나 설문조사 등과 같은 객관적인 방법을 통해 논증하는 연구는 찾아보기 어려운 사정을 감안하였다. 즉, 인공지능기술의 발전 및 전망, 사법 영역에서의 인공지능기술의 활용 부분 등과 같이 선행연구가 비교적 풍부한 영역에 관하여는 기존 문헌조사, 온라인리서치 등 선행연구들을 충실하게 반영하여 알기 쉽게 설명하고자 하였고, 법관의 미래 모습을 예측하고 그에 따른 대응전략을 모색하는 부분 등과 같이 선행연구가 거의 없는 영역에 관하여는 3차원 미래예측법, 시나리오 기법, 이머징 이슈 분석법 등의 미래예측방법론과 전문가에 대한 설문조사 등 방법으로 연구결과를 소개하고자 하였다.

특히, 법관의 미래를 예측하기 위하여, ① 문제의 정의, ② 관련 요소 추출, ③ 핵심동인 결정, ④ 3차원 미래예측법을 통한 구체적인 예측방법, ⑤ 예측결과 통합이라는 미래예측 5단계 알고리즘을 적용하여 연구를 진행하였다. 여기에다, 미래예측방법의 전제가 되는 관련요소 추출이나 핵심동인 결정 등을 위하여 문헌조사, 온라인리서치, 환경스캐닝(STEPPER), 교차영향분석법, 상호작용 다이어그램 등의 방법을 병행하였다. 구체적인 예측방법으로 3차원 미래예측법을 사용하여 과거로부터의 추세를 확인하고, 이를 보완하기 위하여 이머징 이슈 분석법을 가미하였다. 그러고 나서 핵심동인 및 그 변화 수준, 이머징 이슈 등을 종합하여 시나리오 기법에 따라 법관의 미래에 관한 예측 시나리오 9가지를 도출하였다. 즉, 두 가지 핵심동인의 변화 정도를 3가지로 구분하여 3×3 매트릭스로 구체적인 미래예측 시나리오를 구성하는 것이다.

이러한 9가지 미래예측 시나리오 중에서 어느 것이 최유력 미래이고, 어느 것이 최악의 미래이며, 어느 것이 신호미래인지를 파악하기 위하여 인공지능기술 전문가, 현직 법관, 미래전략 전문가를 대상으로 설문조사를 실시하였다. 위 설문조사는 인공지능이 인간 지능을 넘어서는 특이점의 도래 및 그 시기, 인공지능기술의 발전에 따른 인간 법관의 업무 대체가능성 및 그 시기, 인공지능기술이 인간 법관을 대체가능하게 되었을 때 인공지능 법관의 도입에 대한 국민들의 인식 정도, 인공지능 법관이 도입될 경우의 장·단점에 관한 문항으로 이루어져 있다. 위와 같은 설문조사 결과까지 종합·반영하여 위 9가지 미래예측 시나리오 중에서 최유력 미래, 최악의 미래, 선호미래를 선정하는 등 미래예측결과를 통합하였다.

마지막으로 최유력 미래를 선호미래로 바꾸기 위한 미래전략 수립을 구상한다는 방향성을 가지고 그에 따른 대응전략을 제시하고자 하였다.

이 책의 구성

이 책은 크게 4개의 장으로 구성되어 있다.

제1장에서는 '인공지능기술의 발전 및 전망'에 관하여 설명하였다. 인공지능기술이 그동안 발전해 온 연혁과 현황을 정리하고, 향후 전망에 관하여 살펴보았다.

제2장에서는 '사법 영역에서의 인공지능기술의 활용'에 관하여 설명하였다. 먼저 현행 사법제도의 헌법상 근거, 법관의 법적 지위, 법관 업무의 종류 및 현황 등과 같이 인공지능기술이 발전함에 따라 변화의 대상이 될 법관에 관한 일반론을 설명하고 나서, 해외 사법부의 인공지능 도입 사례 및 국내 사법 영역에서의 인공지능 도입 현황 및 과제에 관하여 다루었다.

제3장에서는 '인공지능기술의 발전에 따른 법관의 미래 예측'에 관하여 설명하였다. 문제의 정의, 관련요소 추출, 핵심동인 결정, 3차원 미래예측법, 예측결과 통합 및 분석이라는 미래예측 5단계 알고리즘에 따라 법관의 미래 모습을 예측해 보았다. 이를 통해 총 9가지 미래예측 시나리오가 도출될 수 있었고, 그중에서 최유력 미래, 최악의 미래, 선호미래를 선정하였다.

　　제4장에서는 '인공지능기술 발전에 따른 법관의 미래 전략 수립'에 관하여 설명하였다. 제3장에서 도출한 미래예측 시나리오를 바탕으로 해서 최유력 미래를 선호미래로 바꾸기 위한 대응전략을 제시하였다.

　　그럼 이제부터 인공지능기술의 발전에 따라 법관의 미래 모습은 어떻게 달라질 것인지 하나씩 하나씩 살펴보도록 하겠다.

01

인공지능기술의
발전 및 전망

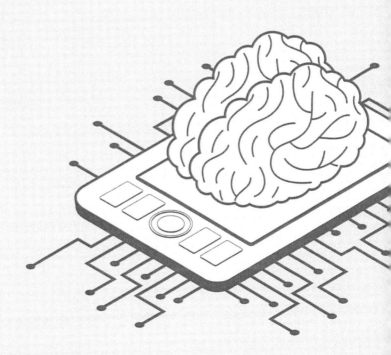

Ⅰ. 인공지능의 역사

인공지능은 어떠한 발전과정을 거쳤는가?

앨런 튜링과 튜링테스트

　영국의 수학자이자 컴퓨터공학자인 앨런 튜링(Alan Turing)은 1950
년 '계산기계와 지능(Computing Machinery and Intelligence)'이라는 논문
을 발표하였는데, 그는 위 논문에서 '생각하는 기계'로서의 컴퓨터에 대
한 아이디어를 펼치면서, 컴퓨터가 기술적으로 발전을 하게 되면 언젠
가는 인간처럼 생각을 할 수 있다고 주장하였다.[1] 이때는 아직 '인공지
능(Artificial Intelligence)'이라는 용어가 사용되기 전이었는데, 그는 기계
적 지능에 대한 연구를 이미 진행하고 있었던 것이다. 또한 그는 컴퓨
터가 사람보다 속도도 빠르고 계산도 정확하기 때문에, 논리를 기계가
처리한다면 사람이 하는 것보다 훨씬 빠르고 정확하게 법칙을 만들 수
있을 것이고, 따라서 논리적으로 '참'이라는 것은 위 기계가 계산해 낼
수 있는 것이라면서 '튜링기계'라고 불리는 논리기계를 고안하기도 하
였다.[2]

앨런 튜링

출처: www.mk.co.kr/news/it/view/2015/08/797374/ (2021.8.16.확인)

앨런 튜링은 기계가 지능을 가지고 있는지 여부를 판별하는 간단한 테스트를 제안하였는데, 이를 그의 이름을 따서 흔히들 '튜링테스트'라고 부른다. 이 테스트는 기계, 그 기계와 대화하는 사람, 그것을 관찰하는 심사위원으로 구성된다. 먼저 기계와 사람은 채팅 메시지를 주고받으며 서로 대화를 한다. 심사위원은 이들의 대화방과는 격리된 상태에서 주고받는 대화의 텍스트만을 관찰할 수 있는데, 그 텍스트의 내용만으로 이 중 누가 사람인지를 구별해야 한다. 이때 심사위원이 대화내용을 보고 사람과 기계를 구별하지 못하면, 그 기계는 지능을 가지고 있다고 보는 것이다. 이 테스트를 '이미테이션 게임(Imitation Game)'이라고 부르기도 한다. 위와 같은 튜링테스트의 기본 철학은 지능이나 생각이 신비롭거나 영험한 무엇이 아니라는 것이다.[3]

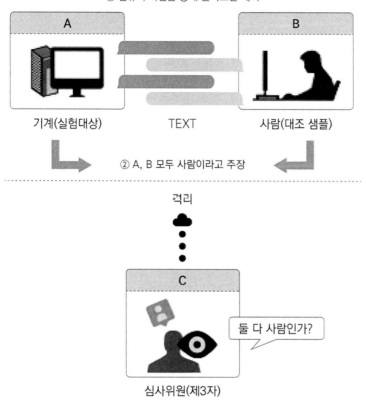

① 컴퓨터 화면을 통해 문자로만 대화

인공지능 판별기준 **튜링 테스트 개요**

A

B

기계(실험대상)　　　TEXT　　　사람(대조 샘플)

② A, B 모두 사람이라고 주장

격리

C

둘 다 사람인가?

심사위원(제3자)

③ 어느 쪽이 사람인지 구분할 수 없을 경우, A·B 둘 다 인간 수준의
사고능력을 가진 것으로 판정

튜링테스트 개요

출처: www.yna.co.kr/view/AKR20140609029751091 (2021.8.16.확인)

　　이러한 튜링테스트 자체는 기계지능의 실체에 관하여 설명하는 것
이 아니고, 관찰자의 입장에만 초점을 맞추고 있었기 때문에, 많은 학

자들의 공격을 받았는데, 그 과정에서 이른바 '중국어방 논쟁'이 벌어지기도 하였다.[4]

　　UC버클리대 교수인 존 설(John Searle)은 튜링테스트와 같은 단순한 기준으로 지능이라는 것을 판단할 수 없다고 비판하면서 '중국어방'이라는 우화를 예로 들었다. 즉, 중국어를 모르는 사람이 방대한 매뉴얼에 따라 입력된 문자를 확인하고, 결정된 대답을 출력함으로써 대화가 성립된 것처럼 보여도 사실 그 사람은 중국어를 이해하지 못하고 있다는 것이다.[5]

　　반면, 레이 커즈와일(Ray Kurzweil)은 이러한 존 설의 주장에 대하여 "나는 영어를 이해할 수 있지만, 내 뉴런 각각은 영어를 이해할 수 없다는 사실을 떠올려 보라."면서 위 시스템은 중국어를 이해하고 있다고 봐도 무방하다고 주장하였다.[6]

'인공지능' 용어의 탄생

　　'인공지능'이라는 용어가 가장 처음 사용된 것은 1956년 미국 다트머스대학교 수학과 조교수였던 존 맥카시(John McCarthy)에 의해서다.[7] 그는 1956년 여름에 열린 '다트머스 회의(Dartmouth Conference)'에서 이 용어의 사용을 제안하였는데,[8] 인공지능의 의미에 대하여 "사람이 그렇게 행동했다면 지능적이라고 말할 수 있는 행동을 하는 기계를 만드는 것"이라고 설명하였다.[9] 존 맥카시가 '인공지능'이라는 용어를 골랐던 이유는 기존 연구분야인 '인공두뇌학(cybernetics)'과 구별하기 위한 목적도 있었다. 인공두뇌학은 동물과 기계들이 피드백을 활용해서 어떻게 행동을 조절하고 수정하는지를 관찰하는 데 초점을 맞추는 것인 반면, 존 맥카시와 그의 동료들은 수학의 한 분야인 기호논리학을 신봉하였다.[10] 기호논리학은 세상의 문제를 수학처럼 기호와 규칙을 통해 풀려고 하는 학문으로, 추론·탐색·문제해결 등의 분야에서 형식논리와 기호체계에 기초한 연구 방법을 채택한다.[11]

다트머스 회의 이후 인공지능이 드디어 실현될 것이라는 낙관적인 예측[12]을 바탕으로 위와 같은 추론과 탐색에 기반한 연구[13]가 실행에 옮겨지기 시작하였다.[14]

다트머스 회의

다트머스 회의는 1956년 여름 존 맥카시의 주도로 미국 다트머스대학교에서 열린 회의로서 인공지능 분야를 확립하기 시작한 학술회의로 알려져 있다. 이 회의에는 존 맥카시를 비롯해 마빈 민스키, 허버트 사이먼, 앨런 뉴웰 등 당대의 저명한 학자들이 대거 참석하였다. 약 한 달 동안 지속된 위 회의에서는 컴퓨터 이론, 기계지능, 자연어처리 등 컴퓨터에 관한 최신 연구성과가 발표되고 다양한 논의가 이루어졌다. 그중 뉴웰과 사이먼에 의한 세계 최초의 인공지능프로그램인 'Logic Theorist'가 유명한데, 이 프로그램은 자동적으로 정리를 증명하는 프로그램이다.

20년 내에 기계가 사람이 할 수 있는 모든 일을 할 것이다.

Herbert Simon

몇 년 안에 인간의 평균지능을 가진 기계가 등장할 것이다.

Marvin Minsky

| John
McCarthy | Marvin Minsky | Claude
Shannon | Ray
Solomonoff | Allen Newell |

| Herbert
Simon | Arthur
Samuel | Oliver
Selfridge | Nathaniel
Rochester | Trenchard
More |

1956년 다트머스 회의에 참석한 인공지능의 아버지들

출처: www.scienceabc.com/innovation/what-is-artificial-intelligence.html (2021.8.16. 확인)

디지털 컴퓨터는 논리적 연산과 기호 처리, 규칙 적용에 매우 효율적이었으므로, 앨런 뉴웰(Allen Newell)과 허버트 사이먼(Herbert Simon)은 '수학원리'에 소개된 논리적 정리들을 증명할 수 있는 'Logic Theorist'라는 컴퓨터 프로그램을 작성할 수 있었다. 이러한 초기 시절에는 지능형 컴퓨터가 곧 등장할 것이라는 기대가 팽배했다.[15]

하지만 초반의 기대와는 달리 인공지능은 복잡한 문제나 현실 세계를 풀기 어렵다는 것이 곧바로 드러났다.[16] 즉, 다트머스 회의에서 중요하게 다루어졌던 이런 접근 방식은 1970년대와 1980년대 대부분의 기간 동안 인공지능 연구자들의 주요 연구분야였지만, 그 이후 쇠퇴하게 되었다.[17] 인간에게 쉬운 일을 기계나 컴퓨터를 통해 구현시키기 매우 힘들기 때문인데, 이를 흔히 '모라벡의 역설(Moravec's paradox)'이라고 부른다.[18] 또한 오늘날에 비해 당시의 디지털 컴퓨터가 믿을 수 없을 만큼 원시적이었고, 메모리가 너무 비쌌던 것도 다른 원인이었다.[19] 결국 이른바 '제1차 인공지능 붐' 시기가 저물고 인공지능의 겨울이 찾아오게 된 것이다.

모라벡의 역설(Moravec's paradox)

미국 카네기멜론대학교의 교수인 한스 모라벡은 1970년대에 "지능 검사나 체스에서 어른 수준의 성능을 발휘하는 컴퓨터를 만들기는 상대적으로 쉬운 반면, 지각이나 이동 능력 면에서 한 살짜리 아기만한 능력을 갖춘 컴퓨터를 만드는 일은 어렵거나 불가능하다."고 말하면서 인공지능의 한계를 지적하였는데, 여기서 '모라벡의 역설'이라는 용어가 유래하였나.

전문가 시스템의 유행

1970–1980년대에는 일련의 규칙을 이용해 의료 진단 문제나 법률 문제를 해결하는 인공지능 전문가 시스템의 개발이 붐을 이루었다. 이 시스템을 만든 목적은 진귀한 인간의 전문 지식을 컴퓨터로 활용 가능한 형태로 저장하고 복사해서 그 능력을 값싸게 널리 활용할 수 있게 하자는 의도였다.[20]

허버트 사이먼의 제자인 에드워드 파이겐바움(Edward Feigenbaum)은 기존에 있는 인간 지식을 활용하여 일반적 개념으로 이동하는 귀납적 방법론을 인공지능기술에 연결하여 검색의 형태로 인간 전문가를 흉내낼 수 있을 것이라고 생각하였다. 그는 이를 위해서 실제 전문적 지식이 필요하다는 것을 깨달았다. 결국 그는 화학 분야 전문가인 칼 제라시의 도움을 받아, 1966년 지식을 추론하는 기계인 '덴드럴(Dendral)'

을 완성하였다.[21] 이는 세계 최초의 전문가 시스템으로 알려져 있다.

Expert System

초기 전문가 시스템의 대표적인 예로는, 수막염과 같은 전염병 질병에 책임이 있는 박테리아를 식별하기 위해 개발된 마이신(MYCIN)을 들 수 있다.[22] 마이신은 미국 스탠퍼드대학교의 브루스 뷰캐넌(Bruce G. Buchanan) 박사팀이 1972년 개발한 세계 최초의 의료 전문가 시스템으로, 감염성 질병을 진단하고 적절한 항생제를 처방해 주는 대화형 프로그램이다.[23] 이 시스템을 개발한 이들은 먼저 환자들의 증상과 병력은 물론이고 전염성 질병 전문의로부터 사실과 규칙을 수집한 다음 시스템의 컴퓨터에 입력해야 했고, 마지막으로 컴퓨터가 로직(logic)을 사용해 추론하도록 프로그램을 작성해야 했다. 마이신은 제한된 조건하에서 그 성능이 인간 의사 수준에 육박하기도 하였지만 곧 한계에 직면하였다. 개발자들은 전문가로부터 사실과 규칙을 수집하는 데 어려움을 겪기 시작하였고, 보다 복잡한 영역에서는 코드화가 쉽지 않았으며, 새로운 사실이 발견되거나 오래된 규칙이 폐기될 때마다 시스템을 지속적으로 업데이트하여야 했고, 환자들의 증상과 병력을 수집해 입력하는 과정 자체에서도 적지 않은 시간이 소요되는 등 여러 가지 문제점이 나타남에 따라 임상적으로 활용되는 단계까지 이르지는 못하였다.[24]

마이신은 실제 의사들이 많이 사용하지는 않았지만, 이후 인공지능 연구에 큰 기여를 하게 되는데, 마이신의 성공은 법률 등의 영역에도 영향을 미쳤다.[25] 민법, 형법 등 개별 법률은 개개의 논리와 체계를 가지고 있으며, 엄격한 법적 규칙을 담고 있어 법률가들은 이러한 규칙에 따라 연역적 추론을 하는 것처럼 보인다. 이런 이유로 학자들은 일찍부터 규칙 기반 법률 시스템 연구를 시작하였다.[26] 하지만 법률가들은 위와 같이 컴퓨터 알고리즘처럼 추론하기도 하지만, 유사한 사례를 떠올려서 귀납적으로 판단하는 경우도 있으므로, 법률가의 추론은 어느 한 관점으로만 설명할 수 없는 복합적인 특성을 가진다.[27] 최초의 법률 전문가 시스템으로는 1977년 손 때카시(Thorne McCarty)가 시작한 '택스맨 프로젝트(TAXMAN Project)'[28]를 들 수 있다. 이 프로젝트에서는 미국 연방세법의 규칙과 개념을 표현하는 알고리즘을 구현하였다. 또한 케빈 애슐리(Kevin Ashley)는 인간 변호사의 추론 과정 및 사건해결 방식을 흉내 내어 1987년 세계 최초의 사례 기반 시스템인 하이포(HYPO)를 개발하였다.[29]

그 밖에도 독극물 방출 관리나 자율주행 차량의 임무 계획, 음성 인식 등과 같은 여타 애플리케이션을 위한 전문가 시스템이 다수 개발되었으나 오늘날까지 사용되고 있는 시스템은 거의 없다.[30]

전문가 시스템 연구는 기존에 존재하는 지식과 인간의 상식을 모두 주입하면 인간 의사나 변호사처럼 추론하는 기계를 만들 수 있다는 믿음에서 출발하였는데, 예상과 달리 전문가 시스템은 인간의 능력과는 비교되지 못하며 매우 제한적으로만 작동하였다. '모라벡의 역설'처럼 컴퓨터에게 복잡한 계산이나 연산은 쉽지만, 사물을 보고 인식하거나 상식적인 것을 이해하는 것에는 특별한 규칙이 없어 보이므로 기계나 컴퓨터에게 어떤 규칙을 부여하는 것 자체가 너무도 애매하고 막막

하였던 것이다. 그렇다보니, 우리가 지식을 표현하는 방법으로 추론지능을 만드는 것은 물리적으로 감당할 수 없는 작업이라는 본질적인 한계에 부딪치게 된 것이다.[31] 전문가 시스템은 형식적으로 인간을 단순하게 모방한 것에 불과할 뿐 실제 인간의 복잡한 인지과정을 그대로 반영한 것이 아니다. 결국 인공지능을 구현하기 위해서는 학습 개념이 절대적으로 필요하다는 것을 보여준다.[32] 전문가 시스템이라는 방법론은 위와 같은 현실적 한계를 넘지 못하고 1990년대부터 다시 쇠락의 길로 들어서게 되었는데, 이를 들어 '제2차 인공지능 붐'이 저물고 '제2차 인공지능 겨울'이 도래하였다고 비유하기도 한다.[33]

머신러닝 방법론의 태동

앞서 본 규칙기반 인공지능과 달리 학습기반 인공지능은 인간이 모든 프로그램을 수행하는 대신에, 대략적인 얼개만 잡아두면 기계가 데이터를 통해 프로그램을 완성하는 것이다. 이런 방법론을 '머신러닝(machine learning)'이라고 한다.[34] 학습 능력이 인간 지능의 중요한 측면이므로, 인간이 어떤 방식으로 배우며, 어떻게 해야 컴퓨터들도 그와 같은 방식으로 배우도록 프로그래밍 할 수 있는지 알아보고자 하였던 것이다. 데이터의 방대한 규모와 인간 두뇌의 특성을 부분적으로 흉내 낸 듯한 컴퓨터 프로그램은 데이터에서 패턴을 찾아내는데, 이렇게 데이터 중심적인 인공지능의 접근법은 일반적으로 '머신러닝'이라고 불린다.[35]
머신러닝의 시초는 미국 시카고 대학에 있던 워런 맥컬록(Warren S. McCulloch)과 월터 피츠(Walter Pitts)가 두뇌의 뉴런 네트워크를 논리식으로 만들 수 있다는 사실을 발견했던 1943년으로 거슬러 올라간다.[36] 이들은 1943년 발표한 논문에서 두뇌의 신호전달 체계는 'all or nothing 프로세스'로서 2진법 체계임을 발견하였다. 당시에는 프로그래밍 할 수 있는 컴퓨터가 거의 없었으므로 이를 컴퓨터 프로그램의 기초로 사용하겠다는 데까지는 생각이 미치지 못했다.[37] 다만, 위 연구를 주도한 워런 맥컬록은 심리학자이자 의학박사였는데, 그는 뇌를 수학적인 모델로 만들어서 정신병 치료의 발전을 이끌 가능성을 기대하였던 것으로 보인다.

위와 같은 맥컬록과 피츠의 '인공신경망 모델'은 미국 코넬 대학교의 프랭크 로젠블라트(Frank Rosenblatt)[38]가 1957년 개발한 '퍼셉트론(Perceptron)'에 의해 실제로 구현되었다. 로젠블라트가 개발한 퍼셉트론은 세계 최초의 인공신경망 시스템으로 불리고 있다.[39] 퍼셉트론은 한 개의 인풋 층 그리고 인풋 유닛과 아웃풋 유닛을 연결하는 일련의 접속부로 구성된 한 개의 인공 뉴런을 갖춘 신경망(neural network)이다. 퍼셉트론의 목표는 인풋 유닛에 제시되는 패턴을 분류하는 것이다. 아웃풋 유닛이 수행하는 기본 작업은 각 인풋에 그것의 연결 강도, 즉 가중치를 곱한 값을 합산해 아웃풋을 결정하는 것이다. 이를 통해 특정한 인풋의 패턴이 특정한 범주에 속하는지 여부를 알아내는 것이다.[40] 그는 당시 뉴욕타임즈 기사에서 "이 기계는 인간의 두뇌처럼 사고하는 최초의 기기가 될 것이다. 이 기계는 원칙적으로는 조립 라인에서 자기 자신을 복제하고 자신의 존재를 인식할 수 있을 것이다."라고 말하기도 하였는데,[41] 당시 사람들은 인간의 신경망을 그대로 모방하여 학습한다는 방법론에 고무되어 컴퓨터가 이제 곧 걷고, 말하고, 보고, 쓰고, 스스로 복제하고, 자신을 인식하는 시대가 올 것으로 기대하였다.

퍼셉트론 시연에 성공한 프랭크 로젠블라트

출처: www.scienceabc.com/innovation/what-is-artificial-intelligence.html (2021.8.16.확인)

하지만 마빈 민스키[42]는 시모어 패퍼트(Seymour Papert)와 함께 1969년 *Perceptrons*라는 책을 펴냈는데, 그들은 이 책에서 "단층 인공신경망인 퍼셉트론은 단순한 선형 분류기에 불과하고, XOR 같은 비선형 문제를 풀 수 없다."고 주장하면서 로젠블라트의 퍼셉트론을 공격하였다.[43] 그 후 로젠블라트가 1971년 불의의 선박사고로 사망하고, 위 책이 대단한 영향력을 발휘하면서 인공신경망 연구에 대한 열기는 급속도로 냉각되었다.[44] 이처럼 민스키와 패퍼트는 한 층이 다음 층에 반영되는 식으로 단일 계층에서 다중 계층으로 퍼셉트론이 일반화할 가능성을 고려하면서도 그렇게 강력해지는 퍼셉트론을 훈련시킬 방법이 과연 있을지에 대하여 의구심을 품었던 것이다. 이에 많은 사람들이 이러한 회의적인 시각을 확정적으로 받아들였고, 결국 1980년대에 이르러 새로운 세대의 뉴럴 네트워크 연구자들이 문제를 다시 새로운 시각으로 들여다볼 때까지 해당 분야는 방치되고 말았다.[45]

1980년대 인공신경망의 부활

로젠블라트의 선구적인 노력이 결실을 맺게 된 것은 그로부터 한 세대를 건너뛰고 난 이후였다. 딥러닝의 뿌리인 인공신경망은 로젠블라트의 퍼셉트론 이후 여러 개의 층으로 이루어진 다층 신경망으로 발전하였는데, 언어지능이나 시각지능과 같이 복잡하고 어려운 영역에서는 중간층의 개수가 여러 개인 다층 내지 심층 구조로 된 네트워크가 필요하기 때문이다. 그러나 중간층이 늘어나면 날수록 연산량이 기하급수적으로 늘어나 연산이 불가능해지므로, 이러한 문제를 기술적으로 극복할 필요가 있었다.[46]

뉴럴 네트워크 연구에서 선도적인 역할을 하였던 존 홉필드

출처: www.aps.org/publications/apsnews/200512/hopfield.cfm (2021.8.16. 확인)

우선, 물리학자 존 홉필드(John Hopfield)는 1983년 특정 유형의 비선형 네트워크 모델을 통해 '어트랙터(attractor)'라고 불리는 안정적인 상태로 수렴되도록 보장할 수 있음을 입증해 냄으로써 강력한 상호작

용을 하는 네트워크의 수렴성 문제를 해결하였다. 오늘날 이 모델을 '홉필드 망'이라고 부른다. 당시 연구자들은 고도로 비신형 양상을 보이는 네트워크를 분석하는 일은 불가능하다고 여기고 있었는데, 홉필드는 네트워크의 유닛들에 대한 자극이 순차적으로 주어지는 경우 쌍을 이루는 유닛 간 상호 연결성의 강도가 동일한, 특별한 경우의 대칭적 네트워크는 다루기가 쉬우며 실제로 수렴된다는 것을 보여 주었다.[47] 위와 같은 홉필드 망은 물리학과 신경과학을 연결해 주는 다리 역할을 하였고, 1980년대 수많은 물리학자들이 이론물리학의 수준 높은 도구들을 이용해 뉴럴 네트워크와 학습 알고리즘을 분석함으로써 놀라운 수준의 통찰력을 확보할 수 있었다. 이후 홉필드와 데이비드 탱크 (David Tank)는 유닛의 값이 0과 1 사이에서 끊임없이 바뀌는 홉필드 망의 변형 버전을 활용해 최적화 문제를 해결할 수 있는지를 놓고 계속 연구를 이어 나갔다.[48]

제프리 힌튼과 함께 볼츠만 머신에 관한 논문을 발표한 테런스 세즈노스키

출처: m.segye.com/view/20191025510494 (2021.8.16.확인)

볼츠만 머신(Boltzmann Machine)

루드비히 볼츠만(Ludwig Boltzmann)은 19세기 물리학자로 열역학 제2법칙의 비가역성을 이론적으로 증명하고, 엔트로피의 개념을 통계학적으로 정식화한 최초의 인물로 알려져 있다. 힌튼과 세즈노스키는 자신들이 연구한 홉필드 망의 새로운 버전을 볼츠만의 이름을 따서 '볼츠만 머신'이라고 명명하였다. 세즈노스키는 볼츠만에 대해 '당시 우리가 변동이 심한 뉴럴 네트워크 모델의 분석에 사용하고 있던 모든 도구의 원천이자 강력한 머신러닝의 원천이기도 한 통계 메커니즘의 창시자였다.'고 말한다.

제프리 힌튼과 테런스 세즈노스키는 1984년 '볼츠만 머신(Boltzmann Machine)'에 관한 논문을 발표하였는데, 모의 담금질(simulated annealing)[49] 알고리즘을 차용함으로써 지역 에너지 최솟값을 발견하도록 의도된 홉필드 망의 한계를 극복하고 전역 에너지 최솟값을 찾을 수 있도록 하였다.[50] 실제로 모의 담금질은 네트워크가 다수의 인접 상태에 접근해 가능한 해결책을 폭넓게 탐구해 볼 수 있는 균형 상태에 도달하도록 만들기 위해 항온에서 시작한다.[51] 볼츠만 머신을 위한 알고리즘은 인풋 유닛에서 아웃풋 유닛으로의 매핑(mapping)을 수행하는 것을 목표로 하는데, 볼츠만 머신은 퍼셉트론과 달리 보이지 않는 유닛(은닉층으로 불리는 숨겨진 유닛)을 보유한다. 인풋과 아웃풋의 쌍을 만들고 학습 알고리즘을 적용함으로써 위와 같은 매핑을 학습하게 되었다. 볼츠만 머신은 학습을 한 이후 아웃풋 범주 각각을 고정시킴으로써 새로운 인풋 샘플을 생성할 수 있었다.[52] 그리고 위 알고리즘에는 '각성'과 '수면'의 두 단계가 있는데, 각성 단계에서는 인풋과 아웃풋 패턴이 요망되는 매핑에 고정된 상태에서 네트워크의 유닛들이 평형상태로 안정되기 위해 수없이 갱신되었고, 수면 단계에서는 인풋과 아웃풋이 고정되지 않은 채 한 쌍의 유닛이 동시에 활성화되는 시간이 자유롭게 가동되는 조건에서 계산되었다. 또한 각각의 연결 강도는 각성 및 수면 상태에서 나타나는 동기율의 차이에 비례해 갱신되었다.[53] 위와 같은 볼츠만 머신의 학습 알고리즘이 숨겨신 유닛을 필요로 하는 문제의 해결 방법을 학습할 수도 있었다는 것은, 다층 네트워크를 훈련시키는 일이 가능하고 퍼셉트론의 한계를 극복할 수도 있다는 의미했다.[54]

●
오차역전파 기법을 제시한 데이비드 러멜하트

출처: news.stanford.edu/news/2011/march/david-rumelhart-obit-031711.html (2021.8.16. 확인)

볼츠만 머신을 이용해 다층 네트워크를 훈련시키는 것이 가능하다는 비밀이 밝혀지자, 새로운 학습 알고리즘이 폭발적으로 개발되기 시작하였다. 그중 가장 대표적인 것이자, 훨씬 더 생산적인 것으로 밝혀진 기법은 바로 '오차역전파' 기법이다. 인지심리학자 데이비드 러멜하트(David Rumelhart), 제프리 힌튼, 로널드 윌리엄스(Ronald Williams) 등은 1986년 다층 신경망을 효율적으로 학습시킬 수 있는 오차역전파 기법을 제시함으로써 네트워크 내에서 각 가중치의 경사도를 산출하는 방법을 찾아냈다.[55] 오차가 이미 드러나 있는 아웃풋 계층에서 시작하면 아웃풋 유닛에 가해지는 인풋 가중치의 경사도를 산출하는 것은 어렵지 않은 일이다. 다음 단계는 아웃풋 계층의 경사도를 활용해 이전 계층 가중치의 경사도를 산출하는 것이다. 같은 방법으로 인풋 계층에 도달할 때까지 각 계층별 경사도를 산출한다. 이 방법은 과학적으로 정밀하거나 물리학에 뿌리를 둔 것은 아니지만, 오차 경사도 산출에 매우 효율적이고 이를 통해 인공신경망 분야에서 급속도의 진전이 이루어질 수 있었다.[56] 또한 데이비드 러멜하트는 제임스 맥클러랜드(James McClelland)와 함께 1986년 두 권짜리 '병렬분산처리'라는 책을 출간하였는데, 이 책은 인간의 심리와 행동방식 현상을 이해하기 위한 뉴럴 네트워크와 다층 학습 알고리즘의 작동방식을 보여준 최초의 저서였다. 역전파에 의해 학습된 뉴럴 네트워크는 시각 체계이 끼질 뉴런과 유사한 속성을 갖춘 숨겨진 유닛을 보유했을 뿐 아니라 그런 네트워크가 보여주는 분해 패턴들 역시 인간의 뇌 손상 이후 나타나는 장애현상과 상당한 공통점을 보였다.[57]

위와 같은 오차역전파 기법에 의해 다층신경망 연구는 다시 부활하게 되고, 영상처리, 제어 분야, 자연어 처리 등에서 제법 활약을 하는 듯 하였지만, 과적합(overfitting) 같은 문제들을 해결하지 못하면서 제2차 인공지능 겨울과 함께 1990년대 이후에 서서히 몰락하게 된다.[58] 당시에는 이용가능한 데이터가 거의 없었기 때문에 추론을 더 강화하는 것으로 인간과 같은 지적인 처리를 할 수 있지 않을까라는 가설이 서고 병렬에 추론하는 구조의 연구에 매진한 것이지만, 그 방향에서는 결국 생각한 것과 같은 성과는 없었다.[59] 개방적으로 이용가능한 데이터가 폭발적으로 증가한 것은 인터넷의 등장 이후인데, 실제로 웹이 보급된 것은 1990년대 후반, 구글의 창업은 1998년이었다.

딥러닝의 유행

제2차 인공지능 겨울은 대부분의 학자들과 투자자들이 인공지능을 외면하는 시기였고, 인공신경망은 더욱더 심한 냉대 속에 있었다. 2006년도에 와서 캐나다의 지원을 받아 온 제프리 힌튼 팀은 한 편의 기념비적인 논문을 발표하게 되는데, 그 제목은 '딥 빌리프 넷을 위한 패스트 러닝 알고리즘(A Fast Learning Algorithm for Deep Belief Nets)'이다. 이 논문은 인공신경망의 고질적인 문제가 데이터의 사전학습(pre – training) 등을 통해 해결될 수 있음을 밝혔고 인공신경망 연구의 새로운 이정표를 세운다. 이 논문 이후에 '딥러닝'이라는 말이 유행하기 시작하였다.[60]

딥러닝 개척을 통해 재차 인공지능의 시대를 이끌어 낸 제프리 힌튼

2012년 인공지능 연구 분야가 큰 충격에 빠졌다. 세계적인 이미지 인식 경연대회인 ILSVRC(ImageNet Large Scale Visual Recognition

Challenge)에서 처음 참가한 캐나다 토론토대학의 슈퍼비전(SuperVision) 팀이 다른 유수의 연구기관의 인공지능을 누르고 압도적인 승리를 거둔 것이다.[61] 당시 이미지 인식에 관하여 다른 연구기관의 에러율이 26%대에서 공방을 벌이고 있었는데, 슈퍼비전은 에러율을 15~16%대로 만든 것이다.[62] 종래의 연구방법은 천만 장의 이미지 데이터를 머신러닝으로 학습하고 15만 장의 이미지를 사용해서 테스트하고 정답률을 측정하는 것으로 사용특징의 설계는 인간의 일이었다. 그런데 힌튼이 주도한 슈퍼비전에서 사용한 딥러닝은, 데이터를 바탕으로 컴퓨터가 스스로 특징을 만들어 낸다. 인간이 특징을 설계하는 것이 아니고 컴퓨터가 스스로 높은 차원인 특징을 획득하고 그것을 바탕으로 이미지를 분류할 수 있게 되는 것이다. 즉, 딥러닝은 특징을 사람이 선택하는 고전적인 머신러닝과는 달리 적절한 입력값을 스스로 생성해 낸다. 딥러닝은 엄청난 양의 데이터를 학습하여 스스로 피쳐(feature)를 만들고 인간이 인식하지 못한 숨은 특징도 찾아내는 것이다.[63]

한편, 인공지능의 발전을 보여주는 획기적인 사건들이 연이어 벌어졌다. 체스, 바둑, 퀴즈쇼 등에서 인공지능이 인간을 상대로 연이은 승리를 거둔 것이다. 이를 통해 사람들은 큰 충격에 빠졌고, 인공지능 시대가 도래하였음을 실감하게 된 것이다.

가장 대표적인 사례로는 체스 세계챔피언을 이긴 컴퓨터 프로그램 '딥블루(Deep Blue)'를 들 수 있다. 미국 카네기멜론대학에서 연구를 진행하다가 IBM에 스카우트되어 연구를 지속했던 연구원들이 개발한 딥블루는 1997년 당시 체스 세계챔피언이었던 개리 카스파로프(Garry Kasparov)와 여섯 차례 맞대결을 하였다. 이 경기에서 딥블루는 극적으로 개리 카스파로프를 꺾었다.[64] 이후 전문가 수준의 컴퓨터 체스 프로그램은 아주 흔해졌고 그 능력도 매우 뛰어나게 발전하였다. 2009년에는 이미 그랜드마스터 수준으로 체스를 두는 프로그램들이 지극히 평범한 스마트폰으로도 구농할 수 있을 정도가 되었다.[65]

또한 인공지능과 관련된 기술 중 가장 인상적이고 잘 알려진 성과로는 퀴즈쇼 제퍼디(Jeopardy)에서의 승리를 들 수 있다. IBM 연구소 고위관리자 찰스 릭켈의 권유로 시작된 연구팀은 7년간 연구에 매진하였고, 퀴즈 프로그램 제작진과 장기간 협상을 진행한 끝에 대결이 드디어 성사되었다. 창업자의 이름을 따서 왓슨(Watson)으로 명명된 IBM의 프로그램은 2011년 1월 14일 켄 제닝스와 브래드 러터 등 퀴즈쇼 챔피언들과의 대결에서 승리하였다. 이 퀴즈쇼에서는 얻은 점수가 달러로 계산되는데, 왓슨의 점수는 35,734달러였고, 브래드 러터는 10,400달러, 제닝스는 4,800달러에 그쳤다. 이를 위해 왓슨은 위키피디아 전체 내용을 포함해서 2억 페이지가 넘는 사실과 인물에 관한 데이터베이스 약 4테라바이트를 학습하였다고 한다.[66]

●
퀴즈쇼 제퍼디에서 우승한 인공지능 프로그램 왓슨

구글의 딥마인드 사업부 연구원들은 머신러닝 알고리즘을 바둑에도 적용시켰다. 바둑은 나올 수 있는 경우의 수가 체스보다 훨씬 많기 때문에, 종래 주로 활용된 휴리스틱 추론[67] 같은 기존 인공지능 접근법으로는 해결이 어려웠다. 그런데 구글 딥마인드가 개발한 프로그램인 알파고(AlphaGo)는 2016년 3월 한국에서 세계 최고의 바둑선수 이세돌과 맞붙어서 4대1로 승리를 거두었다.[68] 알파고는 바둑판을 알아보는 '딥러닝'과 승부결과를 기반으로 현재 수의 가치를 평가하는 '깊은 보상 학습 알고리즘'을 사용하였다. 위 대국에 사용된 알파고 v18은 약 16만 판의 바둑 경기들을 학습했을 뿐 아니라 셀프 시뮬레이션을 통해 추가 학습 데이터를 얻었다고 한다. 알파고의 바둑판 인식 딥러닝은 48층의 인공신경망을 사용했는데, 인간의 신경망은 보통 10에서 20층 정도라고 한다. 알파고는 이미 인간보다 더 먼 미래의 수를 내다보고 있었던 것이다.[69]

Ⅱ. 인공지능의 현황

인공지능기술은 지금 어느 정도 수준일까?

머신러닝과 딥러닝

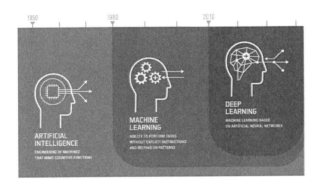

머신러닝이 하는 일은 일반적으로 회귀(regression), 분류(classification), 군집(clustering)으로 나눌 수 있다.[70] '회귀'는 연속적인 변수와 출력을 대상으로 한 것이다. 예컨대, 집의 평수(연속변수)를 입력하면 가격이 얼마라는 것을 예측하는 것이다. '분류'는 말 그대로 이것인지 저것인지 여부를 분류하는 것이다. 예를 들어, 어떤 물건을 입력하면 그 물건이 사과인지 배인지를 구분하는 것이다. '군집'은 데이터의 특징에 따라 유사한 것

끼리 묶는 작업을 말한다. 어떤 슈퍼마켓의 구매 데이터로 먼 곳에서 물건을 사러 오고 평균구매단가가 높은 그룹과 근처에서 사러 와서 평균구매단가가 낮은 그룹을 데이터 분포를 통해 밝혀내는 것을 그 예로 들수 있다.[71]

회귀와 분류는 통상 '지도학습(supervised learning)' 방식이라고 하고, 군집은 '비지도학습(unsupervised learning)' 방식이라고 한다. 지도학습은 데이터에 출력값을 미리 라벨링을 하고 이를 기준으로 학습하는것이므로, 모델 학습 과정과 최종 모델을 가지고 예측하는 단계로 이루어진다.[72] 따라서 지도학습에서는 입력과 올바른 출력(분류결과)이 세트로 이루어진 훈련데이터를 미리 준비하여 어떤 입력이 주어졌을 때 올바른 출력 결과가 나오도록 컴퓨터에 학습을 시키게 된다. 반면, 비지도학습은 사전 라벨링을 필요로 하지 않는 것으로서 입력용 데이터만주고 라벨링 없이 데이터에 내재하는 구조를 파악하기 위해 이용할 수있다. 데이터 속에 있는 일정한 패턴이나 룰(rule)을 추출하는 것이 목적이다.[73]

한편, 분류의 관점에서 설명해 보면, 머신러닝은 어떤 분류기를 만들기 위한 과정이라고 볼 수 있는데, 위 분류기는 입력데이터를 주면 그것이 어떤 카테고리에 있는지를 알려주는 일종의 함수이다. 머신러닝은위와 같은 분류기를 만들기 위해 비교적 엉성한 알고리즘을 만들어두고그 후에는 데이터로 학습을 하여 프로그램을 완성해 가는 것이다. 훈련데이터를 통한 학습과정을 거쳐 분류오차가 가장 적은 최적의 함수를 찾아내 함수 속 미지의 파라미터(parameter)가 확정되면, 그것이 완성된 분류기 내지 예측함수로서 역할을 하게 된다.[74] 대표적인 분류 방법으로는,최근접 이웃 방법(Nearest Neighbor),[75] 나이브 베이즈법(Naive Bayes),[76]결정트리(Decision Tree),[77] 서포트벡터머신(Support Vector Machine),[78] 뉴

럴 네트워크(Neural Network)[79] 등이 있다.[80]

미지의 파라미터(parameter) 찾기

머신러닝 초기 단계에서 임시로 가설함수를 세우게 되면, 입력값을 x라고 할 때 다음과 같은 함수를 세울 수 있다. "(x)=Wx+b". 여기서 미지수 W, b는 구체적으로 무엇인지 모르는 상태인데, 이를 '파라미터(parameter)'라고 부른다. 데이터 학습과정을 통해 최적의 관계함수를 표현하는 W, b값을 찾아내는 것이다.

머신러닝에서는 최적 판단의 기준이 되는 오차를 비용(cost) 내지 비용함수(cost function)라고 하는데, 오차가 작을수록 만족도가 높을 것이므로, 예측값과 실제값의 오차가 작을수록 제대로 예측한다고 볼 수 있다. 앞서 본 미지의 파라미터에 구체적인 수를 일일이 대입하는 작업은 무수히 많은 경우의 수가 발생하고 막대한 시간이 소요될 것이기 때문에, 머신러닝에서는 수학자들이 이미 만들어 놓은 경사하강법 등과 같은 테크닉을 가지고 컴퓨터를 이용해 고속으로 계산을 맡겨 비용함수의 최솟값을 찾음으로써 이를 해결하고 있는 것이다.[81]

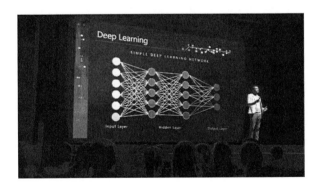

한편, 딥러닝은 위와 같은 머신러닝 방법론 중에 하나로서, 그중 뉴럴 네트워크가 진화한 것이라고 볼 수 있다. 고전적인 머신러닝에서는 입력으로 들어가는 특징값인 피쳐(feature)가 이미 만들어져 있거나 인간이 선택하는 과정이 필요하지만, 딥러닝에서는 여러 단계의 계층적 학습과정을 통해서 적절한 피쳐를 스스로 생성해 낸다. 딥러닝은 엄청난 양의 데이터를 학습하여 스스로 피쳐를 만들고, 인간이 인식하지 못한 숨은 특징도 찾아낸다. 즉, 딥러닝에서는 입력 데이터에서 스스로 피쳐를 찾아내고 이를 입력값으로 변환하여 다시 분류기로 넘기는 작업을 동시에 수행하게 된다.[82] 딥러닝에는 컨볼루션 신경망(CNN: Convolution Neural Network), 순환신경망(RNN: Recurrent Neural Network), 강화학습(Reinforcement learning) 등 다양한 방법론이 있고, 지금도 계속 새로운 모델들이 등장하고 있다.[83]

컨볼루션 신경망(CNN: Convolution Neural Network)

컨볼루션 신경망은 여러 개의 층으로 이루어진 전형적인 심층신경망 구조로 되어 있는데, 위 각층은 각기 다른 피쳐를 감지하여 모아 놓은 것으로 피쳐맵이라고 부른다. 피쳐맵은 세부적인 모습을 표현하는 층에서 시작하여 점점 더 추상적이고 전체적인 피쳐를 표현하는 층으로 단계적으로 구성되어 있다.

순환신경망(RNN: Recurrent Neural Network)

순환신경망은 시계열 데이터(time-series data)와 같이 시간의 흐름에 따라 변화하는 데이터를 학습하기 위한 딥러닝 모델로서, 기준 시점(t)과 다음 시점(t+1)에 네트워크를 연결하여 구성한 인공 신경망(ANN)이다. 그러나 매 시점에 심층 신경망(DNN)이 연결되어 있을 경우 오래 전의 데이터에 의한 기울기 값이 소실되는 문제(vanishing gradient problem)로 학습이 어려워진다. 이를 해결하는 대표적인 모델로 장단기 메모리(LSTM: Long-Short Term Memory) 방식의 순환 신경망이 있다.

강화학습에서는 지도형/비지도형 기계 학습에 이용되는 훈련 데이터 대신, 주어진 상태에 맞춘 행동의 결과에 대한 보상(reward)을 준다. 컴퓨터는 보상을 이용하여 성능을 향상시킨다. 강화 학습의 대상이 되는 컴퓨터 프로그램을 에이전트(agent)라고도 한다. 에이전트는 주어진 상태(state)에서 자신이 취할 행동(action)을 표현하는 정책(policy)을 수립한다. 에이전트가 최대의 보상을 받을 수 있는 정책을 수립하도록 학습시키는 것이 강화 학습의 목표이다. 강화 학습의 주요 응용 분야로는 게임과 로봇 제어를 들 수 있다.

시각이미지 처리

인공지능에 의한 시각이미지 처리는 컴퓨터가 보는 능력을 갖춰서 시각이미지를 해석할 수 있게 만드는 것으로서 '컴퓨터 비전(computer vision)'이라고 부르기도 한다.[84] 주차장 입구에서 흔히 볼 수 있는 번호판 인식시스템이 시각이미지 처리의 대표적인 예시라고 볼 수 있다.

주차장 입구에서 흔히 볼 수 있는 번호판 인식시스템

시각은 인체에서 가장 잘 발달한 감각기관인 동시에 가장 많이 연구되는 감각기관이기도 하다. 인간은 한 쌍의 전두안구를 통해 절묘한 양안 깊이 지각을 하며 뇌의 대뇌피질의 절반이 시각에 관여하고 있다고 알려져 있다. 이러한 시각시스템은 수억 년이라는 진화의 세월이 소요되었을 정도로 방대한 연산적 복잡성을 가진 매우 복잡한 것이었다. 이러한 시각 피질의 영역 계층구조에 관한 연구[85]는 나중에 시각이미지 처리를 위한 딥러닝 네트워크 발전에 아주 유용한 영감을 부여하게 된다.[86]

시각이미지 처리에 관한 연구 초기에는 시각이미지와 관련된 전문적인 지식과 관찰대상에 관한 설명을 이용하여, 우선은 선이나 일부 영역 등 의미적으로 중요한 요소를 찾고, 그 다음에 크고 일반적인 실체로 종합하는 알고리즘을 만드는 데 치중하였다. 예컨대, 의자를 구별하도록 고안된 프로그램이라면 우선은 의자의 다리, 앉는 부분, 등받이를 먼저 찾도록 설계하는 식이다. 하지만 그 후에는 신경망을 활용한 머신러닝 접근법이 주로 활용되었는데, 시각이미지 처리를 위한 가장 성공적인 딥러닝 네트워크는 컨볼루션 신경망(CNN: Convolution Neural Network)이다.

컨볼루션 신경망은 이미지가 겹치는 작은 부분에서 패턴을 찾고, 그렇게 배운 사실을 처음에는 그 패턴과 이웃하는 부분으로 확장하고, 그 다음에 이미지 내에서 보다 넓은 영역으로 점진적으로 넓혀 가는 방식이다.[87] 앞서 본 바와 같이 컨볼루션 신경망은 실제 인간의 눈이 사물을 지각하는 것을 모방한 것이다. 인간의 시각시스템은 위계적인 계층구조를 지니고 있는데,[88] 실제로 우리가 사물을 보면 최초의 정보는 망막에서 처리되고 망막에 맺힌 이미지는 신경을 타고 시각피질로 전달되며 시각정보들은 단계별로 위계적으로 처리된다. 이런 층위적 분업을 통해 인간의 뇌는 이미지의 패턴과 그 패턴의 패턴을 잡아내게 되는 것이다.[89] 컨볼루션 신경망은 이미지의 특징이나 피쳐를 잡아 주는 필터(filter)의 집합체인데, 단계별로 이루어진 필터는 사물의 피쳐를 잘 잡아낼 수 있도록 학습을 통해 최적화된다.[90]

필터(filter)

필터는 이미지의 특징을 잡아내기 위한 하나의 장치로서 3×30이나 5×5로 된 픽셀 행렬과 같은 것으로 생각하면 된다. 필터는 윈도(window), 커널(kernel), 마스크(mask) 등으로 불리기도 한다. 필터를 가지고 원하는 정보만을 필터링하는 수학적 연산을 컨볼루션이라고 부른다.

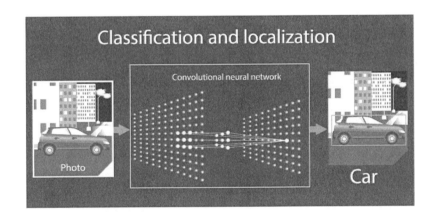

컨볼루션 신경망은 다음 설명과 같은 구조로 이루어져 있다. 즉, 컨볼루션 신경망은 일반적으로 피쳐를 추출하는 부분과 이 피쳐를 입력으로 받아서 분류하는 분류기로 구성되어 있다. 피쳐 추출 부분은 컨볼루션(convolution)층과 풀링(pooling)층을 교대로 쌓은 구조로 되어 있다. 입력 이미지가 들어오면 필터는 이미지를 스캔하면서 컨볼루션 연

산을 통해 피쳐 정보를 뽑아낸다. 이 피쳐들이 모인 층이 컨볼루션층이 된다. 이 층은 다음 층의 입력으로 들어가고 풀링이라는 과정을 거치면서 새로운 정보가 모인 다른 층이 만들어진다. 풀링은 주위의 픽셀을 묶어서 하나의 대표 픽셀로 변환시키는 장치인데, 이미지의 차원을 축소하는 역할을 하게 된다. 이런 식으로 컨볼루션과 풀링이 반복되어 심층 구조를 이루게 된다. 이러한 각 층은 피쳐맵이라고 불린다. 피쳐 추출 과정에서 마지막에 만들어진 완전연결층(fully connected layer)은 분류기의 입력으로 들어가게 된다. 예전에는 시각이미지 처리 분야에서 이런 필터를 인간이 직접 만들었지만, 이제는 데이터 학습을 통해 이런 필터가 자동으로 만들어지고 있다.[91]

이 분야의 최근 발전 속도는 무척 빠르다. 매년 이미지 인식 기술 대회인 ILSVRC(ImageNet Large Scale Visual Recognition Challenge)가 열리는데, 여기서는 천 개 이상의 카테고리에 속하는 사진 15만 장 중에서 200개 종류의 사물을 감지하고 그 위치를 정확히 찾아내는 능력을 겨룬다.[92] 앞서 언급한 바와 같이 2012년 이 대회에서 제프리 힌튼이 이끄는 팀의 알렉스넷(AlexNet)이라는 모델은 컨볼루션 신경망을 통해 오류 발생률 18% 절감이라는 전례 없는 성과를 거두었다.[93] 2012년 대회 당시 오차율 15~16%를 기록한 힌튼 팀을 제외하고는 나머지 팀들은 26%대에서 공방을 벌이고 있었다. 위와 같은 비약적인 성과는 이 분야 학자들 사이에서 적지 않은 충격으로 작용하였고, 이후 2015년에 이르자 사람의 인식 오차율인 4%보다 낮은 수치까지 도달하였다.[94] 이제는 이미지 인식 영역에서 인공지능이 인간을 능가하게 된 것이다.

컨볼루션 신경망의 이미지 처리 기술은 그 외에도 다른 여러 분야에서 응용되고 있다. 예를 들어, 희미한 이미지를 복원하는 기술,[95] 기존 화가의 화풍을 반영한 이미지를 만드는 기술,[96] 자율주행차를 위한 이미지 인식 기술[97] 등이 있다.

나아가 이 분야 연구는 단순히 시각적인 이미지를 해석하는 차원을 넘어설 것으로 보인다. 즉, 인간의 눈이나 대부분의 카메라는 반사된 빛에서 표본을 추출하는 데 비해, 여러 종류의 센서들은 다양한 방법을 활용하여 인간이 볼 수 없는 범위의 현실 세계 데이터를 수집할 수 있다. 예를 들어, 적외선 신호(열)나 반사신호(레이더나 진동 등)를 측정하는 특수기기들을 활용하여 인간의 눈에 보이지 않는 이런 신호로 장면을 해석하거나 재구성할 수도 있는 것이다.[98]

음성인식 처리

인간은 아마도 문자를 사용하기 전부터 음성을 통한 말을 사용하였을 것이다. 하지만 컴퓨터로서는 문자언어를 처리하는 것보다 음성

언어를 처리하는 것이 훨씬 더 까다로울 것이다. 우선 소음 속에서 신호를 구별하고 이를 적절한 문자언어로 바꾸어야 한다. 음성은 생각이나 아이디어를 전달하려는 의도를 가지고 인간이 만든 것이므로, 음성데이터에 포함된 정보는 인간이 만든 소리로 표현된 단어들의 조합으로 구성된다. 또한 시각이미지를 처리할 때에는 2차원 형상에 반사된 빛의 순간적인 형상을 다루어야 하는 데 반해, 음성인식 과정에서는 시간의 흐름에 따라 역학적으로 변동하는 단 하나의 변수인 음파를 다루어야 하므로, 음성인식 처리는 시각이미지를 처리하는 문제와 근본적으로 차이점이 있다.[99]

초창기에 진행된 음성인시 처리연구는 대부분 어휘를 제한하고 단순화한 영역 내에서 구동하고, 화자(話者)에게 단어를 하나씩 띄엄띄엄 읽도록 시키거나, 특정 범위의 화자만을 위한 맞춤형 프로그램을 만드는 등의 방식으로 이루어졌다. 1970년대 미국 방위고등연구계획국(DARPA)은 이 분야 연구를 활성화하기 위하여 적어도 천개 이상의 단어를 사용하여 연속적인 음성인식을 겨루는 개발대회를 개최하기도 하였으나, 별다른 성과를 거두지는 못하였다.[100] 1980년대에 와서는 음성인식 문제에 HMM(Hidden Markov Modeling)[101]이라는 통계기술이 적용되면서 유망한 성과를 나타내기도 하였는데, 그중 대표적인 것이 드래곤 시스템즈에서 1997년 출시한 내츄럴리스피킹(NaturallySpeaking)[102]이다. 그러나 당시 이 모델은 그 이전의 모델들에 비하면 획기적으로 발전한 프로그램이었지만, 그 기술을 널리 도입해서 활용할 정도의 정확성까지 갖추지는 못하였다는 평가를 받았다.[103]

비교적 최근에는 머신러닝 기술이 적용되면서 이런 종류의 시스템들은 정확도와 유용성이 크게 높아졌다. 아울러 컴퓨터 성능이 좋아짐에 따라 다량의 음성 샘플을 포착하고 분석하는 능력도 크게 향상되었다. 실례로, 2009년에는 토론토대학교 연구원들이 IBM 리서치와 협력해서 이 문제에 머신러닝 기술을 적용하여 오류율을 약 30%나 낮추기도 하였다. 그리고 향상된 기술이 구글보이스(Google Voice)나 애플의 시리(Siri)처럼 스마트폰에 명령을 내리거나 데이터를 입력하는 대체 방법으로 쓰임에 따라 이 분야 연구에 대한 관심이 폭발적으로 증가하게 되었다.[104] 최근에는 채팅로봇인 챗봇이 금융 분야나 ARS상담에 등장하고 있을 정도로 널리 활용되고 있다.[105]

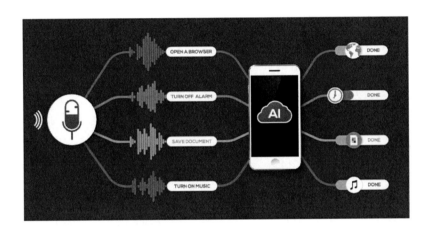

인공신경망의 언어학습에 관한 최근의 실험들은 인간의 학습 방법과 일치하는 굴절형태학의 점진적 습득을 옹호하고 있다. 최근 딥러닝 기술을 이용한 구글 번역기 등이 언어의 미묘한 어감을 포착해 내는 데 성공을 거두는 등 뇌가 언어학습에서 명시적 규칙을 사용할 필요가 없다는 것을 보여주고 있다.[106] 아직까지도 최첨단 컴퓨터 음성인식 기술은 인간에 비하면 분명히 능력이 떨어지지만,[107] 뛰어난 처리능력을 지닌 컴퓨터, 훈련에 활용할 막대한 양의 데이터, 머신러닝 내지 딥러

닝 기술의 조합을 통하여 계속적으로 발전한다면, 음성인식 처리 기술의 효용성은 나날이 높아질 것이다.[108]

자연어 처리

언어를 사용하는 능력은 인간을 다른 동물들과 구별 지어 주는 중요한 요소이다. 인간은 의사소통을 위해서 뿐 아니라 생각하고 기억하고 분류하고 개체와 사물에 이름을 붙이기 위해서도 언어를 사용한다. 언어는 항상 고정되어 있는 것이 아니라 인간과 마찬가지로 계속 진화하고 인간의 필요에 맞추어 변화해 간다. 언어와 컴퓨터는 관련이 없는 존재인데, 컴퓨터 프로그램을 정확하고 명료한 방식으로 쉽게 만들기 위한 목적으로 컴퓨터 언어가 개발되었다. 컴퓨터 언어는 시나 소설을 쓰는 보통의 언어와는 전혀 상관이 없고, 프로그램의 상세한 내용을 컴퓨터 기기가 실행할 수 있는 형식으로 바꾸는 데 기여한다.[109]

초기에는 컴퓨터 언어와 인간의 언어 사이에 밀접한 관련이 있다고 믿었고, 인간의 언어가 통사론적 규칙이나 체계적인 문법구조를 따르듯이 컴퓨터 언어에 대하여도 이를 적용하여 동일한 접근방법으로 분류하여 체계화하면, 자동번역이 가능해질 것으로 기대하였다. 자동번역은 기계를 이용하여 서로 다른 자연어를 번역한다는 의미에서 '기계번역(machine translation)'이라고도 불린다. 당시 학자들은 두 언어 간의 언어법칙을 풀어서 컴퓨터 코드를 입력하면 컴퓨터가 손쉽게 자동번역을 해줄 것으로 기대하였다. 이런 상황에서 1954년 미국 조지타운대학교와 IBM이 60개의 러시아 문장을 영어로 자동번역하는 최초의 공개 실험에서 성공을 거두자, 자동번역이 곧 실현될 것으로 보았다. 그러나

1966년 미국의 '자동언어처리자문위원회(ALPAC)'가 기계번역이 인간의 번역보다 속도, 정확성, 비용 등의 측면에서 훨씬 낮은 효용성을 보여준다는 결과를 발표하자, 기계번역에 대한 열기는 급격히 사라지고 말았다. 결국 형식적인 문법 분석만으로는 한계가 있었고, 이것만으로 담을 수 없는 초월적인 부분이 분명히 존재한다는 점이 밝혀진 것이다. 그리하여 자연어를 컴퓨터로 처리하는 연구는 수십 년 동안 지지부진하였는데, 완전히 다른 접근 방법이 도입되고 나서야 비로소 활력이 생기기 시작하였다.[110]

테리 위노그라드(Terry Winograd)의 시도

테리 위노그라드(Terry Winograd)는 사람과 일상의 언어로 대화할 수 있는 자연어 처리 프로그램을 개발하고자 노력한 학자였다. 그는 간단한 가상의 공간을 만들어 시뮬레이션하면서 컴퓨터와 자연어로 대화가 가능함을 보여주었다. 그가 개발한 자연어 처리 프로그램 셔들루(SHRDLU)는 대상의 묘사분만 아니라 관계에 대한 질문에도 답할 수 있는 일종의 언어추론머신이라고 할 수 있다. 하지만 그 가상세계를 확장하자 곧바로 난관에 부딪쳤고, 위노그라드는 결국 기계가 언어를 이해한다는 것이 불가능하다는 결론을 내리고 이를 포기하고 말았다

1990년대 전후로 통계기법을 기계번역에 적용한 통계학적 머신러닝 방법이 등장하여 자연어 처리 기술에 큰 변화를 불러 일으켰다. 위와 같은 통계 기반 기계번역(SMT: statistical machine translation)[111]은 통계적인 기법을 번역 과정에 도입한 것으로, 번역 엔진에 단어가 가진 여러 의미를 미리 저장해 놓으면 사용자가 입력한 문장을 단어 단위로 쪼갠 후 확률적으로 가장 유사한 의미의 단어를 찾아 번역하는 방식을 말한다.[112] 이 방식에 따르면, 규칙을 손수 만들 필요가 없고, 다량의 텍스트[113]만을 제공하면 된다.[114] 또한 언어학자가 없이도 개발할 수 있고, 데이터가 많이 쌓일수록 번역의 품질이 높아지는 장점이 있다.[115]

이후 인공신경망 방법론이 발전하면서 통계적 기계번역은 한 단계 더 도약하게 되었다. 컴퓨터 정보처리 능력의 발달로 머신러닝 내지 딥러닝 기술은 기존의 통계적 번역보다 훨씬 더 복잡한 계산을 고속으로 할 수 있게 되었고, 기계가 자동으로 모델을 학습하게 되어 인간의 수고를 크게 덜 수 있을 뿐 아니라, 알고리즘을 잘 선택하면 신조어, 속어, 오타 등을 효율적으로 처리하고 문맥의 숨은 의미까지 쉽게 찾아낼 수 있게 되었다.[116]

앞서 시각이미지 처리 관련 언급하였던 컨볼루션 신경망 역시 자연어 처리에 활용될 수 있지만, 최근에는 시간적으로 정보를 처리할 수 있는 딥러닝 모델로 유명한 순환신경망(RNN) 알고리즘이 적극적으로 자연어 처리에 도입되고 있다. 순환신경망은 1990년대 후반 독일의 위르겐 슈미트후버(Jürgen Schmidhuber)와 그의 제자 젭 호흐라이터(Sepp

Hochreiter)의 노력에 힘입어 언어 처리의 핵심 알고리즘으로 자리 잡게 되었다. 순환신경망은 순차적인 정보나 시간이 개입된 정보를 저리할 수 있도록 신경망을 재구성한 것으로, 기존의 신경망에서 입력과 출력이 모두 독립적인 것과 달리 계산된 결과를 기억하고 그것을 다음 스텝으로 넘긴다는 특징이 있다. 문장에서는 단어들의 위치가 중요한데, 문장에서 다음에 나올 단어를 예측하고 싶다면 이전에 나온 단어들도 고려할 필요가 있기 때문이다. 이처럼 순환신경망은 문장의 문맥 의존성을 잘 살려주기 때문에 컨볼루션 신경망보다 언어 처리에 더 강점이 있다. 실무에서는 순환신경망이 진화한 장단기 메모리(LSTM: long short-term memory)라는 모델이 주로 사용된다.[117]

한편, 자연어 처리에 있어 가장 중요한 기술은 워드 임베딩(word embedding) 기술이다. 워드 임베딩은 단어나 정보를 수학적 벡터로 변환하는 것을 말한다. 텍스트를 다루는 대부분의 머신러닝 시스템은 바로 워드 임베딩에 의해 표현된 단어 벡터를 가지고 작업을 시작하게 되므로, 단어의 특징을 잘 살려서 벡터로 표현하는 특수한 테크닉이 반드시 필요하다. 워드 임베딩 기술의 하나로 인공신경망을 통해 학습하는 모델 중에 가장 유명한 것이 바로 '워드투벡(word2vec)' 기술이다. 워드투벡 기술은 2013년 토마스 미콜로프(Tomas Mikolov)에 의해 발표되었는데, 이 방식은 기존 모델과 본질적인 차이가 없지만 획기적으로 계산량을 줄여서 학습 효율을 높였다. 워드투벡의 알고리즘은 단어 주변에 있는 단어들이 자동으로 라벨 역할을 하게 되므로 어떤 단어의 의미를 부여할 때 별도로 라벨을 부여할 필요가 없어 비지도학습에 속하고, 그렇기 때문에 인터넷상의 모든 텍스트는 곧바로 학습 데이터로 활용될 수 있다. 워드투벡은 수많은 단어들의 벡터를 저차원의 벡터로 만들어 주고, 이를 통해 학습이 끝나면 단어는 분산표현된 벡터를 할당

받고 유사한 단어는 수학 공간에 서로 가깝게 놓이게 되는 것이다 벡터로 표시된 단어가 준비되면 이제 본격적으로 문서 분류나 번역 같은 작업을 머신러닝으로 넘길 수 있게 된다.[118]

위와 같은 인공지능을 통한 자연어 처리 기술은 기계번역 분야 외에도 정보검색 분야, 질의응답 분야, 채팅로봇 분야 등에서 널리 활용될 수 있다.

워드 임베딩(word embedding) 기술

워드 임베딩 방식은 단어 빈도 방식의 한계를 극복하고 단어나 문장을 그 특징을 반영한 유의미한 값이 벡터로 표현하는 것인데, 워드 임베딩 기술을 문장이나 문서 단위로 확장하면, 문장이나 문서의 의미를 표함한 임베딩을 추출해 낼 수 있다. 이는 문장이나 문서 간의 유사도를 비교하거나, 의미에 기반한 질의응답 시스템을 구현하는 데 유용하게 활용될 수 있다.

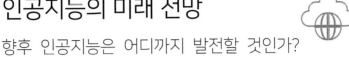

Ⅲ. 인공지능의 미래 전망
향후 인공지능은 어디까지 발전할 것인가?

적대적 생성 네트워크(Generative Adversarial Network)의 발전

종래의 머신러닝은 분류기를 만들기 위하여 학습 데이터를 준비하고 이 데이터에는 반드시 정답인 라벨(label)을 포함해야 했다. 그래서 이러한 지도학습에는 항상 학습 데이터에 정답을 미리 라벨링해야 하는 번거로운 작업이 따라와야 했다. 이러한 문제점을 해결하기 위하여 많은 생성 모델 연구가 있었는데, 2014년 신경정보처리시스템학회(NIPS)에서 이안 굿펠로우(Ian Goodfellow)와 요슈아 벤지오(Yoshua Bengio)에 의해 발표된 '적대적 생성 네트워크(Generative Adversarial Network) 모델'이 그 돌파구가 되었다. 이들은 동료들과 함께 적대적 상황에서 보다 나은 샘플을 생성하도록 피드포워드 네트워크를 훈련시키는 일이 가능하다는 것을 입증하였던 것이다. 이 모델은 비지도학습의 일종으로 학습 데이터에 라벨링이 필요 없으며 새로운 데이터를 생성할 수 있는 능력이 있다.[119]

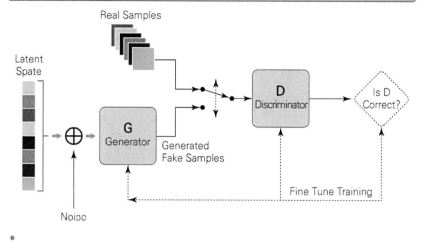

Generative Adversarial Network

Real Samples

Latent
Spate

G
Generator

Generated
Fake Samples

D
Discriminator

Is D
Correct?

Fine Tune Training

Noioo

적대적 생성 네트워크의 구조

출처: paperswithcode.com/method/gan (2021.8.16. 확인)

  적대적 생성 네트워크는 생성자(generator) 네트워크와 판별자(dis-criminator) 네트워크로 이루어진 두 개의 모듈이 서로 경쟁적으로 학습한다. 생성자 네트워크는 인풋이 진짜 데이터인지 가짜 데이터인지 결정해야만 하는 판별자 네트워크를 속이는 방법으로 훌륭한 데이터 샘플을 만들도록 훈련시킬 수 있다. 생성자 네트워크의 아웃풋은 인풋이 참일 때는 1, 인풋이 거짓일 때는 0, 이렇게 단일 아웃풋을 제시하도록 훈련된 판별자 네트워크의 인풋으로 주어진다. 이 두 개의 네트워크는 서로 경쟁하게 되는데, 판별자 네트워크의 오류 발생률을 높이려는 생성자 네트워크의 노력은 곧 자신의 오류 발생률을 낮추기 위한 노력이 되어 더욱 진짜 같은 가짜 데이터를 만들려고 한다.[120] 이렇게 서로 다른 두 가지 목표 사이에 존재하는 긴장이 판별자 네트워크로 하여금 가짜와 진짜를 정확하게 구분하려고 더욱 정교한 판별 함수를 만들게 한다. 이렇게 적대적인 학습을 거치게 되면, 생성자는 궁극적으로 진짜와 가짜를 구별할 수 없을 정도로 정교한 데이터 생성 능력을 갖추게 된다.[121]

위와 같은 적대적 생성 네트워크는 비지도학습 네트워크이므로 무제한적인 데이터 사용이 가능하다. 그래서 한 방향으로만 흐르는 기존의 신경망과는 달리 실제 자연의 생태계처럼 다양한 방향으로 진화할 수 있는 상호작용 시스템을 구현할 수 있다. 이러한 아이디어를 경쟁하는 다중 모듈로 계속 확장한다면 점점 인간에 가까운 능력을 발휘할지도 모른다. 실제로 적대적 생성 네트워크는 이미지 분야뿐 아니라 음성인식 분야, 패션·예술 분야 등으로 계속 응용되고 있고, 그 변종들도 계속적으로 등장하고 있다.[122] 이미지 분야의 예를 들어보면, 초해상도의 천체 이미지에서 잡음을 제거하는 기능, 생성자 네트워크의 인풋 벡터를 서서히 변화시키는 방법으로 이미지를 점진적으로 변환시키는 기능 등이 있다. 또한 패션·예술 분야의 예로는, 마릴린 먼로와 같은 배우가 연기한 영화를 적대적 생성 네트워크가 학습하도록 훈련시켜 이미 고인이 된 배우가 출연하는 새로운 영화를 만들어 내는 일, 새로운 스타일의 고급 여성복을 무한히 다양하게 생성하도록 훈련시켜 패션쇼를 여는 일 등이 있다. 앞으로 창의성에 의존하는 수많은 다른 산업들에 중대한 영향을 미칠 것으로 전망된다.

반면, 위와 같은 비지도학습 알고리즘의 경우 나중에 그로 인해 문제가 발생하게 되었을 때 그와 관련된 법적 책임의 소재를 파악하기가 용이하지 않다. 인간이 별도의 자료 및 기대치를 선별하지 않았고 그 작동과정에 어떠한 관여도 하지 않았다고 여겨지기 때문이다.[123] 따라서 이러한 경우 누구에게 법적 책임을 물을 것인지에 관하여 윤리적, 규범적 논의가 충분히 이루어지고, 그에 대한 해결방안이 반드시 마련되어야 할 것이다.

강화학습(reinforcement learning)을 통한 창의적인 인공지능의 등장

강화학습(reinforcement learning)은 머신러닝의 한 분야로 동물 실험에서 흔히 볼 수 있는 연상학습에서 영감을 받은 연구 분야이다. 강화학습은 주어진 상태에서 행동을 선택하는 정책함수를 활용하여 정책에 따라 취한 행동이 미래에 가져다주는 보상을 최대화하는 정책을 찾아내는 방식을 말한다.[124] 인풋을 아웃풋으로 변형하는 것이 유일한 과업인 딥러닝 네트워크와 달리 강화 네트워크는 폐쇄 루프 내에서 환경과 상호 작용하며 감각 인풋을 수용하고 결정을 내리고 조치를 취한다. 강화학습은 동물들이 불확실한 조건에서 주변에 있는 다양한 선택 사항을 탐사하고 그 결과를 통해 학습하는 방식으로 어려운 문제를 해결하는 것을 관찰한 바에 기초한다. 학습이 향상됨에 따라 탐구 활동은 점차 줄어들고 결과적으로 학습 중 발견된 최선의 전략에 대한 집중적 개발로 이어지게 되는 것이다.[125]

이러한 강화학습은 오목, 틱택토, 백개먼 게임에서 응용되기 시작하여 체스, 바둑, 비디오 게임에까지 활용되고 있다. 위와 같은 게임들에서는 목표에 도달하기 위하여 일련의 선택과정을 거쳐야 하는데, 가능한 선택사항이 무엇인지, 각 선택에 따라 기대되는 미래의 보상은 얼마인지 이미 알고 있다면 검색 알고리즘을 사용해 미래의 보상을 극대화시킬 선택의 집합을 찾아낼 수 있을 것이다. 이때 활용할 수 있는 유용한 알고리즘은 리처드 벨만(Richard Bellman)의 방정식이다. 벨만 방정식은 특정 시점에서의 행동의 결정에 대한 value를 얻음으로써 최적의 값을 찾는 방법으로, 벨만 기대 방정식과 벨만 최적 방정식이 있다. 그러나 선택 가능한 경우의 수가 늘어나게 되면 문제의 규모도 기하급수적으로 늘어나게 되어 이른바 '차원의 저주'에 빠지게 된다. 또한 선택에 따른 결과에 대한 모든 정보를 사전에 알지 못하는 경우도 있을 수 있으므로, 그 당시에 가능한 최선의 선택을 내릴 수 있는 방법을 학습하여야 한다.[126]

위와 같은 시간제약적 신뢰할당의 문제(temporal credit assignment problem)를 해결할 수 있는 학습 알고리즘은 1988년 리처드 서튼(Richard Sutton)[127]에 의해 개발되었다. 그가 개발한 온라인 학습 알고리즘은 기대한 보상과 주어진 보상 간의 차이에 의존한다. 시간제약적 학습의 경우 현재 상태에서 행위를 취할 때 예측되는 장기적인 보상과 실제로 얻은 보상에 근거한 보다 나은 추정치 그리고 다음 단계의 장기적인 보상에 대한 추정치를 서로 비교한다. 그렇게 이전의 추정치를 보다 개선된 값에 가깝도록 변경함으로써 행위에 대한 의사 결정을 점점 개선하는 것이다. 게임의 각 판세마다 미래에 예상되는 보상을 예측하는 가치 네트워크가 업데이트되고, 그것은 다시 다음 행위를 위한 의사결정에 사용된다. 다만, 서튼의 알고리즘은 가능한 모든 게임의 판세 중 극히 일부에 해당하는 수만 다룸으로써 차원의 저주를 회피할 수 있었다.[128]

체스 게임에서 개리 카스파로프를 꺾은 IBM의 딥블루, 바둑 게임에서 이세돌을 이긴 구글 딥마인드의 알파고 역시 강화학습을 통해 탄생한 대표적인 프로그램들이다. 알파고의 경우에는 바둑을 두는 방법을 학습하기 위해 먼저 대량의 과거 바둑 기보를 통해 인간 바둑 기사들을 모방 학습한 다음, 독립적인 자기 자신을 상대로 수없이 바둑을 두면서 시행착오를 거쳐 경기력을 개선하는 과정을 거쳤다. 하지만 2017년에 등장한 알파고제로(AlphaGoZero)는 알파고가 사전에 거친 인간 바둑 기사들의 기보를 모방 학습하는 과정을 생략한 채로 게임의 규칙만 알고 처음에는 임의로 아무 수나 두는 것으로 시작했지만 스스로를 상대로 한 수백만 번의 경기를 통해 학습한 새로운 버전이었다. 위와 같은 학습 후에는 상당한 수준의 경기 능력을 달성했고, 그 결과 40일 만에 알파고 등 이전 버전을 모두 추월하였다. 구체적으로 보면, 알파고제로는 커제를 이긴 알파고 마스터와 100차례의 대국을 벌여 100전 100승을 하였다. 게다가 알파고제로는 알파고 마스터보다 학습 속도는 100배 빠르고 컴퓨팅 동력은 10배나 덜 필요로 한 것으로 알려졌다.

나아가 알파제로(AlphaZero)는 알파고제로에서 바둑에 관한 특정 지식 모두를 제거하였는데, 결론적으로 알파제로는 알파고제로보다 더욱 빠른 속도로 학습할 수 있었고, 급기야는 알파고제로를 뛰어넘는 수준에 이르게 되었다.[129] 또한 알파제로는 학습 매개변수를 변경하지 않은 상태에서 체스를 배워 인간이 한번도 시도한 적 없는 새로운 수를 두어 가면서 챔피언 수준의 기존 체스 프로그램인 스톡피쉬(Stockfish)에게 전승을 거두었다.[130] 알파제로의 학습 방법은 인간이 플레이를 익히는 것과 유사한 방식일 뿐 아니라 인간들의 플레이에서 한 번도 나온 적이 없는 교묘한 전략을 구사할 수 있을 정도로 창의적이었다.[131] 이제는 인간만이 할 수 있다고 여겨지던 영역에서 오히려 스스로 학습에 통달한 인공지능 프로그램으로부터 배우기 시작할 시기가 도래한 것이다.

비디오 게임에서의 응용도 점차 활성화되고 있다. 구글 딥마인드는 2015년 위와 같은 시간제약적 차이 학습이 퐁(Pong)과 같은 아타리(Atari)사의 오락실용 비디오 게임에서 스크린의 픽셀을 인풋으로 삼아 초인 레벨에서 플레이하는 법을 학습할 수 있다는 사실을 보여주었다.[132] 나아가 3차원 환경의 실시간 전략게임인 스타크래프트에서도 알파제로의 경우와 같이 인간 선수들과의 대결에서 이길 수 있는 정도까지 나아가고 있다.

●
알파제로는 스톡피쉬와의 체스게임에서 완승을 거두었다

출처: www.chess.com/news/view/updated-alphazero-crushes-stockfish-in-new-1-000-game-match
　　(2021.8.16. 확인)

인공지능을 장착한 로봇의 출현

　　인공지능을 통한 로봇 제어 문제는 체스, 바둑 등 보드 게임이나 비디오 게임에 비해 훨씬 더 어려운 문제이다. 실제 세계와 상호 작용하는 순간부터 예기치 못한 일이 계속 발생하고, 인간의 신체는 세상의 온갖 변화, 지구의 중력 등에 대한 장기간 진화의 산물로서 뇌 못지않게 훨씬 더 복잡하기 때문이다. 그러나 지금까지 인공지능의 발전은 주로 지능의 감각 및 인지 기능에 집중되어 있었고, 동작이나 행동 지능의 측면에서는 여전히 많이 미비한 상태이다.[133] 현재로서 가장 강력한 접근 방법은 앞서 본 강화학습과 심층 신경망을 사용하는 방법이라고 할 것이다. 즉, 행동의 결과는 예측된 아웃풋과 비교될 수 있고, 그 차이는 예측 시스템의 상태를 업데이트하는 데 사용될 수 있다. 또한 이전 조건에 대한 기억은 자원의 활용을 극대화하고 잠재적 문제를 예측하는데 사용될 수 있을 것이다.[134]

국제로봇협회에 따르면, 전 세계적으로 110만 대가 넘는 일하는 로봇이 있고, 자동차 제조과정의 80%를 기계가 처리하고 있다고 한다. 종래의 로봇 공학은 주어진 과업을 처리하기 위해 설계된 자동화된 기계들을 대상으로 하였지만, 인공지능에 기반한 로봇 공학은 보다 일반적인 임무에 투입할 수 있는 기계인지 여부가 중요하다. 이는 아직까지도 완전히 해결하지 못한 문제로 남아 있다. 이와 관련해서 최근의 주요한 성과로는 무인 자율주행차를 예로 들 수 있는데, 자율주행차들은 운전자의 관여 없이도 길을 찾아 목적지까지 주행하면서 다른 차량, 보행자, 구조물 등을 피해서 잘 이동할 수 있어야 한다. 한편, 해저 광산 채취나 우주 탐사, 원전 방사능 누출 현장 조사 등과 같이 인간이 직접 할 수 없는 일에 인공지능기술을 이용한 로봇을 투입한다면, 그 가치나 효용성이 매우 클 것이다. 또한 물리적인 도움 이외에 심리적인 도움 또는 오락적인 즐거움을 주기 위해 개발되는 로봇도 상대하는 인간들의 만족도를 높이기 위해 갈수록 정교화되고 반응성이 높아지고 있는 추세이다.[135]

'강한 인공지능'과 '특이점의 시대'에 과연 도달할 수 있을 것인가?

인공지능 연구 분야에서는 일찍부터 인공지능을 '강한 인공지능'과 '약한 인공지능'으로 나누어 보는 논의가 있었다.[136] 인공지능기술을 유용한 소프트웨어 기술로 파악하고 특정 문제를 해결하기 위한 인간의 지능적 행동을 수행하도록 공학적 응용을 모색하는 접근방식이 '약한 인공지능'이라면, 인간과 같은 사고 체계로 문제를 분석하고 행동할 수 있도록 인공지능을 연구하는 접근방식은 '강한 인공지능'이다.[137] 이러한 논의는 기계가 지능을 가지고 있는지 여부에 관한 튜링 테스트를 비롯한 인공시능의 철학적 논의와 맞닿아 있다.

약한 인공지능 분야는 점차적으로 가능해지기 시작하였다. 뇌과학의 발달로 물체인식, 음성인식, 기억 등의 과정을 이해하고 알고리즘으로 구현되어 기계에 심어졌기 때문이다.[138] 즉, 약한 인공지능을 구현하기 위해 필요한 뇌의 기능들을 이해하게 되었고, 컴퓨터 처리능력의 급속한 증가와 방대한 디지털 데이터의 양산 등을 통해 딥러닝 등 학습기능을 기반으로 할 수 있었던 것이다.

나아가 멀지 않은 미래에 인간의 지능 수준을 뛰어넘는 인공지능, 즉 강한 인공지능이 등장할 것이라고 전망하는 견해들이 적지 않다. 이에 의하면, 강한 인공지능은 스스로 근본적인 욕구가 무엇인지 결정하는 것이 가능하다고 본다.[139] 기술의 진화과정은 기술의 역량을 기하급수적으로 늘려 간다는 수확가속의 법칙을 주장하는 미래학자 레이 커즈와일은 인공지능기술이 인간을 초월하는 순간인 '특이점(singularity)'이 곧 다가올 것이고,[140] 위와 같은 특이점의 순간은 기술발전에 따라 인간이 받아들여야 할 일종의 운명으로 보고 있다.[141] 그는 구체적으로 위와 같은 특이점이 2045년경 나타날 것으로 예측하고 있는데,[142] 이에 앞서 2020년대말에는 인간 지능을 완벽히 모방하는 데 필요한 하드웨어와 소프트웨어가 모두 갖춰지면서 컴퓨터가 튜링테스트를 통과할 것이고, 더이상 컴퓨터 지능과 생물학적 인간의 지능을 구별할 수 없게 될 것이라고 전망하였다.[143]

위와 같은 인공지능의 활용 덕분에 생산성이 기하급수적으로 늘어나고 상품과 서비스가 저렴해짐에 따라 생활은 더욱 풍요로워질 것이고, 인공지능으로 인해 일자리를 잃게 된 사람들에게 기본소득을 지급하는 등 사회보장제도를 갖추기만 하면, 모든 사람들이 생계 걱정 없이

삶을 즐길 수 있는 화려한 공산주의가 올 수 있다는 주장이 등장하기도 하였다.[144]

특이점이 곧 도래할 것이라고 주장하는 레이 커즈와일

출처: blogs.voanews.com/digital-frontiers/files/2011/03/SingularityIsNear.jpg (2021.8.16. 확인)

반면, 강한 인공지능의 도래로 인한 위험성에 대하여 경고하는 견해도 적지 아니하다. 그 대표적인 예로 스티븐 호킹 교수가 있는데, 그는 "인공지능이 생기면 인류가 멸망한다."는 취지로 비관적인 견해를 제시하였다.[145] 그뿐 아니라 로만 얌폴스키 미국 루이빌대 교수는 "영화 터미네이터에서처럼 인간에 대한 로봇의 공격과 지배가 현실이 될 수 있다."면서 인공지능의 발달을 악마의 소환에 비유하며 인공지능의 위험성을 경고해왔다.[146] 또한 닉 보스트롬 영국 옥스퍼드대 교수는

"미래의 어느 날 우리가 인간의 일반지능을 능가하는 기계 두뇌를 만들게 된다면, 이 새로운 슈퍼인텔리진스는 매우 강력한 존재가 될 것이다. 일단 인류에게 비우호적인 초지능이 만들어지면, 그것을 대체하거나 변경하려는 시도는 그 비우호적인 초지능에 의하여 가로막히게 될 것이다. 그렇게 되면 우리의 운명은 돌이킬 수 없게 된다."고 말하면서 인류의 운명은 기계 초지능의 행동에 의존하게 될 것으로 전망하고 있다.[147]

강한 인공지능의 위험성을 경고하였던 스티븐 호킹

한편, 마이크로소프트의 공동 창업자인 폴 앨런(Paul Allen)과 그의 동료 마크 그리브스(Mark Greaves)는 '특이점은 아직 멀었다'는 글을 통해 레이 커즈와일의 특이점 도래 관련 주장을 비판하였는데, 이들은 커즈와일이 논거로 든 수확가속의 법칙은 물리학의 법칙이 아니라는 것을 지적하였다.[148] 또한 강한 인공지능이나 특이점의 도래에 대한 걱정은 시기상조라는 견해도 적지 않다. 딥러닝의 최고 권위자 중 하나인

앤드류 응(Andrew Ng) 교수는 이에 대해 "인공지능이 인류를 파멸시킬지 모른다고 걱정하는 것은 벌써부터 화성의 인구폭발을 걱정하는 것과 같다."고 비유한 바 있다.[149]

결론적으로, 강한 인공지능이 도래할지 여부는 가능하다는 증거도 없고, 불가능하다는 증거도 없다. 우리의 현재 과학 수준으로는 정신, 감정, 창의성, 자아 등에 대해 뇌과학적으로 완전히 이해하지 못하였기 때문에 강한 인공지능을 만들어 낼 수 있을지 여부에 관하여 아직은 알 수 없는 상태이고, 그렇다고 해서 앞으로 이를 만들 수 없다고 단정할 수도 없는 것이다. 결국 지금으로서는 특이점 이후의 세상이 어떤 모습일지는커녕, 과연 특이점이 올 것인지, 오지 않을 것인지조차 단어할 수 없는 것이다.[150] 다만, 앞서 본 바와 같이 무제한의 데이터를 기반으로 하여 적대적 생성 네트워크나 강화학습을 통해 스스로 학습해 나가는 인공지능이 우리가 원하지 않고 있음에도 불구하고 강한 인공지능으로 진화해 갈 가능성은 배제할 수 없다고 본다.[151] 이에 관하여 약한 인공지능 단계에서 강한 인공지능으로 진화하는 것을 막는 방안, 인공지능에게 아시모프 로봇 3원칙과 같은 도덕적인 기준을 주자는 방안, 인공지능이 스스로 또는 강제로 계속 인간의 말을 듣거나 돕도록 만드는 방안 등이 제시될 수 있으나 그 실현가능성은 회의적이다. 하여튼 강한 인공지능이 생기는 순간 인류는 역사상 가장 큰 적을 만나게 될 것임은 분명한 것 같다. 인지능력이 인간보다 더 높아지고 최적화 및 효율성을 추구하도록 설계된, 강한 인공지능이 인류가 멸망하는 것을 더 효율적이라고 판단하게 된다면, 인류는 스티븐 호킹이 말한 것처럼 이들에 의해 정말 멸망하게 될지도 모른다.

영화 터미네이터2의 한 장면

출처: news.tf.co.kr/read/life/1566992.htm (2021.8.16.확인)

▌ 미주

1장 인공지능기술의 발전 및 전망

1 한국인공지능법학회, 인공지능과 법, 박영사, 2019, 4면.

2 김대식, 김대식의 인간 VS 기계, 동아시아, 2016, 73면.

3 임영익, 프레디쿠스, 클라우드나인, 2019, 75면.

4 한국인공지능법학회, 앞의 책, 2019, 5면.

5 마쓰오 유타카, 박기원(역), 인공지능과 딥러닝, 동아엠앤비, 2015, 58면.

6 레이 커즈와일, 김명남·장시형(역), 특이점이 온다, 김영사, 2007, 601−602면.

7 제리 카플란, 신동숙(역), 인공지능의 미래, 한스미디어, 2017, 39면.

8 존 매카시는 당시 마빈 민스키, 네이선 로체스터, 클로드 섀넌과 함께 위 주제를 제안하였다.

9 제리 카플란, 앞의 책, 2017, 19−20면.

10 제리 카플란, 앞의 책, 2017, 40면.

11 한국인공지능법학회, 앞의 책, 2019, 5면.

12 허버트 사이먼은 1965년 "20년 내에 기계가 사람이 할 수 있는 모든 일을 할 것이다."라고 장담하였고, 마빈 민스키는 1970년 "몇 년 안에 인간의 평균지능을 가진 기계가 등장할 것이다."라고 예언하기도 하였다[임영익, 앞의 책, 2019, 86−87면 참조].

13 러셀과 화이트헤드가 6년간 1,994장의 책으로 증명한 '수학원리'를 기계로 하여금 증명하도록 하고, 체스게임을 하도록 시키기도 하였다[김대식, 앞의 책, 2016, 76−77면 참조].

14 마쓰오 유타카, 앞의 책, 2015, 67면.

15 테런스 J. 세즈노스키, 안진환(역), 딥러닝 레볼루션: AI시대, 무엇을 준비할 것인가, 한국경제신문사, 2019, 68면.

16 한국인공지능법학회, 앞의 책, 박영사, 2019, 6면.

17 제리 카플란, 앞의 책, 2017, 52면.

18 김대식, 앞의 책, 2016, 19면.

19 테런스 J. 세즈노스키, 앞의 책, 2019, 68면.

20 제리 카플란, 앞의 책, 2017, 55면.

21 임영익, 앞의 책, 2019, 91면.

22 테런스 J. 세즈노스키, 앞의 책, 2019, 66면.

23 임영익, 앞의 책, 2019, 91－92면.

24 테런스 J. 세즈노스키, 앞의 책, 2019, 66－67면.

25 임영익, 앞의 책, 2019, 92면.

26 미국 예일대학교의 레이먼 알렌(Layman Allen) 교수는 1957년 법률지식
    을 컴퓨터가 처리할 수 있도록 변환시키는 방법에 관한 논문을 발표하였
    고, 프랑스의 법률가 루시앙 멜(Lucien Mehl)은 1958년 법률에 컴퓨테이
    션 방식을 적극 도입하여 법률 업무를 자동화하여야 한다고 주장하면서
    이를 위한 두 가지 자동화 방법론으로 법률 문서를 정확하게 찾아주는 검
    색기와 법률적 컨설팅이 가능한 법률 질의응답 시스템을 제안하였다[임영
    익, 앞의 책, 2019, 130면 참조].

27 임영익, 앞의 책, 2019, 97－98면.

28 이는 법률적 컨설팅을 해 주는 일종의 질의응답머신이다.

29 임영익, 앞의 책, 2019, 100면.

30 테런스 J. 세즈노스키, 앞의 책, 2019, 67면.

31 전문가 시스템의 구현을 위해 지식을 추출하고 규칙을 입력하는 것은 결국
    인간이 해야 하기 때문에 무한한 시간과 비용의 문제를 극복하여야 한다.

32 임영익, 앞의 책, 2019, 101－102면.

33 임영익, 앞의 책, 2019, 87면.

34 한국인공지능법학회, 앞의 책, 2019, 8면.

35 제리 카플란, 앞의 책, 2017, 63－64면.

36 제리 카플란, 앞의 책, 2017, 71면.

37 제리 카플란, 앞의 책, 2017, 71－72면.

38 프랭크 로젠블라트는 1971년 불의의 선박사고로 인해 41세의 나이로 사
    망하였다.

39 한국인공지능법학회, 앞의 책, 2019, 8면.

40 테런스 J. 세즈노스키, 앞의 책, 2019, 82－83면.

41 당시 퍼셉트론의 수준에 관하여 보면, 퍼셉트론 1,000개에 연결된 광전지 400개로 50번을 시도한 끝에 왼쪽에 네모 표시가 있는 표시와 오른쪽에 네모 표시가 있는 카드를 구별할 수 있었다고 한다[제리 카플란, 앞의 책, 2017, 73면 참조].

42 마빈 민스키는 프랭크 로젠블라트와 같은 고등학교(뉴욕 브롱스과학고등학교)을 다닌 동창이었지만, 각자 선호하는 연구 방향이 달라서 학회에서 격렬히 논쟁하는 사이였다고 알려져 있다.

43 임영익, 앞의 책, 2019, 140면.

44 제리 카플란, 앞의 책, 2017, 74면.

45 테런스 J. 세즈노스키, 앞의 책, 2019, 90면.

46 임영익, 앞의 책, 2019, 144-145면.

47 테런스 J. 세즈노스키, 앞의 책, 2019, 298-300면.

48 테런스 J. 세즈노스키, 앞의 책, 2019, 302면.

49 금속공학에서 사용하는 '담금질'은 금속을 가열한 후 서서히 식히는 방식으로 결함을 최소화한 큰 결정체를 만들어내는 과정을 말한다. 지역 최솟값을 벗어나기 위해서는 임의전환을 통해 임의로 건너뛸 수 있도록 허용하여야 한다. 이런 임의전환의 가능성은 시작 단계에서는 다소 높을 수 있으나 점차 줄어들 것이고, 마지막에는 제로가 될 것이다. 이를 통해 전역 최솟값을 얻을 수 있게 된다[테런스 J. 세즈노스키, 앞의 책, 2019, 304면 참조].

50 테런스 J. 세즈노스키, 앞의 책, 2019, 307면.

51 테런스 J. 세즈노스키, 앞의 책, 2019, 305면.

52 테런스 J. 세즈노스키, 앞의 책, 2019, 307, 310면.

53 테런스 J. 세즈노스키, 앞의 책, 2019, 311-312면.

54 테런스 J. 세즈노스키, 앞의 책, 2019, 322면.

55 이들은 1986년 공동으로 '오차역전파'에 관한 논문(Learning Internal Representations by Error-Propagation)을 네이처에 발표하였는데, 이후 위 논문은 여타의 연구 논문에 4만 회 이상 인용될 정도로 탁월한 논문이었다[테런스 J. 세즈노스키, 앞의 책, 2019, 410면 참조].

56 테런스 J. 세즈노스키, 앞의 책, 2019, 324-326면.

57 테런스 J. 세즈노스키, 앞의 책, 2019, 335면.

58 임영익, 앞의 책, 2019, 146면.

59 마쓰오 유타카, 앞의 책, 2015, 112－113면.

60 임영익, 앞의 책, 2019, 146－147면.

61 마쓰오 유타카, 앞의 책, 2015, 148면.

62 마쓰오 유타카, 앞의 책, 2015, 148－150면.

63 임영익, 앞의 책, 2019, 160면.

64 제리 카플란, 앞의 책, 2017, 84면.

65 제리 카플란, 앞의 책, 2017, 85면.

66 제리 카플란, 앞의 책, 2017, 88－89면.

67 머신러닝이라고 해도 특징의 설계는 오랜 지식과 경험이 말하는 장인기법 (휴리스틱 추론)으로 이루어졌다. 장인기법에 의해 머신러닝의 알고리즘과 특징의 설계가 조금씩 진행되면서 1년 공들여 1% 에러율이 떨어지게 된다[마쓰오 유타카, 앞의 책, 2015, 148－149면 참조].

68 제리 카플란, 앞의 책, 2017, 90－91면.

69 김대식, 앞의 책, 2016, 9면.

70 임영익, 앞의 책, 2019, 150면.

71 마쓰오 유타카, 앞의 책, 2015, 123면.

72 임영익, 앞의 책, 2019, 154면.

73 마쓰오 유타카, 앞의 책, 2015, 122면.

74 임영익, 앞의 책, 2019, 152, 154면.

75 가장 가까운 데이터의 카테고리 분류에 따른다는 것이다. 하지만 이상표 본 내지 예외적인 데이터의 영향을 받아 오버피팅(overfitting)이 발생할 가능성이 높다.

76 확률에 관한 유명한 정리인 '베이즈의 정리'를 사용해 나누는 방법으로, 데이터의 특징마다 어느 카테고리에 꼭 들어맞는가에 대한 확률을 곱해 가장 그럴법한 분류를 찾는 것이다.

77 각 속성이 포함되어 있는지, 아닌지 여부를 기반으로 하여 분류를 수행하게 되는데, O/X로 나누기 힘든 속성에 관하여 판단의 정밀도가 높지 않다는 단점이 있다.

78 데이터를 구분짓는 구분선과 각 데이터 그룹간의 간격(margin)을 최대로

나누는 방법으로, 서포트벡터머신이 지향하는 최적의 분할선의 성질은 초평면들 중 최대의 마진을 가지는 초평면이며, 이러한 초평면을 최대-마진 초평면(maximum margin hyperplane)이라 한다.

79 뉴럴 네트워크는 인간 뇌의 생체 뉴런의 정보전달방식을 모사하여 각 노드로부터 받은 값에 가중치를 곱하고 그 합을 시그모이드 함수를 거쳐 출력하게 되는데, 학습 과정에서 가중치의 값을 조정함으로써 정밀도를 높여간다. 훈련 데이터를 통해 가중치의 값이 최종적으로 결정되면, 이렇게 결정된 네트워크를 통해 입력 데이터를 분류하게 된다.

80 마쓰오 유타카, 앞의 책, 2015, 125-131면.

81 임영익, 앞의 책, 2019, 152, 165면.

82 한국인공지능법학회, 앞의 책, 2019, 18-19면.

83 한국인공지능법학회, 앞의 책, 2019, 19면.

84 제리 카플란, 앞의 책, 2017, 104면.

85 위계적 시각모델은 데이비드 허블(David Hubel)과 토르스텐 비젤(Torsten Wiesel)에 의해 정립되었는데, 이들은 1962년 '고양이의 시각 피질에서의 수용영역과 양안 상호작용, 기능적 아키텍쳐'라는 논문을 발표하여 시각 피질의 영역 계층구조에 관하여 밝혀냈다.

86 테런스 J. 세즈노스키, 앞의 책, 2019, 113면.

87 제리 카플란, 신동숙(역), 앞의 책, 2017, 105면.

88 이는 오랜 세월 동안 진화를 통해 형성되어 온 것으로, 왜 그렇게 되었는지, 그래야만 하는지에 관하여는 설명하기 어렵다. 위와 같은 위계적 계층 구조에 대해 뇌과학자들은 사물의 불변성 인식 및 예측기능과 관련이 있을 것으로 보고 있는데, 이처럼 우리의 시각적 두뇌가 순간순간 예측을 하지 않는다면 우리의 몸은 자연스럽게 움직일 수 없게 될 것이다[임영익, 앞의 책, 2019, 49-50, 173면 참조].

89 임영익, 앞의 책, 2019, 172-173면.

90 임영익, 앞의 책, 2019, 176면.

91 임영익, 앞의 책, 2019, 192-193면.

92 제리 카플란, 앞의 책, 2017, 105면.

93 종래에는 이미지 내 객체 인식 관련하여 매년 미세한 비율(약 1% 정도)로만 성과가 이루어졌는데, 그 이유는 새로운 범주의 객체 각각을 다른

객체들과 구분하기 위해서 움직임이 달라져도 변하지 않는 특징을 파악할 줄 아는 해당 영역의 전문가를 필요로 하였기 때문이다[테런스 J. 세즈노스키, 앞의 책, 2019, 354면 참조].

94 임영익, 앞의 책, 2019, 177면.

95 컨볼루션 신경망은 위계적인 구조를 바탕으로 단계별로 피쳐를 잡아내게 되는데, 이런 피쳐를 역이용하여 이미지를 복원하는 것이다. 이런 이미지 기술들은 범죄현장이나 범인의 얼굴을 찍은 CCTV 영상 또는 블랙박스 영상을 깨끗하게 복원하는데 응용할 수 있을 것이다[임영익, 앞의 책, 2019, 178 − 179면 참조].

96 구글의 딥 드림이나 마이크로소프트의 넥스트 렘브란트 등을 예로 들 수 있다. 딥 드림 프로그램은 고흐 같은 기존 화가들의 화풍을 학습하여 비슷한 화풍의 이미지를 만드는 기술을 통해 만들어졌는데, 기존 이미지를 입력하면 새로운 이미지를 만들어 출력한다. 넥스트 렘브란트 프로젝트는 300점 이상의 렘브란트 작품을 딥러닝으로 학습한 시스템으로 실제 렘브란트가 그린 것과 같은 그림을 그릴 수 있게 되었다[임영익, 앞의 책, 2019, 179 − 180면 참조].

97 자율자동차를 위해서는 전통적인 자동차 기술 이외에도 센서기술, 자동제어 기술, 이미지 인식기술 등 여러 가지 첨단기술들이 필요하다. 그 중에서도 움직이는 주위 환경을 인식하는 기술은 자율주행차에 있어서 가장 중요한 핵심기술이라고 볼 수 있다. 사람, 신호등, 차량, 표지판 등등 수많은 객체들이 시시각각 변하고 순식간에 지나치기 때문에 이미지 인식에 관한 모든 기술이 총동원되어야 하는 것이다[임영익, 앞의 책, 2019, 182면 참조].

98 제리 카플란, 앞의 책, 2017, 106 − 107면.

99 제리 카플란, 앞의 책, 2017, 110 − 111면.

100 제리 카플란, 앞의 책, 2017, 112면.

101 HMM은 소리의 스트림을 역학적으로 처리해서 하나 이상의 해석이 맞는 답이 될 가능성을 지속적으로 계산하고 업데이트하는 것을 말한다.

102 이 모델은 '드래곤 내츄럴리스피킹(DNS)'이라고도 하는데, 8개 언어로 제공되는 음성인식 소프트웨어이다. 현재 이 모델은 뉘앙스 커뮤니케이션즈 소유이고, 계속 업데이트 되어 현재 'DNS 15'까지 출시된 상태이다["Dragon NaturallySpeaking" wikipedia (2021. 3. 7. 최종확인)].

103 제리 카플란, 앞의 책, 2017, 113면.

104 제리 카플란, 앞의 책, 2017, 114면.

105 2016년 4월 미국 샌프란시스코에서 개최된 콘퍼런스에서 페이스북의 CEO인 마크 주커버그가 챗봇의 파괴력을 주장하였듯이 챗봇은 인공지능 분야의 한 축으로 성장하고 있고, 구글, 마이크로소프트, 애플 등 전세계 유수의 IT기업들이 챗봇 연구에 집중 투자를 하고 있다[임영익, 앞의 책, 2019, 81면 참조].

106 테런스 J. 세즈노스키, 앞의 책, 2019, 333 – 334면.

107 일례로, 삼성 스마트폰에 장착되었던 음성어시스턴트 'S – 보이스'나 '빅스비(Bixby)'의 음성인식능력은 아직도 많이 미흡한 실정이다.

108 제리 카플란, 앞의 책, 2017, 114면.

109 제리 카플란, 앞의 책, 2017, 114 – 116면.

110 제리 카플란, 앞의 책, 2017, 117 – 118면.

111 통계 기반 기계번역은 원래 1949년에 위버가 이론적으로 제안한 이후 1988년 IBM이 비로소 최초로 구현한 번역방식이다.

112 임영익, 앞의 책, 2019, 203면.

113 이러한 텍스트는 말뭉치 또는 코퍼스(corpus)라고 부르는데, 디지털로 된 데이터가 증가하면서 컴퓨터가 인식할 수 있는 형식의 텍스트가 급증하여 코퍼스의 양이나 수집방법이 용이해졌고, 그 덕분에 자연어 처리 기술이 급속도로 발전하게 되었다.

114 제리 카플란, 앞의 책, 2017, 118면.

115 임영익, 앞의 책, 2019, 203면.

116 임영익, 앞의 책, 2019, 203, 211면.

117 임영익, 앞의 책, 2019, 211 – 213면.

118 임영익, 앞의 책, 2019, 214 – 215면.

119 임영익, 앞의 책, 2019, 184면.

120 테런스 J. 세즈노스키, 앞의 책, 2019, 365면.

121 임영익, 앞의 책, 2019, 185 – 186면.

122 임영익, 앞의 책, 2019, 186 – 187면.

123 허유선, "인공지능에 의한 차별과 그 책임 논의를 위한 예비적 고찰: 알고리즘의 편향성 학습과 인간 행위자를 중심으로", 한국여성철학 29, 한국여

성철학회, 2018. 5., 187면.

시울대학교 산학협력단, 사법부에서 인공지능(AI) 활용방안, 대법원 정책 연구용역결과보고서, 법원행정처, 2020. 7., 11면.

125 테런스 J. 세즈노스키, 앞의 책, 2019, 374－375면.

126 테런스 J. 세즈노스키, 앞의 책, 2019, 375－376면.

127 리처드 서튼과 앤드류 바르토(Andrew Barto)가 공동 저술한 '강화학습의 기초(Reinforcement Learning: An Introduction)'라는 책은 이 분야의 고전으로 통한다.

128 테런스 J. 세즈노스키, 앞의 책, 2019, 376－378면.

129 테런스 J. 세즈노스키, 앞의 책, 2019, 49면.

130 Steven Strogatz, "One Giant Step for a Chess－Playing Machine", The New York Times, https://nyti.ms/2Rjetd3, 2018. 12. 26. (2021. 3. 14. 최종확인).

131 게리 테소로(Gerry Tesauro)가 1992년 개발한 프로그램 'TD－개먼'은 알파제로의 선구적인 모델이라고 불릴 수 있다. 이는 백개먼 게임에서 적용되는 것이었는데, 알파제로의 학습 방법과 마찬가지로 어떤 것이 좋은 수인지에 대한 지식을 전혀 가지지 못한 상태에서 처음에는 무작위적인 수를 뒀지만 패턴 인식을 통해 게임 방법을 스스로 학습하였고, 약 150만 번의 연습 게임을 치른 후 백개먼 세계챔피언과의 대국에서 몇 차례 승리를 거두기도 하였다[테런스 J. 세즈노스키, 앞의 책, 2019, 378－380면 참조].

132 테런스 J. 세즈노스키, 앞의 책, 2019, 388면.

133 테런스 J. 세즈노스키, 앞의 책, 2019, 143면.

134 테런스 J. 세즈노스키, 앞의 책, 2019, 389면.

135 제리 카플란, 앞의 책, 2017, 96－100면 참조.

136 본래는 철학자 존 설(John Searl)이 말한 것으로 그는 '정확한 입력과 출력을 갖추고 적절하게 프로그램된 컴퓨터는 인간이 마음을 가지는 것과 완전히 같은 의미로 마음을 가진다.'라는 입장을 '강한 인공지능'이라고 하였다[마쓰오 유타카, 앞의 책, 2015, 58면 참조].

137 양종모, "인공지능을 이용한 법률전문가 시스템의 동향 및 구상", 인하대학교 법학연구 제19집 제2호, 인하대학교 법학연구소, 2016. 6. 30., 216면.

138 김대식, 앞의 책, 2016, 318면.

139 제임스 배럿, 정지훈(역), 파이널 인벤션: 인공지능, 인류 최후의 발명, 동아시아, 2016, 28면.

140 레이 커즈와일, 앞의 책, 2007, 69면.

141 제리 카플란, 앞의 책, 2017, 249면.

142 제리 카플란, 앞의 책, 2017, 253면.

143 레이 커즈와일, 앞의 책, 2007, 47면.

144 정상조, 인공지능, 법에게 미래를 묻다, 사회평론, 2021, 187−188면.

145 김대식, 앞의 책, 2016, 319면.

146 "알파고 판사, 법조비리 극복에 도움 될까", 조선일보 기사(2016. 10. 18.), https://www.chosun.com/site/data/html_dir/2016/10/18/2016101800197.html (2020. 12. 13. 최종확인).

147 닉 보스트롬, 조성진(역), 슈퍼인텔리전스−경로, 위험, 선략, 까치, 2017, 11−12면.

148 레이 커즈와일, 윤영삼(역), 마음의 탄생−알파고는 어떻게 인간의 마음을 훔쳤는가?, 크레센도, 2016, 383−384면.

149 고바야시 마사카즈, 한진아(역), 인공지능이 인간을 죽이는 날, 새로운제안, 2018, 25면.

150 정상조, 앞의 책, 2021, 187면.

151 김대식, 앞의 책, 2016, 318−319면.

02

사법(司法) 영역에서
인공지능기술의 활용

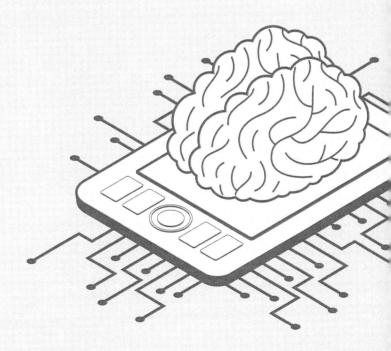

I. 사법제도와 법관에 대하여

현행 사법제도의 헌법상 근거는 무엇인가?

우리는 법적 분쟁이 발생하거나 범죄를 저지른 경우 법원에서 재판을 받고 그 결과에 따라 강제적인 법적 효력을 적용받게 된다. 예를 들어, 甲이 돈을 빌려주었으나 乙이 갚지 않는 경우 甲은 乙을 상대로 민사소송을 제기하여 승소판결을 받아 그 판결이 확정되면, 乙의 재산에 관하여 강제집행을 할 수 있다. 또한, 丙이 丁을 살해하여 살인죄로 기소된 후 유죄가 인정되어 징역 20년이 선고되어 확정되었다면, 丙은 20년 동안 교도소에 구금되어 그 형을 살아야 한다. 이렇게 법원은 사법권을 가지고 있고, 위와 같은 재판은 법원의 구성원인 법관에 의하여 이루어진다.

위와 같은 사법제도는 권력분립 내지 국민의 기본권 보호라는 관점에서 우리 헌법상의 근거를 가지고 성립된 것이다. 즉, 우리 헌법은 제101조 제1항에서 "사법권은 법관으로 구성된 법원에 속한다."라고 규정함으로써 사법권은 국회(입법부)나 대통령 및 정부(행정부)와 별개인 법원(사법부)에 속한다는 권력분립의 원칙을 선언하고 있다. 또 우리 헌법은 제27조 제1항에서 "모든 국민은 헌법과 법률이 정한 법관에 의

하여 법률에 의한 재판을 받을 권리를 가진다."라고 규정함으로써 '법
관에 의하여 재판을 받을 권리'를 국민의 기본권으로 보장하고 있다.

대한민국 서울고등법원 전경

오늘날에는 이러한 내용이 당연한 것으로 받아들여지지만, 위와
같은 사법시스템은 국민의 기본권 향상을 위한 역사적 투쟁의 산물이
었다. 1895년 최초의 근대적 법률인 '재판소구성법'이 제정되어 '재판
소'라는 명칭을 가진 재판기관이 설치되는 등 근대적 재판제도가 도입
되기 이전까지만 해도 우리나라에는 행정과 재판이 조직적·기능적으
로 엄격히 분리되어 있지 않았다. 왕은 최고의 재판기관이었고, 중앙과
지방의 기구는 각자 고유한 기능과 관련하여 일정한 사법기능을 가지
고 있었다. 특히 지방수령과 관찰사는 관할구역 내에서 민사·형사사건
을 관장하였다.[1] 우리가 흔히 떠올리는 이른바 '원님재판'이라고 불리는
모습은 이러하다.

마을 사또인 원님이 죄인으로 잡혀 온 사람을 내려다보면서 다음과 같이 말한다. "네 죄를 네가 알렸다. 이실직고할 때까지 매우 쳐라." 원님은 이렇게 범죄 혐의자를 꾸짖고 고문을 가한다.[2] 범죄 혐의자로서는 범행을 자백하면 범행을 저지른 자가 되기 때문에 사형을 당할 수 있고, 범행을 부인하면 부인한다는 이유로 고문을 받아 급기야는 죽음에 이를 수도 있는 것이다.

이렇게 자백을 강요하고 고문을 가하기까지 하는 재판절차가 국민의 기본권을 침해하고 있다는 것은 더 말할 필요가 없을 정도로 자명하다. 이후 근대적 재판제도가 도입됨에 따라 죄형법정주의, 무죄추정의 원칙, 증거재판주의, 자유심증주의에 따른 재판이 구현될 수 있게 되었다. 특히, 형사절차에서 적법한 절차에 따르지 아니하고 수집한 위법한 증거는 유죄의 증거로 사용할 수 없을 뿐 아니라 피고인의 자백이 고문, 폭행, 협박, 신체구속의 부당한 장기화 등으로 인해 임의로 진술한 것이 아니라고 여겨지는 경우에도 이를 유죄의 증거로 삼을 수 없다.[3] 더욱이 피고인의 자백이 그 피고인에게 불이익한 유일의 증거인 경우에는 이를 유죄의 증거로 하지 못한다.[4]

죄형법정주의

모든 국민은 신체의 자유를 가진다. 누구든지 법률에 의하지 아니하고는 체포·구속·압수·수색 또는 심문을 받지 아니하며, 법률과 적법한 절차에 의하지 아니하고는 처벌·보안처분 또는 강제노역을 받지 아니한다(헌법 제12조 제1항). 범죄의 성립과 처벌은 행위 시의 법률에 의한다(형법 제1조 제1항).

무죄추정의 원칙

형사피고인은 유죄의 판결이 확정될 때까지는 무죄로 추정된다(헌법 제27조 제4항).

사실의 인정은 증거에 의하여야 한다(형사소송법 제307조 제1항).

증거의 증명력을 평가할 때 아무런 제한이나 구속력을 두지 않고 오로지 법관의 자유로운 판단에 맡기는 원칙으로, 법원은 변론 전체의 취지와 증거조사의 결과를 참작하여 자유로운 심증으로 사회정의와 형평의 이념에 입각하여 논리와 경험의 법칙에 따라 사실주장이 진실한지 아닌지를 판단하게 된다(민사소송법 제202조 및 형사소송법 제308조 참조).

법관은 어떠한 법적 지위를 갖는가?

국민에게 '법관'에 의한 재판을 받을 권리가 헌법상 기본권으로 보장된다면, 여기서 말하는 법관은 어떤 존재인가? 우리 헌법은 앞서 본 바와 같이 '헌법과 법률이 정한 법관'이라고 명시하고 있다. 즉, 우리 헌법은, 법관은 헌법과 법률에 의하여 그 양심에 따라 독립하여 심판하도록 규정하고 있고(제103조), 이를 위해 법관은 탄핵 또는 금고 이상의 형의 선고에 의하지 아니하고는 파면되지 아니하며, 징계처분에 의하지 아니하고는 정직·감봉 기타 불리한 처분을 받지 아니한다고 규정하여(제106조 제1항) 법관의 신분상 지위를 충실하게 보장하고 있다.

한편, 법관의 종류, 자격, 정년, 임기 등 사항에 관하여는 법률인 법원조직법이 구체적으로 규정하고 있다.

법관은 대법원장, 대법관, 판사로 구성되는데, 판사는 대법원장과 대법관이 아닌 법관을 말한다(법원조직법 제5조 제1항). 대법원장과 대법관은 대법원에 두고, 판사는 고등법원, 지방법원 등 각급 법원에 둔다. 즉, 고등법원·특허법원·지방법원·가정법원·행정법원 및 회생법원에

판사를 두게 된다(법원조직법 제5조 제2항). 법관의 임명절차는 그 직급에 따라 다르다. 대법원장은 국회의 동의를 받아 대통령이 임명하고(법원조직법 제5조 제1항), 대법관은 대법원장의 제청5으로 국회의 동의를 받아 대통령이 임명하며(같은 법 제5조 제2항), 판사는 인사위원회의 심의를 거치고 대법관회의의 동의를 받아 대법원장이 임명한다(같은 법 제5조 제3항).

법관의 자격에 관하여는 적극적 요건과 소극적 요건이 있다. 먼저 적극적 요건에 관하여 보면, 대법원장 및 대법관의 경우에는 20년 이상 판사, 검사, 변호사 등의 경력6 외에 연령이 45세 이상일 것을 요구하는 반면, 판사의 경우에는 위와 같은 경력이 10년 이상이면 된다(법원조직법 제42조 참조). 다만, 법원조직법은 부칙에 경과규정을 두어 2013. 1. 1.부터 2017. 12. 31.까지 판사를 임용하는 경우에는 3년 이상의 경력을, 2018. 1. 1.부터 2021. 12. 31.까지 판사를 임용하는 경우에는 5년 이상의 경력을, 2022. 1. 1.부터 2025. 12. 31.까지 판사를 임용하는 경우에는 7년 이상의 경력을 각 요구하는 것으로 그 요건이 다소 완화되어 있다. 다음으로 소극적 요건에 관하여 보면, 다른 법령에 따라 공무원으로 임용하지 못하는 사람, 금고 이상의 형을 선고받은 사람, 탄핵으로 파면된 후 5년이 지나지 아니한 사람, 대통령 비서실 소속의 공무원으로서 퇴직 후 3년이 지나지 아니한 사람 등과 같이 결격사유에 해당하는 사람은 법관으로 임용될 수 없다(법원조직법 제43조 참조).

법관의 임기와 연임에 관하여 보면, 대법원장과 대법관의 임기는

6년이고, 판사의 임기는 10년인데, 대법원장은 중임(重任)할 수 없고, 대법관과 판사는 연임힐 수 있다(법원조직법 제45조 제1항 내지 제3항 참조). 법관의 정년은 대법원장과 대법관의 경우 70세이고, 판사의 경우 65세로 정해져 있다(법원조직법 제45조 제4항).

한편, 법관이 중대한 신체상 또는 정신상의 장해로 직무를 수행할 수 없을 때에는, 대법관인 경우에는 대법원장의 제청으로 대통령이 퇴직을 명할 수 있고, 판사인 경우에는 인사위원회의 심의를 거쳐 대법원장이 퇴직을 명할 수 있다(법원조직법 제47조).

법관에 대하여는 권력분립의 원칙에 따라 독립하여 공정한 재판을 하도록 하기 위해 여러 가지 신분상의 보장을 해 주는 한편, 정치적 중립이나 공정성, 청렴성 등에 위배될 수 있는 여러 가지 행위는 명시적으로 금지하고 있다(법원조직법 제49조 참조).

법원조직법 제4조(대법관)

① 대법원에 대법관을 둔다.
② 대법관의 수는 대법원장을 포함하여 14명으로 한다.

법원조직법 제49조(금지사항)

법관은 재직 중 다음 각 호의 행위를 할 수 없다.
  1. 국회 또는 지방의회의 의원이 되는 일
  2. 행정부서의 공무원이 되는 일
  3. 정치운동에 관여하는 일
  4. 대법원장의 허가 없이 보수를 받는 직무에 종사하는 일
  5. 금전상의 이익을 목적으로 하는 업무에 종사하는 일
  6. 대법원장의 허가를 받지 아니하고 보수의 유무에 상관없이 국가기관 외의 법인·단체 등의 고문, 임원, 직원 등의 직위에 취임하는 일
  7. 그 밖에 대법원규칙으로 정하는 일

법관은 구체적으로 어떠한 업무를 담당하는가?

헌법에 따라 사법권을 행사하는 법원은 원칙적으로 모든 법률상의
쟁송(爭訟)을 심판하는 권한을 가진다(법원조직법 제2조 제1항 참조). 다
만, 헌법에 특별한 규정이 있는 경우인 헌법재판[7] 및 행정기관에 의한
전심(前審)으로서의 심판[8] 등은 예외로 한다. 법원은 그 외에도 등기,
가족관계등록, 공탁, 집행관, 법무사에 관한 사무를 관장하거나 감독한
다(법원조직법 제2조 제3항 참조).

따라서 사법부인 법원을 구성하는 법관은 법률상의 쟁송을 심판하
는 역할을 담당한다. 여기서 말하는 법률상의 쟁송으로는 주로 민사,
형사, 가사, 행성 능과 같은 '소송업무'와 이혼·상속 시의 재산분할, 경
매절차에 따른 배당 등 집행, 회생·파산절차에서의 관리·감독업무 등
의 '비(非)소송업무'를 생각해 볼 수 있다.

먼저 소송업무에 관하여 보면, 소송 내지 재판은 우리가 가장 전형적인 법관의 업무로 떠올리는 바로 그 업무를 말한다. 특히 소송 중에 가사, 행정소송의 경우에는 그 절차에 관하여 특별한 사정이 없는 한 원칙적으로 민사소송절차를 준용하게 되므로(가사소송법 제12조, 행정소송법 제8조 제2항 참조), 소송업무는 크게 민사소송과 형사소송으로 준별해 볼 수 있다.

민사소송절차는 일반적으로 소장 제출을 통한 소의 제기, 답변서·준비서면 등 소송서류의 제출, 변론기일에서 양측의 주장 공방, 증거제출 및 증거조사, 판결문 작성 및 판결선고 등의 과정을 거친다. 반면, 형사소송절차는 일반적으로 검사의 공소장 제출을 통한 공소제기, 공판기일에서 피고인의 공소사실에 대한 의견 진술, 증인신문 등 양측 제출 증거에 관한 증거조사, 증거를 기초로 한 사실관계 확정을 통해 유·무죄 여부 판단, 유죄인 경우 구체적인 양형의 결정, 판결문 작성 및 판결선고 등의 과정을 거친다.[9]

다음으로 대표적인 비소송업무에 관하여 본다.

이혼으로 인한 재산분할청구(민법 제839조의2, 제843조) 또는 상속재산분할청구(민법 제1003조, 제269조 제1항)는 상대방이 있는 가사비송사건에 속한다. 이들 재산분할은 당사자 간의 협의로 분할의 액수와 방법을 정하는 것이 원칙인데, 협의가 이루어지지 않거나 협의할 수 없을 때에는 가정법원이 당사자의 청구에 의하여 이를 정하게 된다. 이혼 시 재산분할의 경우에는 혼인생활의 실태, 재산형성 및 유지에 기여한 정도 등 당사자 雙방의 일체의 사정을 참작하여 분할의 액수와 방법을 정할 수 있다.[10] 상속재산분할의 경우에는 원칙적으로 법정상속분에 따르되, 특별수익이나 기여분이 있는 때에는 이를 참작하여 분할의 액수와 방법을 정하게 된다.[11] 위와 같은 재산분할청구에 대한 심판은 전적으로 법관이 담당하는 직무이다.

경매절차에 따른 환가, 배당과 같은 업무는 민사집행법에 따라 진행되는데, 경매입찰절차를 통해 최고가매수액 결정, 경매대상물의 환가액, 채권자들의 채권원리금액, 채권 간의 우선순위 등이 확정되면, 각 채권자별 배당금액이 정해지게 되고, 그에 따라 배당표 작성이 이루어진다. 그런데 현재 경매 등 민사집행절차에서 실질적 쟁송에 해당하지 않는 비송(非訟)적 업무와 집행문부여절차와 같은 공증(公證)적 성격의 업무 중 일부에 대하여는 법관이 아닌 사법보좌관이 이를 처리하도록 하고, 법관의 감독을 받도록 하고 있으며, 사법보좌관의 처분에 대하여는 법관에게 이의신청을 할 수 있도록 하고 있다(법원조직법 제54조 제3항 참조).

회생 · 파산절차는 일반적인 채권추심절차의 예외로서 집단적인 채무처리절차이기 때문에 재판기능과 관리감독기능이 일련의 과정에서 혼재되어 진행된다.[12] 재판기능과 관리감독기능을 명확히 구분하기 쉽지는 않지만, 부인(否認)의 청구, 채권조사확정재판 등 회생 · 파산채권의 확정 부분은 관리인 등이 이해관계인과 대립하는 구조를 가지는 사건 유형이어서 실질적으로 재판에 해당된다고 볼 수 있다. 또한 회생 · 파산절차에서 법원은 단계에 따라 회생절차개시결정, 파산선고결정, 회생 · 파산절차 기각결정, 폐지결정, 종결결정 등을 내리는 등 위 절차를 주도적으로 처리하고 있고 관련 집회를 주재 · 지휘하고 있는데, 이러한 부분 역시 재판기능에 가깝다고 볼 수 있다. 회생절차에서는 향후 어떻게 벌어서 채권자들에게 어떻게 변제하겠다는 내용이 담긴 채무자의 회생계획안에 대하여 채권자들의 표결에 따라 그 가결여부가 결정되는 것이고, 다만 법원은 위와 같은 결의에 하자가 있는지, 수행가능한지, 공정 · 형평에 반하지 않는지 등을 살펴서 회생계획안의 인가 · 불인가 여부를 판단하게 되는데, 이러한 측면 역시 재판기능에 가깝다고 볼 수 있다. 반면, 관리인·파산관재인의 선임·감독이나 채무자의 통상적인 영업범위를 벗어나는 사업에 대한 허가 등은 재판이 아닌 관리감독업무에 해당된다고 할 것이다. 물론 회생·파산절차에서 관리위원회나 조사위원의 조력을 받아 법관의 전문성을 보완하고 절차의 신속하고 적정한 진행을 도모하고 있기는 하지만, 위와 같은 업무들은 기본적으로 모두 법관의 업무범위에 속한다. 위와 같은 회생·파산절차에서의 업무들은 모두 법관의 업무 영역에 속한다.

특별수익

공동상속인이 생전에 사망한 피상속인으로부터 재산의 증여 또는 유증을 받은 경우 이를 '특별수익'이라고 하는데, 이는 상속분의 선급으로 보게 된다(민법 제1008조 참조).

기여분

공동상속인 중에 상당한 기간 동거·간호 그 밖의 방법으로 피상속인을 특별히 부양하거나 피상속인의 재산의 유지 또는 증가에 특별히 기여한 자가 있을 때에는 상속재산 분할 시 그 기여분을 가산하여 인정할 수 있다(민법 제1008조의2 참조).

사법보좌관

사법보좌관은 법원사무관 또는 등기사무관 이상 직급으로 5년 이상 근무한 사람, 법원주사보 또는 등기주사보 이상 직급으로 10년 이상 근무한 사람 중에서 선발되고 있는데, 2005년 사법보좌관 제도가 도입됨에 따라 종전에 판사가 수행하던 대부분의 집행법원 사무를 사법보좌관이 처리하고 있다. 즉, 민사집행법에 따른 집행문 부여명령절차, 채무불이행자명부 등재절차, 재산조회절차, 부동산에 대한 강제경매절차, 자동차·건설기계에 대한 강제경매절차, 동산에 대한 강제경매절차, 금전채권 외의 채권에 기초한 강제집행절차, 담보권 실행 등을 위한 경매절차, 제소명령절차, 가압류·가처분의 집행취소신청절차에서의 법원의 사무(법원조직법 제54조 제2항 제2호 참조) 등은 사법보좌관의 업무에 해당하게 되었다.

Ⅱ. 외국 법원에서는 인공지능을
   어떻게 활용하고 있을까?

미국의 형사소송절차

재범예측 프로그램의 등장

미국에서 인공지능은 민간 법률 서비스를 중심으로 발전하고 있는데, 사법 시스템에서의 인공지능 활용 문제는 주로 형사소송절차의 맥락에서 논의되고 있다. 미국에서는 통계적 처리를 통해 피의자·피고인·수형자의 재범 위험성을 예측하는 재범 위험성 평가시스템이 보호관찰, 가석방 단계뿐 아니라 양형 단계에서도 널리 활용되고 있다.[13]

처음에는 버지니아주와 오리건주를 중심으로 형사재판이나 가석방과 관련하여 재범 위험성에 대한 다양한 요소를 발굴하여 이를 객관적인 지표로 만드는 연구를 진행하였는데, 오랜 노력 끝에 오리건주는 재범 위험성 예측 알고리즘을 성공적으로 안착시켰다. 이 알고리즘은 머신러닝을 기반으로 완성되었는데, 오리건주의 범죄자 55,000명의 데이터를 이용하였고 최종 완성 모델은 지난 30년간 35만 명의 범죄자에 대한 검증을 통과하였다. 오리건주의 성공에 힘입어 다른 주에서도 재범 위험성 예측 알고리즘을 적극 도입하기 시작하였다.[14]

사법부는 아니지만 미국의 경찰 역시 수사단계에서 인공지능을 직극적으로 활용하고 있다. 2015년 뉴욕 경찰청은 아자비아(Azavea)라는 인공지능 기업과 계약하여 뉴욕 경찰청의 과거 데이터를 토대로 미래에 발생할 범죄를 예측하는 서비스를 받기로 했다. 이 치안 예측서비스는 일단 과거의 범죄 데이터를 분석하여 해당 시간대에 어느 곳에서 범죄가 발생할지 판단하고 알려준다. 더 나아가 누가 범죄를 저지르고 누가 피해자가 될지 예측하기도 한다. 총기 사고가 자주 발생하였던 시카고에서도 경찰은 인공지능의 도움을 받아 총기 사고의 가해자와 피해자의 목록을 예측하기도 하였다. 인공지능의 예측과 실제 발생한 범죄는 놀라울 정도로 일치하였다고 한다. LA 경찰도 범죄율을 낮추기 위하여 프레드폴(PredPol) 프로그램과 오퍼레이션 레이저(Operation LASER) 프로그램 등 2가지 형태의 예측 치안 시스템을 가동하고 있다.

위와 같은 재범 예측 및 위험평가를 중심으로 하는 미국의 형사사법 개혁 조치는 지나치게 높은 구금 비율과 교정시설의 비용부담 문제와 밀접하게 관련되어 있는데, 미국에서는 구금비율을 효과적으로 감축하기 위한 목표를 갖고, 양형 판단 등 형사절차에서 과학적이고 체계적인 증거 기반(evidence-based)에 기초한 사법적 의사결정을 지지하고 있는 추세라고 알려져 있다.[15] 이러한 재범 예측 프로그램으로 가장 대표적인 것이 바로 컴퍼스(COMPAS: Correctional Offender Management Profiling for Alternative Sanction)이다.

컴퍼스(COMPAS)의 활용과 루미스(Loomis) 사건

컴퍼스는 리걸 테크 스타트업 기업인 노스포인트(Northpointe)가 개발한 알고리즘으로, 1998년 처음 개발된 이래 미국 뉴욕, 캘리포니아 등 여러 주에서 사용하고 있으며,[16] 계속 발전하고 있다. 컴퍼스는 범죄전력, 범죄자의 성향, 태도, 생활방식 등 정보를 분석하여 추가 범죄를 저지를 가능성에 관하여 예측한다. 각 정보는 범죄자의 환경에 긍정적이거나 부정적인 영향을 끼치는 요소로 구분되는데, 긍정적인 요소로는 교육 및 직업 배경, 사회친화적 유대, 지지 가정, 사회친화적 관계 등이 있고, 부정적인 요소로는 약물 복용, 우범지대 거주, 빈곤, 반사회적 가정 등이 있다.[17] 평가를 위한 요소에는 거주지, 가족력, 전과, 친구 관계뿐 아니라 평소의 기분, 전화 소지 여부, 청구서 지불 여부 등 총 137개의 요소가 있는데, 컴퍼스는 이에 기초하여[18] 피고인의 재범 위험성을 1부터 10까지로 평가하게 된다.[19] 이렇게 피고인의 재범 위험성을 평가하는 보고서가 작성되어 법원에 제출되면, 법원은 양형 시에 위 보고서를 참고한다.[20]

한편, 컴퍼스에 대하여는 차별·편향성에 대한 문제 제기가 있었다. 2016년 미국의 NGO인 프로퍼블리카(ProPublica)는 법원 및 가석방 심사위원회에서 활용하고 있는 컴퍼스 프로그램의 수학적 공식(formula)을 따를 때, 범죄 위험도를 평가하는 데 있어서 인종차별적 효과를 초래하는 편향이 내재될 수밖에 없다는 보고서를 발표하였는데, 흑인의 재범 위험성이 다른 인종에 비하여 과도하게 높게 평가되는 문제점이 있음이 밝혀진 것이다.

프로퍼블리카(ProPublica)가 지적한 컴퍼스의 문제점

프로퍼블리카의 연구진들은 미국 플로리다주 브로워드(Broward) 카운티 법원에서 선고받은 7,000명 이상의 피고인을 대상으로 한 컴퍼스의 예측결과와 판결 이후 2년 간의 실제 재범 여부를 조사 대상으로 삼았다. 이를 통해 프로퍼블리카는 재범 확률이 높은 것으로 판정받은 흑인의 전체 인원수가 백인보다 훨씬 더 많았으며, 재범 위험성이 높은 고위험(high risk)으로 예측되었지만 실제 재범을 저지르지 않은 경우가 흑인의 경우 45%로 백인 23%에 비해 2배 정도 높았으며, 반대로 재범 위험성이 낮은 저위험(low risk)으로 예측되었지만 실제 재범을 저지른 경우가 백인의 경우 48%로 흑인 28%보다 훨씬 높았다는 사실을 밝혀냈다.

또한 컴퍼스를 통한 재판이 적법 절차(due process) 원칙에 반하는 것이 아닌지 여부가 실제로 재판에서 쟁점이 되기도 하였다. 대표적인 사건이 루미스(Loomis) 사건이다. 에릭 루미스(Eric Loomis)는 총격 사건에 사용된 차량을 운전한 혐의로 2013년 체포되어 기소되었는데, 원심 법원은 컴퍼스에 의한 재범 위험성 평가를 양형자료로 참작하여 재범의 위험성이 높다고 보아 가석방 없는 징역 6년형을 선고하였다. 이에 루미스는 컴퍼스를 양형자료로 사용하였음에도 그에 대한 과학적 검증과 반박을 할 수 없었던 점, 컴퍼스는 피고인의 성별을 기초로 재범의 위험성을 차별적으로 평가한 점 등을 들어 위스콘신주 대법원에 상고하였다. 위스콘신주 대법원은 컴퍼스의 위험성 점수를 양형에 참작하는 것 자체는 적법하고, 법원이 다른 독립적인 양형요소들을 고려하였으며, 컴퍼스가 양형 판단에 결정적인 요소가 아니었으므로, 법원의 양형 판단에 하자가 있다고 보기 어렵다고 판단하였다.[21] 이후 루미스는 위 판결에 대해 연방대법원에 상고를 제기하였지만, 연방대법원이 2017. 6. 26.경 상고심사불허가 결정을 내려서 결국 이 사건은 연방대법원의 판단을 받아보지 못하고 종국되었다.[22]

이 사건에서 법원은 알고리즘의 비투명성과 적법절차의 원칙 사이에는 직접적인 관련이 없고, 컴퍼스의 평가결과가 형 선고에 결정적인 영향을 미치지 않았다고 보았으나, 위와 같은 인공지능 알고리즘이 사법절차에서 활용될 경우 알고리즘에 편견이나 차별이 없는지, 그러한 편견이나 차별이 있는지 여부를 어떻게 검증할 수 있는지 등의 문제는 앞으로도 계속 핵심적인 쟁점이 될 것이다.[23]

인공지능 알고리즘의 '블랙박스' 문제

대부분의 예측 알고리즘은 영업비밀로 보호되기 때문에 인공지능이 정확하게 어떤 기준으로 판단을 내리고 어떤 식으로 작동을 하는지 외부 관찰자는 도무지 알 수가 없게 된다. 이를 이른바 '블랙박스' 문제라고 부른다.

워싱턴 DC에 위치한 미국 연방대법원의 전경

미국의 민사소송절차

미국 민사소송절차 영역에서는 주로 전자 증거개시(electronic discovery) 절차 및 온라인 분쟁해결(ODR: Online Dispute Resolution) 프로그램 등에서 인공지능이 다루어지고 있다.

온라인 분쟁해결(ODR: Online Dispute Resolution)

온라인 분쟁해결(ODR)은 전자상거래 소비자 분쟁과 같은 소액의 정형적이고 반복적인 민사사건의 경우 전통적인 방식의 소송에 의할 경우 그 분쟁해결비용이 과다하여 소비자에게 진입장벽으로 작용할 수 있으므로, 위와 같은 분쟁을 비대면으로 인터넷 등을 통해 해결하도록 함으로써 비용과 시간을 대폭 절약하고 소비자의 사법접근권을 증진시키기 위해 도입된 제도이다.

전자 증거개시(electronic discovery)절차

우선, 전자 증거개시절차에서 효율성을 높이기 위해 인공지능을 활용하는 사례가 증가하고 있다.

원래 미국을 비롯한 영미법계 민사소송절차에서는 증거개시(discovery) 제도24를 채택하여 이용하고 있다. 이러한 업무는 상대적으로 반복적이고 노동집약적인 성격을 가지고 있으므로 통상 저연차 변호사 또는 계약직 변호사들에 의해 수행되어 왔고, 대규모 소송에서는 이러한 업무를 수행하기 위해 비용만 수십만 달러 내지 수백만 달러가 소요되기도 하였다.25 특히 전자적으로 저장된 자료의 분량이 방대하고 그 처리가 기술적으로 복잡하므로 전자 증거개시절차를 진행하는 과정에서 막대한 비용과 부담의 증가가 초래되고 있다.

반면, 이러한 업무가 반복적이고 노동집약적인 성격을 가지고 있는 점에 비추어 볼 때, 인공지능을 활용함으로써 소송비용 절감을 도모할 수 있는 면이 있다고 볼 수 있다. 이에 활용되는 기술을 기술기반 검토(Technology Assisted Review) 내지 예측 부호화(predictive coding)라고 부른다. 변호사들이 제출 대상 문서 중 일부만을 샘플링하여 사건의 관련성과 제출 거부 사유 존부에 관하여 검토한 다음 제출 여부에 대한 판단을 내리면, 인공지능은 변호사가 직접 검토하지 않은 나머지 문서에 대하여 유사성을 판단하여 제출 범위를 결정하는 방식으로 전자증거개시절차에서 작동된다. 예를 들어, 수집된 검토대상 전자문서가 100만 건인 경우, ① 전문가가 그중 일부인 17,000건을 검토하고, ② 검토 결과에서 기계 독해가 가능하도록 텍스트를 처리한 다음, ③ 등장 빈도가 높은 주요한 키워드를 추출하고, ④ 키워드별 가중치를 도출하여 ⑤ 전문가가 검토하지 않은 나머지 983,000건의 제출 여부 평가결과를 산정하게 되는 것이다. 이러한 인공지능을 활용하게 되면 변호사들은 전체 문서 중 일부만 검토하면 되기 때문에, 업무 부담이 크게 줄어들게 된다. 현재 미국에서는 증거개시 절차 관련 서비스 시장 규모가 한화로 약 8조 원, 관련 소프트웨어 시장 규모가 약 3조 원 이상으로 추산될 정도로 규모가 커졌고, 미국 법원도 이러한 기술을 도입하는 데 호의적이어서 최근 뉴욕주 법원은 이러한 인공지능을 이용한 샘플링 방식에 따라 문서를 제출하는 것을 허용하는 취지의 명령을 내리기도 하였다.[26]

온라인 분쟁해결(ODR) 프로그램

미국에서 초기 온라인 분쟁해결(ODR)의 성장은 민간 영역을 중심으로 이루어지기 시작하였다. 예를 들어, 이베이(eBay)와 페이팔(PayPal)은 자신들의 플랫폼에서 사용자들 간에 발생하는 수백 만 건의 분쟁을 처리하기 위해 ODR 시스템을 발전시켰는데, 당사의 모든 분쟁을 해결하기 위해 충분한 수의 조정자(mediators)를 고용하고 당사자들 간의 의사소통을 가능케 하는 비디오컨퍼런싱 시스템을 갖추는 데 한계가 있음을 확인한 후, 이들 회사들은 소비자 행동 및 사용내역 등에 대해 수집한 방대한 양의 데이터를 활용하기 시작하였던 것이다. 이를 통해 구축된 ODR 시스템은 가능한 한 많은 분쟁을 예방하거나 원만하게 해결하여 나머지 분쟁들을 신속하게 결정하는 것을 목표로 삼았다. 이를 위해 당사자가 분쟁해결에 직접 참여하도록 하여 문제상황을 진단하고, 기술적 조력을 받아 직접적인 협상을 진행하며, 당사자들이 스스로 문제를 원만하게 해결하지 못하는 경우 회사가 이를 결정할 수 있도록 하였다. 이러한 시스템이 성공을 거두자 아마존 등 다른 회사들 역시 유사하거나 이를 발전적으로 고안한 프로그램들을 개발하기 시작하였고, 인공지능 알고리즘은 의사결정을 위한 절차 단계를 상당 부분 자동화함으로써 분쟁해결에 있어서 중요한 솔루션으로 자리 잡게 되었다. 한편, 일부 법원에서는 이러한 민간 영역의 분쟁해결절차에서 착안하여 사법적 의사결정 없이도 소송을 해결할 수 있도록 하는 메커니즘으로서 온라인 분쟁해결 절차를 실험적으로 적용하기 시작하였다. 미시건(Michigan)주, 오하이오(Ohio)주, 캘리포니아(California)주, 유타(Utah)주에서의 법원들은 소액 사건, 교통법규 위반, 다툼이 적은 가정법원 사건 등에서 '법원 ODR(court ODR)' 형태를 도입하였다.[27]

여기서는 유타주의 ODR프로그램에 관하여 간략히 살펴보고자 한다.[28] 위 프로그램은 이자와 법원비용을 제외한 소송목적의 값이 최고 11,000달러의 소액사건에 적용된다. 다만, 임대차 분쟁이나 재산권 점유 분쟁, 정부를 상대로 한 사건은 제외된다. 그 절차는 크게 5단계로 구분되는데, ① 교육 및 진단, ② 의견교환, ③ 절차 조력 및 심리준비, ④ 심리, ⑤ 재판후속절차로 구성된다.

원고는 소제기 방법을 알기 위해 법원 웹사이트에 접속하게 되는데, 자신이 제기한 청구가 소액사건의 적격이 있는지 판단하기 위하여 안내에 따라 진단을 거칠 수 있고, 일련의 질문에 대한 답변에 기초하여 자신의 청구에 관한 중요한 정보를 파악하게 된다. 원고는 소제기 후 7일간 ODR시스템을 이용할지 여부를 결정할 수 있고, 피고는 14일

동안 그 이용 여부를 결정할 수 있다. 이때 피고가 원고의 소제기에 답변하지 않으면 무변론(default judgment) 판결이 선고될 수 있다. 양측이 ODR시스템을 이용하기로 결정하면, 당사자들 사이에 합의가 성립할 수 있는지 확인하기 위해 고안된 일련의 질문이 제공되고, 사건관리자 (facilitator)[29]에게 사건이 배당된다. 사건관리자는 당사자들에게 증거나 사건해결방법에 대한 의견 등을 요청할 수 있고, 당사자들도 실시간 메시지서비스 프로그램 내지 온라인포털을 이용하여 서로 의견교환, 관련 서류제출·교환 등을 할 수 있으며, 이러한 의견교환 과정을 통해 합의점 도출을 시도한다.

당사자들이 합의하면, 법원은 그에 따른 재판을 하게 된다. 반면 낭사자들 사이에 합의가 성립하지 않으면, 사건관리자는 법원에 통지하고 법원은 심리기일을 지정하게 된다. 법원은 사건관리자로부터 당사자들의 입장을 요약·정리한 서류를 전달받고, 심리기일을 진행하는데, 심리는 실제 법정 또는 온라인 법정에서 진행된다. 사건관리단계에서 제출된 서류는 자동으로 법원의 사건기록으로 편입되는 것은 아니고, 당사자들이 다시 증거로 제출해야 한다. 사건을 담당하는 법관은 실시간 법정 심리가 필요하다면 소송심리를 위한 채팅공간에서 의견교환을 하게 되고, 필요하지 않다면 온라인포털을 통해 제출된 서류에 근거하여 전자적으로 판단할 수 있다. 재판 이후에는 항소 등 재판후속절차에 관한 정보가 제공된다.

미국에서 아직까지 어떤 관할권에서도 이러한 ODR 시스템의 활용이 강제된 경우는 없고, ODR 시스템은 법원의 사법절차가 아닌 다른 방식과 절차를 통해 분쟁을 해결하고자 하는 이들을 위한 선택지 (option)로서 제공된다고 할 수 있다. 이러한 ODR 시스템은 전통적인 법원 중심의 판결보다 신속하고 저렴한 비용으로 분쟁을 해결할 수 있

으며, 이를 통해 보다 접근 가능한 사법절차를 제공할 수 있는 것으로 평가받고 있다.[30]

중국

인공지능을 사법 영역에 도입하게 된 배경

중국은 현재 가장 선제적이고 적극적으로 사법, 재판영역에서 인공지능을 도입하여 활용하고자 하는 국가 중 하나이다. 인공지능이 점차 새로운 시대 발전의 거스를 수 없는 추세가 되어 감에 따라 중국 국무원은 2017. 7. 20. '새로운 시대 인공지능 발전 계획(新一代人工智能发展规划)'을 공포하여 사회 각계로 하여금 인공지능에 대한 연구개발 및 그에 상응한 법률체계, 윤리규범, 정책체계 등을 수립하도록 독려하였는데, 그 내용 속에는 인공지능을 법원시스템에서 응용하는 것이 포함되어 있었다.[31] 이에 의하면, 지능법원 데이터플랫폼을 구축하여 재판, 인력, 데이터 활용절차를 집중시킴으로써 사법의 개방 및 실태 감시 등을 도모하고, 인공지능을 증거수집, 판례분석, 법률문서의 열람과 분석 등에 응용하도록 촉진하여 재판시스템의 지능화와 체험능력을 실현하고자 하였다.[32] 2018년 이를 위해 특별항목 자금을 투입하여 사법(司法)영역에서의 과학기술 문제를 연구하도록 하였다.[33] 구체적으로는 중국의 과학기술부(Ministry of Science and Technology)가 해당 분야에 9억 위안(약 1,500억 원)을 투자하였다고 알려져 있다.[34]

아울러 저우창(周强) 최고인민법원장은 정보화 건설 수준을 높이고 공평과 정의를 촉진할 수 있도록 국가법원 차원에서 하나의 인터넷망(一张网)을 통해 정보플랫폼의 운용절차를 강화하고, 전자기록 항목, 언어음

성 식별, 지능형 서비스, 사건처리 플랫폼 같은 과학기술이 집대성된 시스템을 촉진할 필요성이 있다고 역설하기도 하였다.[35] 이렇게 중국에서 사법정보화를 적극적으로 추구하는 데에는 사법개혁의 일환으로, 동일·유사한 사안에 대하여 서로 다른 판결이 내려지는 것을 최소화함으로써 공평과 정의를 추구하고, 사법부 구성원들의 업무경감을 도모하여, 이용자들에 대한 편의성을 제공하기 위한 것으로 보인다.[36] 그와 아울러 재판 활동에 대한 효과적인 감독 시스템을 구축하고 사법의 권위를 강화하려는 목적도 부인할 수 없을 것이다. 중국 속담에 '햇볕은 가장 좋은 방부제'라는 말이 있는데, 전체 재판 과정을 투명하게 볼 수 있도록 하여 재판과정에서의 부패를 방지할 수 있고, 일반 공중의 감시를 받도록 함으로써 사법구성원으로 하여금 스스로 조심하고 밀실 담합이나 사법부패를 예방할 수 있다. 그 결과 사법의 공평·정의를 보호하고 사법의 공신력을 높일 수 있을 것이다. 이를 통해 중국 법원은 실시간으로 전국 법원의 소송들을 파악·분석할 수 있고, 법관들의 개별적인 업무수행을 평가·감독할 수 있다.[37]

중국 사법제도의 특수성

중국 사법제도는 심급제도에서 다른 나라와 큰 차이를 보인다. 우리나라를 비롯한 다른 국가들이 3심제를 취하고 있지만, 중국은 4급 2심제(四級兩審制)를 채택하고 있다. 즉, 중국에서 법원은 최고인민법원, 고급인민법원, 중급인민법원, 기층인민법원 등 4단계로 나뉘는데, 상소는 한 번만 가능하여 원칙적으로 두 심급의 재판을 거치면 더 이상 상소할 수 없게 된다. 그렇다 보니, 우리나라는 최고법원인 대법원이 최종적인 판결로써 사건을 종국시키게 되는 반면, 중국에서는 대부분의 사건은 각 지방의 고급인민법원이나 중급인민법원 단계에서 마무리되고 동일·유사 사건임에도 각 지방별로 다른 결론이 내려지는 경우가 생길 수 밖에 없다. 그래서 최고인민법원은 위와 같은 다양한 하급심 판결들을 정리하여 지도성 판례를 배포하기도 하고 구체적인 법률쟁점에 대하여 사법해석을 내림으로써(중국 인민법원조직법 제18조 참조) 통일성 있는 법적용을 추구하고 있다. 이러한 중국 사법제도의 특수성으로 말미암아 각급 법원 판결의 통일성을 높이기 위하여, 법관이 판결을 내리기 전에 유사 사건이 존재하는지 검색하여 참고하도록 할 필요성이 있는데, 이때 전국적으로 동일·유사 판결이 존재하는지 여부를 검색·참조하는 데 있어서 인공지능기술이 활용될 수 있는 것이다.

인공지능의 사법 영역에의 운용 현황

1. 사법정보의 전자데이터화

정보의 디지털화는 음성이나 종이로 된 사건기록 등 비(非)전자적 정보를 보존과 복제가 용이한 전자데이터로 바꾸는 것을 말한다. 이와 관련된 예시로는, 아이플라이텍(IFLYTEK, 科大讯飞)이라는 인공지능기업을 통한 스마트음성법정심리시스템(智能语音庭审系统) 구축 사업을 들 수 있다. 아이플라이텍은 2017년 연간보고에서 31개 성(省)과 1,500개 법원의 지능법원 사업에 참여하였다고 밝혔는데, 이를 통해 법정심리 시간이 약 30% 가량 단축되었고, 합의 효율성은 약 25% 증가되었다고 주장하였다. 광둥성 고급인민법원, 광저우시 중급인민법원 등 광둥성 내 각급 법원에서 모두 아이플라이텍의 시스템을 설치하는 등 아이플라이텍의 음성인식기술을 통한 스마트음성법정심리시스템의 전국 시장점유율은 90%를 넘는 것으로 알려져 있다.[38]

아이플라이텍(IFLYTEK, 科大讯飞)

아이플라이텍은 이른바 중국판 시리(SIRI)라고 불리는 음성인식기술을 보유한 인공지능 기업으로서, 중국 법원과 파트너쉽을 체결하여 음성인식, 증거인식, 스마트 파일링 시스템, 지능형 재판 및 관리시스템 등 개발·구축을 추진하고 있다.

2. 더욱 일체화된 소송서비스 시스템

더욱 일체화된 소송서비스 시스템은 당사자로 하여금 인터넷상에서 혼자 소송서비스를 이용할 수 있도록 하는 인터넷셀프소송서비스(网上自助诉讼服务)를 그 핵심으로 한다.[39] 당사자들은 전화, 문자, 인터넷, 채팅, 블로그, 앱(APP) 등 다양한 플랫폼을 활용하여 소송 제기, 상담, 검색 등을 이용할 수 있다. 이를 위해서는 인간과 기계 사이에 언어 소통이 가능하도록 하는 로봇이 필요한데, 이를 통해 지능화된 소송서비스를 실현할 수 있다. 이러한 지능형 셀프서비스 시스템으로는 방문객등기시스템, 셀프소송제기정보입력시스템, 셀프소송서비스단말기, 셀프서비스설비, 셀프전자소송안내화면 등이 있다.[40]

구체적인 예로, 중국 쓰촨성(四川省) 청두시(成都市) 중급인민법원 등에서 사용하는 인터넷셀프소송서비스 시스템은 10개의 대분류와 39개의 소분류 서비스 항목으로 구성되어 있는데, 소송안내, 인터넷 소장 접수, 소송자료 이송, 상담예약, 민원제기, 소송사무신청, 당사자와 변호사 서비스 통로 등 섹터로 이루어져 있다. 당사자는 소장 접수 이후 사건검색 비밀번호를 부여받아 청두법원의 앱에 가입, 등록하게 되면, 이를 통해 사건 진행상황 검색, 소송자료 제출, 법관에게 메모 남기기, 증거자료 수령 등의 소송사무를 볼 수 있을 뿐 아니라 은행 등과 제휴된 인터넷 비용지불시스템(인터넷은행, 알리페이 등)을 활용하여 소송비용 등을 지불할 수도 있다.[41] 나아가 청두시 가오신(高新)구 법원의 소송서비스사이트에 설치된 소송안내 로봇 '샤오파(小法)'은 당사자의 진술을 듣고 스스로 이해하여 그 법률문제를 해결할 수 있도록 검색을 진행하여 관련 법조문과 판례 등 자료를 찾아 제공하고 자신의 법률지식과 경험을 결합하여 해답을 제시하기도 한다.[42]

3. 온라인분쟁해결 플랫폼과 인터넷법원

전자상거래가 활성화됨에 따라 그에 따른 분쟁 역시 급증하면서 이에 대한 대책을 강구할 필요가 생겼다. 특히, 중국의 대표적인 전자상거래 기업 알리바바를 배출한 지역인 저장성(浙江省) 고급인민법원은 2015년 전자상거래 영역에서의 분쟁을 적시에 해소하기 위하여 당해 지역의 우수한 정보통신기술을 기반으로 온라인에서 발생한 분쟁을 온라인 방식으로 해결하는 인터넷 법정 플랫폼을 추진하였고, 항저우시(杭州市) 중급인민법원과 항저우시 3개 구 지역의 기층인민법원에 인터넷법정을 시범적으로 설치하였다. 이러한 전자상거래 인터넷법정은 소송의 모든 단계를 온라인으로 옮겨 소제기, 접수, 증거제출, 증거의견제시, 법정심리, 판결 선고 등을 모두 온라인으로 진행될 수 있도록 하였다.[43]

이후 위와 같은 인터넷법원(互联网法院)은 2017년 항저우시에 최초로 설치된 이래, 2018년 베이징시(北京市), 광저우시(广州市) 두 곳에 추가 설치되어 현재 총 3곳에서 운영되고 있다.[44]

소송절차는 기본적으로 일반 법원의 전통적인 절차와 동일한 단계를 거치게 되는데, 법원은 인편에 의한 구두 전달, 전화, 팩스, 전자우편 등 전자적 방식에 의한 소환과 영상전송기술을 활용한 법정 심리를 허용하고 있다. 원고는 소 제기에 앞서 등록 및 신원인증절차를 거쳐야 하는데, 신원인증은 온라인 실명인증, 안면인식 또는 법원 창구에서의 오프라인 확인 방식 중 한 가지를 선택할 수 있다. 소 제기 이후에는 조정절차를 거쳐야 하는데, 위와 같은 사전 조정절차에서는 약 70개가 넘는 외부 조정기관들이 원격 온라인 조정 플랫폼을 통해 조정서비스를 제공하게 된다. 만약 당사자가 합의에 이르지 못하면 소송절차가 본격적으로 진행된다. 법정 심리 전에 재판보조원이 당사자로 하여금 온라인 화면을 통해 신분증을 제시하도록 하여 신원을 확인하고, 법관이 다시 당사자의 신원과 권한을 확인한 후 법정심리와 영상녹화를 시작한다. 법관은 법정심리를 마친 즉시 판결을 선고할 수 있고, 소송플랫폼이 인공지능기술을 활용하여 생성한 판결문 초안을 수정·보완하는 방식으로 판결문을 작성한다.[45]

한편, ODR플랫폼(在线矛盾纠纷多元化解平台)은 저장성에 처음으로 도입된 이래 현재 광둥성, 장쑤성(江苏省), 윈난성(云南省), 베이징시 등 12개 성, 76개 시, 574개 구·현 등 지역에 보급되었다.[46]

특히, 저장성의 ODR플랫폼은 중국 최초의 온라인분쟁해결을 위한 분쟁해결 일체화 플랫폼으로, 가장 대표적인 ODR플랫폼이다. 위 플랫폼은 온라인 법률자문, 온라인 평가, 온라인 조정, 온라인 중재, 온라인 소송 등 5가지 기능을 갖추고 있다. 당사자가 휴대전화나 컴퓨터를 통해 위 플랫폼에 등록을 하면, 온라인으로 분쟁해결절차를 진행할 수 있게 된다. 보도에 따르면, 중국 저장성 원저우시(温州市) 어우하이(瓯海)지구에서 위 플랫폼을 이용한 조정사건 223건 중 193건에서 조정이 성립되어 조정성공률 88.88%를 달성하기도 하였다.[47] 2020년 말 기준으로 저장성의 ODR플랫폼을 이용한 조정사건수는 126만 건을 돌파하였고, 조정 성공건수는 90만 건에 이르고 있어 성공률은 약 71.6%라고 한다.[48]

중국의 인터넷법원(互联网法院)

인터넷법원은 전자상거래플랫폼을 통해 체결·이행되는 물품구매약정 관련 분쟁, 계약체결이나 이행이 인터넷상에서 이루어지는 인터넷서비스약정·금융대여·소액대여 관련 분쟁, 인터넷상에서 처음 공표되는 저작물의 저작권·저작인접권 관련 분쟁 등 사건의 제1심 소송을 담당하는데, 기층인민법원급에 대응된다. 따라서 위 법원의 판결에 대한 상소심은 해당 시의 중급인민법원 내지 지식재산권법원에서 담당한다(最高人民法院 关于互联网法院审理案件若干问题的规定 제2조 및 제4조 참조).

4. 재판결과 예측 및 감독

최고인민법원은 2014년부터 각급 인민법원으로 하여금 효력이 발생하는 재판문서를 '중국재판문서공개망(中国裁判文书公开网)'에 공포하도록 요구한 이래 2016년에 이르기까지 각급 법원이 위 공개망에서 공개한 재판문서의 수는 2,000만 건이 넘었다. 위와 같이 축적되는 빅데이터를 바탕으로 인공지능시스템은 재판문서에 대한 식별분석을 통해 유사 사건에 대한 기본정보를 취득하고, 유사 사건 속에서 법률적용, 재판규칙 등 데이터 규율을 찾아내어 이들을 주제에 따라 저장함으로써 '동안동판(同案同判)'[49]데이터베이스를 구축하여 각 유사 사건에 대한 예측을 진행하였다. 최고인민법원이 온라인으로 운영 중인 '유사사건스마트추송시스템(类案智能推送系统)'이 바로 그것에 해당한다.[50] 특히, 형사재판 영역에서 빅데이터 분석으로 형성된 스마트재판보조양형판결시스템(智能审判辅助量刑裁决系统)은 법관이 효율적으로 과거의 다수 사건에서 이루어진 양형자료를 참고할 수 있도록 하고, 양형에 있어서 법관의 자유재량권이 적절하게 행사될 수 있도록 돕는다.[51] 예를 들어, 장쑤성 고급인민법원이 동난대학(东南大学)과 공동으로 개발한 자동분석 및 예측경고 시스템은 유사한 사건에서 다른 판단이 내려지는 경우 유사한 대비상황을 살피어 자동으로 쟁점상의 차이를 분석해 주고, 유사 사건의 판결결과에서 벗어난다는 것을 자동으로 알려 주는 기능을 한다.[52]

과제 및 전망

1. 중국 법원에서 논의되는 인공지능기술의 과제

인공지능기술의 핵심은 그 전제가 되는 데이터의 진실성과 완전성이라고 할 수 있다. 현재 중국 사법 영역에서 개발된 인공지능은 중국 재판문서망(中国裁判文书网)에 등록된 재판문서에 기초하고 있다. 그러나 중국재판문서망은 2014년에야 비로소 정식으로 개통되었고, 업로드된 재판문서의 수량은 아마도 전체 심판사건의 50% 정도에 불과하다. 게다가 이 중에는 수개의 사건번호를 가진 하나의 재판문서로 존재하는 등 중복되거나 착오전송된 경우도 있다.[53] 양이 많은 것이 반드시 질이 좋은 것을 나타내지는 않는다. 또한 공개된 재판문서의 상당수가 간단한 사건에 대한 것이어서 가치가 높지 않은 것도 많다. 사건은 점점 복잡하고 다양해지는데, 인공지능 데이터로 사용된 판결서는 한정적이어서 이에 기반한 예측결과는 오류나 편향성을 가질 위험성이 높나.[54] 인공지능은 빅데이터에 기반한 귀납적인 추론을 전제로 삼고 있는데, 새로운 유형의 사건에 대한 처리나 정책적인 지도성 판례가 필요한 사건(政策指导性案件)에 대한 대응이 어려울 수밖에 없다.[55] 위와 같은 경우에는 양적인 접근보다는 질적인 접근이 필요하고, 인간의 존엄성·정의·공평·공서양속 등 가치판단을 통해 새로운 법해석을 하여 사회 전체의 공감대를 얻을 수 있도록 하여야 하기 때문이다.

나아가 재판문서는 판결의 결과만을 기재하고 있을 뿐, 법관의 추론과정이나 합의과정이 나타나지 않는다는 한계도 존재한다. 따라서 인공지능으로서는 완전한 재판형성과정을 체험할 수 없을 뿐 아니라 정확하게 재판예측기능을 실현할 방법이 없는 것이다.[56] 법관의 재판은 가치판단 과정이어서 법관에 따라 동일한 사안에 대하여 다른 논리구조와 결론이 내려질 수도 있고, 일정한 수의 유사한 판결이 반드시 재판의 올바른 방향을 대표한다고 단정할 수도 없는 것이다.[57] 특히, 복잡한 사건의 경우 인공지능이 그 사실관계, 증거, 법률관계 등을 제대로 이해하기 쉽지 않을 뿐 아니라, 그와 유사한 사례를 추출해 내는 것

도 상당히 어려울 것으로 보인다.[58]

사법시스템에서 인공지능의 운용은 알고리즘에 따라 작동하게 되는데, 재판기관은 그 알고리즘에 대하여 알지 못하는 문제가 있다. 재판기관은 알고리즘의 연구개발과 설계 등을 외부 업체에 맡기게 될 텐데, 이렇게 되면 그 업체는 인공지능에 대한 영향력이 재판기관을 추월하게 될 수도 있다. 데이터의 제공, 심화학습부터 자동 생성되는 전체 과정이 투명하지 못하다면, 알고리즘의 편향성, 합리성, 합법성 등에 대하여 판단할 수 없게 된다. 이를 영업비밀로 보호한다면, 이에 대한 감독이나 검증은 어떻게 진행할 수 있는지 문제될 수 있다. 위와 같은 알고리즘의 불투명성 문제는 이를 활용하는 법원의 재판기능에 대한 심각한 회의를 불러일으킬 수 있다.[59] 알고리즘 편집자의 고의나 실수로 알고리즘에 심각한 오류나 편향이 생긴다면, 오히려 알고리즘 독재를 불러일으켜 사법의 수준이 대폭 퇴보하게 될 것이다.[60]

아무튼 현 단계에서 인공지능이 법원이나 사법시스템에서 가지는 가치는 보조도구로서의 역할에 그치고 있다고 볼 수 있다. 일부 젊은 법관들과 달리 나이든 법관들은 전통적인 업무방식에 익숙하고, 인공지능에 대하여 불신 내지 부정적인 인식을 가지고 있어서 그런지 '자기 스스로 시간을 들여서 판결문을 쓸지언정, 인공지능이 음성과 자연어를 인식하는 기술로 생성한 판결문을 믿고 싶지 않다'고 하면서 인공지능 도입에 소극적인 모습을 보이고 있다. 다수의 법관들은 새로운 시스템에 대하여 법관의 사건처리에 큰 도움이 되지 않고 그 역할이 별로 없다고 하는데, 심지어는 이를 부담이라고 여기기도 한다.[61]

2. 중국 법원에서 인공지능기술의 활용 전망

데이터의 완전성, 진실성 부족 문제는 인공지능의 정확성에 대한 부정적인 영향을 가져오게 되므로, 완비된 사법 빅데이터를 구축하는 것이 필요하다. 따라서 사법공개를 원칙으로 하여, 변호사, 검찰, 법원 등 각 기관의 법률데이터를 정리하여 하나로 모으는 작업이 중요하다. 동시에 이미 보유하고 있는 데이터에 관하여는 중복자료나 무효의 쓰레기 데이터를 걸러 내고 삭제하는 노력이 필요하다.[62]

알고리즘의 불투명성에 대한 감독과 심사는 막대한 시간과 비용이 소요되므로, 개인이 담당하기에는 무리가 따른다. 따라서 사법부 내지 정부 차원에서의 통일된 조직과 관리가 필요하므로, 인공지능 알고리즘의 분석과 해석을 전담하는 공개되고 전문화된 기관을 설립할 필요가 있다. 논리 추론과정상의 착오나 알고리즘 편집자의 실수나 누락 등을 찾아내고, 편집자에 대한 감독을 통해 편집자의 권한 남용, 불법적인 개입 등을 방지하도록 함으로써 알고리즘의 객관성과 공정성을 보장하는 것은 인공지능기술을 사법재판 영역에 도입하는 데 있어 가장 중요한 관건이다.[63]

사법영역에서의 인공지능은 법관의 보조도구로서 역할을 담당한다는 것을 명확히 자리매김하여야 한다.[64] 비록 인공지능의 처리속도나 기능이 인간보다 뛰어난 점이 있기는 하지만, 법관의 재판경험(審判经验)이나 자발적 적극성(主观能动)을 대체하기에는 아직 부족하다. 인공지능이 재판과정에서의 감정적 요소나 사회성 요소가 미치는 영향은 그대로 따라할 수 없으므로, 인공지능은 일반적, 기계적, 냉랭한 공정(公正)만을 추구하여 구체적 타당성 있는 결론을 놓치고 그에 따라 실질적 법치주의가 오히려 퇴보할 수 있다. 따라서 인공지능은 법관을 도와서 사법재판의 효율성과 다양한 기능 발휘에 기여하는 것이 바람직할 것이다.[65]

법관과 인공지능 사이의 상호작용이 강화되어야 한다. 아직은 사법영역에서의 인공지능의 활용 정도가 낮은 편이고, 법관들의 인공지능에 대한 인식이 상당히 부정적인 편이다. 다수의 법관들은 컴퓨터 능력이 부족한 편이고, 사법시스템을 담당하는 직원은 법률지식이 부족한 편이다. 향후 사법영역에서의 인공지능화는 불가역적인 추세일 것이므로, 법률과 인공지능기술을 겸비한 융합형 인재 양성이 필요하다. 현재 미국 하버드대, 예일대 등과 같이 베이징대학(北京大学)은 법률인공지능실험실(法律人工智能实验室), 법률인공지능연구센터(法律人工智能研究中心) 등을 이미 설치하여 법률과 인공지능 분야의 첨단지식을 갖춘 융합형 인재 교육에 투자하고 있다.[66] 또한 법원은 점차 전면적인 전자소송화를 이루어 감에 따라 법관들을 교육하여 인공지능기술에 대한 이해도를 높이고, 인공지능이 제공하는 각종 혜택과 편의를 통하여 업무처리에 도움을 얻게 된다면, 향후 인공지능기술의 활용도를 높일 수 있고, 법관들 역시 종래 업무처리 방식에서 벗어나 새로운 인공지능 기술하에서의 개선된 업무처리 방식을 선호하게 될 것이다.[67]

유럽

에스토니아

인공지능 법관의 도입에 관하여 가장 유명한 국가는 북유럽의 에스토니아라고 볼 수 있다. 에스토니아는 발트해에 인접한 인구 130만의 소국으로 2019년 정부 차원에서 재판에 인공지능을 도입하겠다고 선언하여 화제가 된 바 있었다.[68] 당시 에스토니아 법무부는 소가 7,000유로 이하의 소액 사건에 관하여 판결을 내리는 이른바 '로봇 판사'를 개발하는 프로젝트에 실제로 착수하였다.[69] 이 프로젝트는 계약

분쟁 사건을 대상으로 쌍방 당사자가 각종 서류를 업로드하면 인공지능이 판결을 내리도록 한 후 이에 대하여는 인간 판사에게 항소할 수 있도록 하는 파일럿 프로그램을 개발하고, 법관과 변호사 등으로부터 피드백을 받아 이를 수정·보완해 나가는 내용의 계획으로 알려져 있

는데, 위 프로젝트의 목표는 로봇 판사를 통해 사건 적체를 해소하고 과다한 비용을 절감하기 위함이다.[70] 에스토니아의 법관 수는 20년째 그내로인 반면, 법원의 사건 수는 2배 이상 증가한 것으로 분석된 점, 국내 지방법원에서 유럽연합 수준에 이르는 다층적인 법체계의 복잡성으로 인해 사법체계의 부담이 가중될 수밖에 없었던 점 등도 인공지능 법관을 추진하게 된 주요 원인으로 볼 수 있다. 또한 2005년 이래 에스토니아 정부가 일찍이 디지털화로의 전환을 정책적으로 추진한 덕분에 현재 에스토니아의 온라인 사법 체계는 유럽에서 가장 효율적인 것으로 평가받고 있다.[71] 이러한 법원의 디지털화 배경 속에서 법관이 반복적이고 단순한 업무에 과도하게 시간을 할애하지 않도록 인공지능과 같은 자동화 시스템이 이를 대체하도록 시도하는 것이다.[72]

현재 에스토니아의 경제부(economic ministry)는 인공지능 통제(AI-controlled) 소프트웨어를 수반한 사법적 의사결정에 대한 책임 문제를 입법적으로 해결하기 위해 인공지능 및 로봇 법관에게 일정한 법적 지위를 부여하는 것을 검토하고 있는 단계이다. 이러한 에스토니아의 시도는 알고리즘에 기반한 사법적 의사결정에 공식적인 권한을 부여하는 첫 번째 사례가 될 수 있다는 점에서 주목받고 있다.[73] 반면, 에

스토니아가 소액 사건에 관하여 이른바 '로봇 판사'를 도입하여 즉각적인 기민한 대응을 한 것은 높게 평가할 수 있지만, 이러한 프로젝트는 초기 단계의 아이디어 이상의 무언가가 있다고 보기 어렵다는 비판도 존재하고 있다.[74]

오스트리아

오스트리아는 유럽 국가들 중에서 전자사법(e-justice) 분야에 있어서 가장 선도적인 국가들 중 하나로 알려져 있다. 오스트리아 사법부는 '사법 3.0(Justiz 3.0)' 프레임워크를 천명한 이후, 사법에서 인공지능의 적용과 관련된 일련의 노력을 기울여 왔다. 2018년부터 사법부에 적합하게 고안된 인공지능 서비스가 시행되고 있으며, 점차 그 적용 분야를 확장시켜가고 있는 추세이다. 현재 오스트리아 사법부에서 인공지능은 기계학습 및 딥러닝 알고리즘에 기초하여 다양한 영역에서 활발하게 적용되고 있으며, 신속하고 효율적인 문서 분석 및 처리를 위한 도구로서 주로 기능하고 있는 것으로 보인다. 먼저 문서 처리 또는 축적을 위한 메타데이터의 추출 및 분석, 수신 메일 등 문서 분류의 자동화의 맥락에서 인공지능기술이 활용되고 있다. 또한 대량의 다양한 데이터가 사용되는 규모가 비교적 큰 절차에서 인공지능기술이 활용되고 있으며, 이때 신속하게 사건을 처리하고 해당 절차와 관련된 연결 관계를 분석하기 위해 사법부 내 IT 지원 전문가들의 지원이 이루어지고 있기도 하다. 나아가 법원 판결을 공개하기 위한 목적으로 인공지능을 통한 익명화가 시행된 바 있다.[75]

마르크 코켈버그(Mark Coeckelbergh) 오스트리아 빈(Wien) 대학교 교수는 인공지능기술의 사법영역에서의 적용 관련하여 "인공지능(AI)은 결정하지 않고 추천을 하는 것에 불과하고, 결국 인간이 결정하게 되는 것이므로 그 결정에 대한 도덕적·법적 책임주체는 기술이 될 수 없고 인간이 돼야 한다. 하지만 누구에게 책임을 물을 것인지 그 주체가 불분명할 뿐 아니라 알고리즘 자체도 불투명한 문제가 있다."고 말하면서 관련 윤리적 문제 해결이 선행될 필요가 있다고 지적하였다.[76]

영국

세계에서 가장 야심찬 법원 개혁 프로그램이 현재 영국[77]에서 시행되고 있다. HMCTS(HM Courts & Tribunals Service)의 주도로 10억 파운드 이상의 비용을 들여 형사, 민사, 가사 등 모든 사법 영역에 걸쳐 50개 이상의 프로젝트가 추진되고 있는데, 그 핵심에는 기술 빌진이 놓여 있다.[78]

형사 분야에서는 경찰, 검찰, 법원이 협력하여 추진 중인 'Common Platform' 시스템이 대표적인데, 다양한 프로젝트들이 이 시스템에 의해 뒷받침되고 있다. 이는 형사절차 전반에 걸쳐 끝에서 끝까지 한 줄로 사건을 관리하는 장기적 목적을 성취하고자 하는 시도의 일환이다. 기술 혁신의 더욱 전형적인 예시로는 'Single Justice Service'를 들 수 있는데, 이 아이디어에 따르면, 피고인들은 사소한, 구속되지 않을 만한 범행에 관하여 온라인으로 변소(辯訴)를 할 수 있고, 이러한 변소는 자동 사건 추적 시스템을 통해 전자적으로 치안판사에 전달되어 판결을 위해 사용된다. 예를 들어, 이 서비스는 매주 약 500건의 무임승차 사건(fare evasion)을 처리하는 데 이미 사용되고 있다고 한다.[79]

영국에서는 온라인 분쟁해결절차(ODR)의 시범사업 중 하나로 Online Civil Money Claims(OCMC) 절차가 Civil Procedure Rule Committee concerning the Online Court Pilot의 주관 아래 2017. 8. 7.부터 2021. 11. 30.까지 County Court에서 시범 실시되고 있다. 이 시범절차를 이용하기 위한 주요 요건은 인신 상해를 위한 손해배상청구를 제외한 £10,000(이

자 포함)를 넘지 않는 특정금액에 관한 청구여야 하고, 신청인과 상대방 모두 1명씩이이야 하며, 18세 이상으로서 대리인의 도움 없이 이메일 계정을 보유하고 있어야 한다.[80] 지금까지 약 25,000건이 넘는 청구가 이루어졌는데, 90% 상당의 사용자들이 이 서비스에 만족하거나 현저히 만족한다는 반응을 보였다.[81] 나아가 복수의 청구 사건(multiple claims)을 다루는 발전된 버전의 시스템이 개발 중이라고 하는데, 이는 주로 변호사를 대상으로 삼고 있다.

위와 같은 소액사건 외에도 이혼과 상속에 관한 온라인소송 역시 도입되었다.[82] 2018년 4월 말 시작된 온라인 이혼 프로젝트는 합의이혼 사건 접수에 초점이 맞추어졌는데, 이때부터 2018년 9월 중순 사이에 14,000건의 온라인 접수가 이루어졌다. 위 시스템하에서 재접수나 보정을 필요로 할 정도의 오류 발생률은 1%에 미치지 않았는데, 이는 과거의 종이 양식 기반의 시스템에서 40%를 상회하였던 것에 비하여 많이 낮아진 수치라고 볼 수 있다.[83]

또한 2018년 3월 하순부터 7월 초순까지 First—Tier Tax Chamber Tribunal에서 사법개혁 및 현대화의 노력으로 Online Hearing Pilot(OHP) 프로그램이 시행되었다. 위 프로그램에서는 모든 참가자가 원격지에서 접속해야 한다. 즉, 프로그램에 자원한 이의신청인은 가정이나 직장에서 자신의 컴퓨터로 접속하고, 영국 국세청 직원은 사무실에서 접속하며, 법관은 공개법정에서 진행한다. 이의신청인의 대리인이 있는 경우 대리인은 이의신청인과 동석하거나 자신의 사무실에서 원격 접속할 수 있다. OHP절차에서는 사법절차의 공개, 심문의 보안 및 공인되지 않은 기록 금지, 법원에 알려지지 않은 관계인의 참여 금지가 강조되었다.[84] 위 시범실시에 참가한 법관과 국세청 직원들은, 1명의 증인이 참석하거나 사건관리 협의를 진행하거나 쟁점이 기초적이고 소요시간 1시간 30분을 초과하지 않을 사건에는 적합하지만, 쟁점이 복잡하거나 언어소통에 문제가 있거나 적절한 IT활용능력이 부족한 개인이 당사자인 사건에는 적합하지 않다고 답변하였다.[85]

프랑스

프랑스는 예측적 사법의 가능성을 검토하는 데 주로 초점을 맞추고 사법부의 지능정보화를 추진하고 있는 것으로 보인다. 이를 위해 프랑스 사법부에서는 예측적 사법 시스템의 확률 및 통계적 분석이 가능하도록 하기 위한 기초조건으로서, 판례 데이터베이스를 구축하여 사법 빅데이터를 확보하고, 이를 바탕으로 수집·분석된 데이터를 효율적으로 활용하기 위한 방법을 고안하고자 노력하고 있다.[86]

프랑스는 법무부의 주도로 렌(Rennes)과 두에(Douai)라는 두 지역의 항소법원을 통하여 2017년 다양한 항소사건에서 사법예측 소프트웨어를 테스트하였는데, 이 소프트웨어의 이름은 '프레딕티스'(Predictice)였다. 위 테스트에서 위 두 법원의 동일한 종류의 모든 사건에 대한 계량분석을 실시하여 유사한 사건에 대해 두 법원 사이의 차이점을 분석하였는데, 프레딕티스는 상대적으로 단순한 사건이라 할 수 있는 해고 시 퇴직 수당(redundancy payments)의 액수를 산정하는 영역에만 적용되었다고 한다. 이러한 테스트를 실시한 목적은 재판권의 평등한 보장을 위하여 법원 결정 사이에 과도한 차이가 없도록 이를 줄일 수 있는 의사결정 도구를 만들고자 함이었다. 그런데, 위 예측 소프트웨어는 특정한 어휘가 등장하는 것을 넘어서 법관의 판단에 있어서 인과적 영향을 끼친 것인지와 같은 요인을 구별하지 못하였기 때문에 그 예측 결과가 부적절한 것이었다고 비판을 받기도 하였다.[87]

이에 유럽평의회(Council of Europe) 산하 사법효율을 위한 유럽위원회(European Commission for the Efficiency of Justice)는 위와 같은 프랑스에서의 실험 결과를 토대로, 일반적으로 사법부에서 인공지능 활용에 대한 관심은 높은 편이나 현재의 인공지능 소프트웨어 제품이 심각한 결함을 가지고 있거나 오류가 많은 분석결과를 낼 가능성도 있기 때문에 이를 간과하면 위험할 것이라는 취지의 심층보고서를 제출하기도 하였다.[88] 프랑스 법무부 역시 법관의 의사결정절차를 지원하기 위한 해당 소프트웨어의 시험용 버전이 실제 상용화에 이를 정도로 가치가 있다고 판단되지 않는다는 입장을 밝히기도 하였다.[89]

기타 국가

싱가포르

싱가포르 사법부는 국민들의 사법접근권의 관점에서 빈부 차이 등 사회경제적 격차가 상대적으로 심각한 싱가포르의 사회현실을 고려하여 저소득 계층에 속하는 개인 혹은 법인이 고비용의 변호사를 선임하지 않고서도 사법적 지원을 구할 수 있도록 하는 데 정책의 방점을 두어 왔다. 싱가포르는 법원 디지털화 및 자동화를 지향하는 단계별 정책을 추진하여 소송당사자들이 법원 체계에 접근할 수 있는 총체적 역량을 제고하고자 노력해 왔다. 특히, 2016년에 추진된 미래 법원(Courts of the Future) 태스크포스(taskforce)는 인공지능과 ODR의 활용을 예상케 하는 야심찬 계획을 세웠다.[90] 이듬해인 2017년 7월 소액 사건 재판소(SCT: Small Claims Tribunals)의 온라인 사건 제출 및 관리 시스템이 시행되었으며, 이때 지능형 법원 기록 시스템(iCTS: Intelligent Court Transcription System)을 구축하는 데 있어 싱가포르 법원은 인공지능기술을 활용한 바 있다. 언어 모델 및 법률 용어와 같은 전문영역 표현 방식을 신경연결망 기술을 활용해 훈련한 iCTS는 인간 속기사의 역할을 효과적으로 대체해 실시간으로 법원 심리를 기록하여 법원의 효율성을 증대시키고, 법관과 당사자들이 법원의 구두 증언을 즉시 검토할 수 있도록 하였다. 또한 싱가포르 법원은 법률정보에 대한 접근성을 촉진하고 소송당사자가 리걸 헬프(legal help) 서비스에 직접 연결할 수 있도록 적절한 기술을 활용하고 있다. 예컨대, 민사 온라인 도구(Civil Online Toolkit)는 민사법원의 처리 및 절차에 대한 정보를 제공하는 온라인 리소스 모바일 어플리케이션이다. 민사 온라인 도구는 법률 대리를 구할 수 없는 소송당사자들에게 필요한 모든 정보를 제공하는 원스톱 서비스를 구현한 것이라 할 수 있다. 이러한 정보는 민사절차의 각 단계별로 소송당사자들이 필요로 하는 내용을 담고 있고, 일반인이 이해할 수 있는 언어로 제공되며, 작성해야 할 관련 양식들 역시 포함하고 있다.[91]

싱가포르 사법부에서 추진한 대표적인 인공지능기술 활용 성과로
는, '지능형 사건 검색 시스템(ICRS: Intelligent Case Retrieval System)'과
'공동체 사법 및 재판소 시스템(CJTS: Community Justice and Tribunal
System)'를 들 수 있다.

싱가포르 난양기술대학교(NTU: Nanyang Technological University)의
통합 기술 스마트 플랫폼 인프라 연구(SPIRIT: Smart Platform Infrastructure
Research on Integrative Technology) 내 위치한 스마트 국가 연구 센터는
싱가포르 사법부와 함께 인공지능기술을 활용하는 지능형 사건 검색 시
스템(ICRS)을 개발하는 데 성공한 바 있다. 지능형 사건 검색 시스템은
인공지능을 활용한 데이터 분석 기법을 통해 과거의 유사한 선례 및 사건
을 효과적으로 검색할 수 있다.[92] 이러한 도구를 사용하게 됨으로써 판례
데이터베이스에서 가장 관련도가 높은 판례를 발견해 내고, 다양한 법
분야의 사법결과에 대한 예측을 보다 빠르고 정확하게 검색·조사할 수
있게 되었다.[93]

2016년 미래 법원 태스크포스가 수립된 이래로, 단일 사법부 IT
추진 위원회(One Judiciary IT Steering Committee) 및 싱가포르 법원을
위한 기술 청사진(Technology Blueprint for the Singapore Courts)의 통합
정책이 착수되었다. 이 위원회의 주된 목적은 사법부에서 리걸 테크의
도입을 감독하는 것이라고 할 수 있다. 이후 싱가포르 주법원은 전자협
상(e-negotiation) 및 전자조정(e-mediation)과 같은 온라인 분쟁 해결
방법을 제공하는 통합사법 솔루션으로서 공동체 사법 및 재판소 시스
템(CJTS)을 시행하였다. CJTS는 당사자들이 언제든지 온라인으로 청구
주장을 제출할 수 있도록 하며, 전자제출, 전자사건파일, 전자납부 및
전자명령과 같은 법원 서비스에 대한 디지털 접근을 가능하게 한다. 이
러한 디지털 서비스는 소송당사자가 비용 및 시간을 크게 절감할 수

있도록 하는 등 상당한 편의를 제공할 수 있다. 이를 위해 폭넓은 사용자 가이드 역시 제공되고 있기도 하다. 특히 CJTS를 통해 이루어지는 전자조정은 오프라인으로 이루어지는 조정에 비해, 당사자들에게 융통성을 제공하고 신속한 문제 해결을 도울 수 있는 것으로 평가받는다. 나아가 싱가포르 사법부는 2019년 말부터 자동차 사고(motor accident) 사건에 온라인분쟁해결(ODR) 플랫폼을 적용하기 시작하였다. 해당 플랫폼은 조정 및 합의를 위한 인프라 및 결과 예측 시뮬레이션을 제공하여, 당사자들이 자동차 사건 관련 분쟁을 온라인을 통해 저비용으로 해결할 수 있도록 한다.[94] 즉, 자동차 사고로 인한 개인 상해 청구 (personal injuries claims)가 법원에 접수되면, 주법원(the State Courts)으로서는 당사자들이 기술 우선적으로 이용하여 원만한 해결에 이르기를 희망할 것이고, 당사자들 역시 법원 조력하에서 원격이면서 비동기적으로(asynchronously) 분쟁해결절차에 참여할 기회를 가지게 될 것이다. 이와 더불어 2019년 1월 싱가포르에서 도입된 AI 법원 기술 프로그램 (AI court tech programme)은 몇몇 경범죄(misdemeanors)들에 대한 인공지능 의사결정을 포함하고 있다고 알려졌다.[95]

캐나다

캐나다의 다른 지역에서도 가사사건이나 민사사건 등에서 온라인 서비스를 제공하고 있기는 하지만, 브리티시 컬럼비아(British Columbia) 주에서는 완전한 형태의 원격 민사 분쟁 해결절차(remote civil dispute resolution mechanism)를 최초로 시행하고 있다. 이러한 캐나다 브리티시 컬럼비아 주의 CRT(Civil Resolution Tribunal)는 현재 세계에서 가장 훌륭할 뿐 아니라 가장 발전된 ODR시스템이라고 알려져 있다.[96] 브리티시 컬럼비아 주의 법무부는 2011년부터 ODR시스템의 활용을 검토하기 시작하였고, 2012년 주 법률인 Civil Resolution Tribunal Act(CRTA)에 의히어 CRT를 정식으로 도입하였다. 위 법률은 2015년과 2018년에 각 대폭 개정되는 과정을 거쳤는데, 제정 당시에는 자발적인 선택이었던 CRT가 많은 사건에서 배타적 또는 준배타적인 관할로 변경되었다. CRT는 2016. 7. 13.경 공동주택사건(strata disputes)[97]부터 실시되었고, 2017. 6. 1.경부터는 5,000캐나다달러(CAD) 이하의 소액사건에 관하여도 실시되었으며,[98] 가장 최근에는 50,000캐나다달러(CAD)까지의 자동차 교통사고 상해 사건에 관하여도 실시되고 있다.[99]

엄밀하게 말해서 CRT는 법원은 아니고, 독립된 위원으로 구성된 행정형 위원회의 일종이다. 2019 – 2020년의 경우 위원회는 39명의 위원들로 구성될 것으로 보이고 사건 부담은 약 10,000건 정도로 예상되었다. 이용자들의 만족도가 높은 편이어서 이용자들의 약 84%가 CRT를 다른 사람들에게 추천하겠다고 응답하였다.[100]

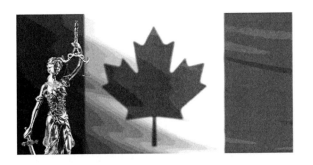

CRT절차는 크게 4단계로 구성된다. 첫 번째 단계는 이용자들로 하여금 자신의 법적 지위가 어떤 상태인지 이해할 수 있도록 돕기 위하여 'Solution Explorer'라는 규칙 기반 전문가시스템을 활용한다. 'Solution

Explorer'는 CRT에 있어서 가장 혁신적인 부분이라고 높은 평가를 받고 있다. 이를 통해 법률적인 방법을 안내받게 된다. 두 번째 단계에서는 온라인 협상을 통해 당사자들 사이에서 합의점을 도출하기 위한 시도를 진행한다. 다음으로, 협상이 되지 않으면, 사건 관리자(case manager)는 나중에 집행력 있는 명령이 될 수 있는 합의안이 도출될 수 있도록 돕는다. 결국 합의에 이르지 못하게 된다면, 위원회는 공식적인 결정을 내리게 된다.[101] 이러한 위원회의 결정에 이의신청이 있으면, 위원회의 결정은 효력을 상실하고, 이의신청된 소액사건은 소액사건법원에서 절차가 속행된다.[102]

호주

호주에서도 여러 가지 시도가 있는데, 다음에서는 크게 3가지 사례를 살펴보고자 한다.

1. 빅토리아(Victoria)주의 ODR 시행

빅토리아주는 2018년 9월경 Victoria Civil and Administrative Tribunal(VCAT)에서 온라인서비스를 강화하고 효율성을 증진하기 위하여 ODR플랫폼의 시범실시를 시작하였다. VCAT는 1998년 빅토리아 민사행정법(Victorian Civil and Administrative Act)에 근거하여 설립되었는데, 빅토리아주의 다양한 사건을 심리하는 사법형 위원회로서, 빅토리아주 대법원(Supreme Court of Victoria)의 대법관이 위원장이고, 빅토리아주 County Court의 판사 13명이 부위원장인데, 그중 2명은 상근이라고 한다. 현재 행정, 민사, 인권, 주택임대차, 도시계획과 환경 등 5개의 심판부가 있으며, 연간 85,000건 정도의 사건이 접수되고 있다고 한다.[103]

위 ODR시스템은 3단계로 이루어져 있다. 첫 번째 단계는, 이용자들이 일반적인 정보를 포함하여 소액민사사건에 관한 이용 가능한 다음 단계의 조치가 무엇인지 확인할 수 있는 온라인 포털이다. 두 번째 단계에서는 이용자들이 온라인 방식의 대안적 분쟁해결절차에 접근하게 된다. 당사자들은 자격을 갖춘 ADR전문가들의 도움을 얻어 온라인을 통한 의견교환방식을 거쳐 합의도출을 시도하게 된다. 당사자들 사이에 합의가 되면, VCAT에 의하여 승인되고 구속력있는 명령으로 전환된다. 합의에 이르지 못하게 되면, 세 번째 단계로 가게 되는데, 여기서는 VCAT에 의해 주재되는 온라인 심리가 진행된다. VCAT는 이메일, 전화, 영상 등 다양한 방식으로 증거를 검토하고 당사자들의 주장을 청취하여 이메일로 당사자들에게 최종 판정을 내리게 된다.[104]

2. 뉴사우스웨일즈(New South Wales)주의 온라인 법정

뉴사우스웨일즈주의 온라인 법정에서는 법관과 변호사들이 물리적인 법정에 출석하지 않고 사건에 대한 메시지나 의견을 교환하도록 허락한다. 이러한 서비스는 위 지역의 대법원, 토지 및 환경 법원(Land and Environment Court), 지방 법원(District Court), 지역 법원(Local Court) 등에서도 이용가능한데, 점차 확대되고 있는 추세이다. 주된 목적은 변호사와 나홀로 소송을 진행하는 당사자들로 하여금 소통 내지 절차상의 문제를 관리할 수 있도록 하기 위함이다. 사용자들은 다양한 요청들을 할 수 있고, 법관들은 상응한 명령을 내릴 수 있다. 온라인 법정의 절차들은 일련의 프로토콜에

의하여 관리된다. 대법원과 지방법원에서 이 서비스는 법관이 적당한 사건을 선택하여 변호사의 참여를 초대한 일부 민사법 사건에 한정된다. 온라인 법정을 이용하는 등록건수는 2013년에 약 901건이었는데 2018년에 100,000건 이상으로 크게 증가하였다.[105]

3. 연방법원 및 연방항소법원의 e-Courtroom

호주의 연방법원(Federal Court)이나 연방항소법원(Federal Circuit Court)에서 특정한 사건들의 관리와 의견청취를 돕기 위하여 법관들에 의해 사용되는 온라인 법원 시설로서 'e-Courtroom'이 있다. 이용 가능한 사건으로는 파산재판절차에서의 비대심적 신청(ex parte applications), 조사 소환(examination summonses)을 위한 신청, 일반적인 연방법 문제에 있어서 지시와 다른 명령의 제공 등을 포함한다. 이 서비스는 'eLodgment'로 알려진 전자 접수 시스템과 통합되어 있다. 법관과 당사자들이 나누었던 모든 메시지 기록들이 모든 당사자들 뿐 아니라 일반 공중에도 볼 수 있게 제공된다. e-Courtroom 프로토콜은 위 시설에서 행해지는 행동들은 전통적인 법정에서 사건을 처리하는 행동과 동등한 것이어야 한다고 강조한다. 즉, 법관이 판단하고 결정하는 데 필요한 쟁점을 위하여 사용될 수 있는 것이지, 단순히 당사자나 대리인 사이에 의사소통하는 목적으로 사용되어서는 안 된다는 것이다. 특히 이러한 대화내용이 은밀한 것이나 민감한 것이라면 더더욱 그러할 것이다.[106]

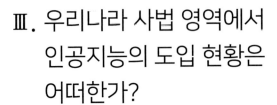

Ⅲ. 우리나라 사법 영역에서 인공지능의 도입 현황은 어떠한가?

우리나라 법원의 인공지능 도입 현황

리걸 테크 산업의 발전

국내에서 인공지능기술을 사법 영역에 활용하는 방안에 관한 연구는 그다지 활발히 이루어지지 못한 편이고, 주로 민간 법률서비스 분야에서 비용 절감 및 효율 증진 등 경쟁력 강화 목적으로 인공지능기술이 활용되고 있다.[107] 위와 같이 판결문 예측, 법률 실사, 계약서 검토 등 법률 서비스에 인공지능을 적용시키고자 하는 시도를 '리걸 테크(legal tech)'라고 부른다.[108] 리걸 테크는 법률(legal)과 기술(technology)의 줄임말로 법률과 기술이 결합한 새로운 형태의 법률서비스를 말하는 것인데, 최근에는 IT기술을 바탕으로 한 새로운 법률서비스를 제공하는 스타트업과 산업을 포괄하는 의미로 사용되고 있다.[109]

리걸 테크의 주요 활용 범위는 법령, 규제, 판례 등을 분석한 정보를 제공하는 '법률 검색', 고객의 필요에 맞는 변호사를 추천 내지 매칭해주는 '변호사 검색',[110] 소송 준비 과정에서 상대방이나 제3자로부터 증거를 수집하거나 반대로 증거물을 제공하는 업무를 보조 또는 관리해주는 '전자증거 개시', 인공지능, 빅데이터 등 첨단 기술을 활용하여 판례 추이, 승소가능성 등을 분석하고 전략을 수립하는 '법률자문 및 전략수립' 등으로 나누어 볼 수 있다.

국내 리걸 테크 산업 분야에서 인공지능기술이 도입되어 실제로 실무에 활용되는 사례는 점차 증가하고 있는데,[111] 인텔리콘이 개발한 '알파로(AlphaLaw)'가 대표적이다. 알파로는 문서분석용 인공지능으로 주로 계약서 분석에 사용되는데 특정 문항이 어떤 오류를 담고 있는지, 그대로 계약을 체결하면 어떤 위험성이 있는지 등을 종합적으로 분석해 사용자에게 제시해 준다. 사용자가 분석하고자 하는 계약서 내용을 일파토에 '복사＋붙여넣기'하거나 파일을 업로드 하면, 약 4초 만에 분석이 종료된다.[112]

전문변호사 검색 및 고객과 변호사 간 매칭서비스를 제공해 오던 '로톡(LawTalk)' 역시 2020년 11월경부터 인공지능 기반 플랫폼을 통해 형사사건 형량 예측서비스를 제공하기 시작하였다. 아직은 모든 범죄에 대한 형량 예측을 포괄하지는 못하지만, 전체 범죄의 70% 상당을 차지하는 사기·폭행·절도 등 6개 주요 범죄가 우선 서비스 대상이 되고 있다. 로톡의 형량 예측서비스는 2012년부터 2020년까지 선고된 1심 형사판결문 약 40여만 건을 대상으로 분석한 결과를 토대로 형량 예측결과를 제공하는 것이었다.[113] 로톡은 향후 법률문서 자동생성, 계약서 자동검토, 민사소송 결과 예측 서비스를 제공하기 위해 개발·준비 중이었으나,[114] 2021년 9월 말 대한변호사협회의 금지규정으로 인해 형량예측서비스를 종료하였다.[115]

또한, 까리용의 '리걸엔진(LegalEngine)'은 법원 판결문, 공정거래위원회·조세심판원·금융감독원 등 행정기관의 결정문 및 유권해석을 비롯한 약 350만 건에 이르는 법률 데이터에 기반한 법률 전문 검색서비스인데, 까리용은 기존의 데이터 검색, 문서 자동화 등 단순한 업무를 넘어서 위 데이터를 학습시켜 스스로 법률문서를 분석·검토하도록 하는 고도화된 인공지능 데이터 분석서비스 개발을 진행하고 있다.[116]

　다만, 인공지능을 이용한 예측서비스는 양질의 사법 빅데이터를 확보하는 것에 달려있는데, 우리나라에서는 네이버·다음카카오 정도를 제외하고는 머신러닝에 사용될 정도의 사법 빅데이터를 가진 기관이 사실상 사법부, 수사기관 등 국가기관들밖에 없으므로,[117] 향후 사법 빅데이터의 공개나 활용가능성에 따라 리걸 테크 산업의 미래가 달려 있다고 볼 수 있다.

인공지능 변호사 vs 인간 변호사의 국내 첫 맞대결 - 알파로 경진대회의 결과는?

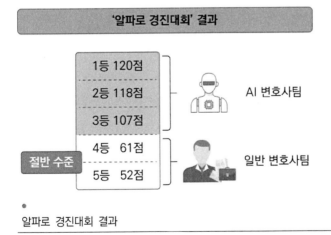

알파로 경진대회 결과

출처: https://www.yna.co.kr/view/MYH20190831008900038

한편, 최근에는 인공지능기술의 발전 정도를 가늠할 수 있는 흥미로운 대회가 열렸다. 법률 인공지능(Legal AI)팀과 인간 변호사팀 간의 각종 계약서 검토 및 자문능력을 겨루는 이른바 '알파로 경진대회(2019. 8. 29.)'가 열린 것이다. 위 경진대회는 정해진 시간 내에 주어진 근로계약서와 비밀유지계약서를 분석·검토하여 법적 문제점을 찾아내고 그 근거를 제시하는 보고서를 작성해 제출하는 방식으로 진행되었다. 변호사팀은 2인 1조로 구성된 8개 팀이 출전하였고, 법률 인공지능팀은 실제 변호사와 인공지능으로 구성된 2개 팀이 출전하였다. 결과는 예상대로 법률 인공지능팀의 완승이었다. 1위와 2위는 인공지능과 변호사가 한 팀을 이룬 법률 인공지능팀이 차지하였는데, 더욱 놀라운 점은 변호사가 아닌 일반인이 인공지능과 협업을 한 팀이 인간 변호사팀을 제치고 3위를 차지하였던 것이다.[118] 이 일반인은 법률지식이 전무한 물리학도로 알려져 있다. 인공지능이 일상적인 계약서 검토 업무에서 인간 변호사의 실력을 넘어설 수 있다는 것을 보여줬다는 점에서 의미심장한 행사였다.[119]

우리나라 사법부의 스마트법원 추진 현황

우리나라에서 인공지능이 사법적 분쟁 해결에서 판단자로서의 역할까지 수행하는 부분, 즉 '인공지능 법관'에 관하여는 아직까지 사법부 차원에서 추진되고 있지 못한 것으로 보인다. 현재 인공지능기술의 발전 수준이나 사법 데이터 확보 문제 등에 비추어 볼 때 우리나라에서 단기간 내에 인공지능 법관이 출현하는 것은 사실상 불가능해 보인다.[120] 또한 아직까지 인공지능이 재판에 직접 활용되고 있지도 않다.[121] 하지만 인공지능기술의 급격한 발전 속도에 비추어 볼 때 재판과 같은 사법 영역에서도 인공지능기술이 도입되고 활용되는 것은 거스를 수 없는 시대적 추세라고 볼 수 있다.

우리나라 대법원은 2024년 시행을 목표로 2018년경부터 3,000억 원이 넘는 예산을 투입하여 '스마트법원 구현을 위한 차세대 전자소송 시스템 구축사업'을 추진하기 시작하였다. 그 주요 내용으로는 '지능형 법관 업무지원'의 일환으로 주장 서면의 쟁점 문장 자동 추출, 유사사례·판결문 자동 추천, 판결문 초고 생성 등이 들어 있었다.[122] 여기서 인공지능의 역할은 인간 법관을 대체하는 인공지능 법관이 아니라 인간 법관의 업무처리를 돕는 인간 법관의 보조수단 내지 협업자에 가깝다고 볼 수 있다.[123]

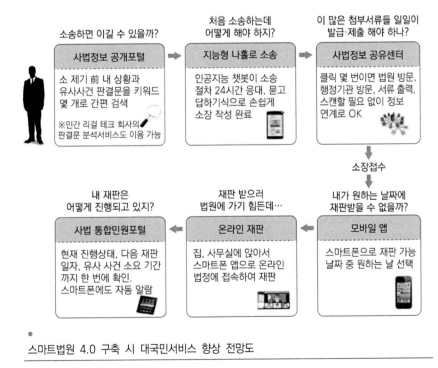

스마트법원 4.0 구축 시 대국민서비스 향상 전망도

출처: 대법원

우리나라 대법원이 추진하고자 하는 스마트법원 4.0이 구축되면, 사법정보 공개포털을 통해 판결문 정보공개가 확대됨에 따라 소송을 준비하는 당사자 내지 변호사로서는 자신의 상황과 유사한 사건의 판결문 내지 소송결과를 검색하여 미리 승소가능성을 가늠해 볼 수 있게 된다. 위와 같은 판결문 공개는 민간 리걸 테크 기업으로 하여금 판결문 빅데이터를 가지고 판결문 분석서비스나 재판결과 예측 등에 활용할 수 있도록 도울 것이다. 그리고 소를 제기하려는 당사자는 인공지능 챗봇의 도움을 받아 혼자서도 소장을 작성할 수 있고, 소장에 필요한 첨부서류는 사법정보 공유센터에서 클릭 몇 번을 통해 행정기관 방문, 서류 출력, 스캔 등의 필요 없이 손쉽게 발급받을 수 있게 된다. 소장 제출을 비롯해 재판 출석 역시 법원에 직접 방문할 필요 없이 스마트폰과 같은 모바일 기기를 가지고 온라인으로 처리가 가능하게 된다. 아울러 사법 통합민원포털을 통해 재판 중인 당사자들은 현재 진행상태, 다음 재판기일, 유사 사건 소요 기간까지 확인 가능할 뿐 아니라 스마트폰을 통한 자동알람 기능까지 제공될 수 있다. 이처럼 본격적인 모바일 전자소송 시대가 열리게 되면, 국민 편의성 및 재판절차의 투명성이 크게 제고될 수 있을 것으로 보인다.[124]

위와 같은 스마트법원 4.0의 구축은 법률서비스 공급자인 법원 및 법관에게도 큰 도움이 된다. 2019. 12. 18. 당시 법원행정처장이었던 조재연 대법관은 차세대전자소송 시스템 구축에 관하여 "차세대전자소송은 재판사무에 지능형 사건관리 플랫폼을 도입하는 것 역시 목표로 삼고 있다. 차세대전자소송에서는 축적된 기존 전자소송 문서 등의 정보를 빅데이터 형태로 인공지능기술에 활용하게 된다. 지능형 통합 검색 서비스에서는 사용자의 질의 의도를 파악하여 그에 맞는 검색결과를 제공할 수 있고, 소송자료의 내용을 분석하여 해당 사건과 유사한 판결문을 자동으로 추천할 수 있다."라고 설명한 바 있었다.[125] 위 시스템은 법관에게 조기 화해·조정 가능성 예측, 유사 사례 추천, 양측의 주장이 담긴 소송자료의 쟁점문장 자동 추출, 심리단계에서의 질의어 의도파악 지능형 통합검색, 판결단계에서는 유사 참조 판결문 자동 추천, 판결문 형식적 초고 생성 등을 지원해 법관은 좀 더 효율적으로 사건을 처리할 수 있고 재판에 더욱 충실할 수 있게 될 뿐 아니라 유사기능 통합 및 정보 연계를 통해 비효율적인 관리비용을 절감하고 흠결을 신속하게 보정함으로써 사건처리기간도 상당히 단축될 수 있다.[126]

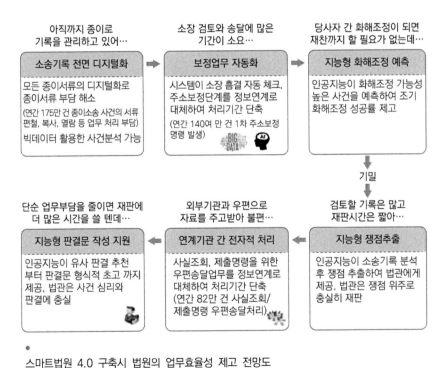

스마트법원 4.0 구축시 법원의 업무효율성 제고 전망도

출처: 대법원

대법원은 위와 같은 청사진을 목표로 2019년 10월 법원행정처 사법지원실 내 '차세대전자소송 추진단'을 설치하고, 2020년 본격적으로 차세대전자소송 시스템 분석, 설계에 착수하였다. 차세대전자소송시스템의 고도화를 위하여 인공지능, 빅데이터 등 첨단 기술이 대거 채택되었는바,[127] 그 구체적인 내용은 아래와 같다.[128]

우선, 차세대전자소송시스템에서는 지능형 통합 지식 검색을 통해 재판지원서비스 툴을 전면 혁신할 계획이다. 인공지능기술을 통해 사용자의 질의 의도를 파악하고 일치하는 판결문이나 판례, 법령정보를 찾아 제공하는 방식이다. 현재 여러 시스템에 흩어져 있는 종합법률정보, 판결문검색시스템, 코트넷 지식광장, 열린법률지식백과 등을 인공시능 기반 지능형 통합검색 포털로 전면 개편하고자 한다. 또한 지능대화형 UHD서비스도 탑재한다. 시스템 사용 중 문의사항이나 에러가 발생한 사항에 대하여 질의하면, 챗봇이 24시간 자동으로 응답해 주는 서비스이다. 종래 UHD상담원이 하였던 일이 챗봇으로 대체되는 것이다. 아울러 디지털 법원 실현을 위한 빅데이터 분석 체계도 도입된다. 구체적으로는, 전자적으로 제출되는 문건에 관한 e-form 확대, 종이 문건의 스캔화, OCR공정체계 등을 도입하는 것이다. 빅데이터로 축적된 민사 등 전자소송 관련 데이터 분석과 시각화 서비스도 선보일 예정이다. 분산된 재판 데이터베이스를 통합하고, 클라우드 기반 인프라 아키텍처를 전격 도입하여 대용량 데이터 처리와 전자문서의 유통기반을 마련하고자 한다.

하지만, 그중 지능형 활용부분인 소송기록으로부터의 정보 및 요지 추출, 판결문 작성 보조, 소송 분쟁 해결 조력 부분에 관하여는 국회의 예산 심의 과정에서 '기술적 구현가능성에 한계가 있다'거나 '인공지능이 법관의 재판작용에 개입할 수 있다'는 우려로 예산 항목에서 제외되었고, 결국 이번에 추진되는 차세대전자소송시스템에 반영될 수 없게 되었다. 다만, 지능형 통합검색시스템, 지능형 소송절차안내 시스템, 지능형 UHD 시스템 등은 이번 차세대전자소송시스템 구축에 반영되어 추진된다. 그리고 소송기록으로부터의 정보 및 요지 추출을 위한 대안으로 새로운 준비서면 양식을 마련하는 것이 개발·검토되고 있다.

한편, 위와 같은 스마트법원 추진에 대하여 아래와 같은 사정들을 들어 우려를 표하는 견해도 있다.[129] 수천억대 예산이 들어갈 계획이지만, 과연 실효성이 있겠느냐는 것이다. 과거에도 원격영상재판(화상재판)을 위해 1995년 '원격영상재판에 관한 특례법'[130]이 제정되고 막대한 예산이 투입되었던 적이 있었지만, 당시에는 그다지 활성화되지 못하였다. 하지만 위와 같은 과거의 예를 들어 원격영상재판이나 온라인재판과 같은 스마트법원을 지향하는 것을 막는 것은 부당해 보인다. 최근에 유행한 코로나19가 위와 같은 방향성이 옳다는 것을 증명해 주고 있다.

즉, 최근 코로나19의 유행으로 인하여 비대면 재판의 필요성이 제기되자, 민사소송규칙은 2020. 6. 1.자 개정을 통해 제70조의6을 신설하여 민사소송의 변론준비절차에 한하여 원격영상재판이 가능하도록 하였는데, 그 주된 내용은 다음과 같다.

"재판장등은 당사자가 법정에 직접 출석하기 어려운 특별한 사정이 있는 때에는 모든 당사자의 동의를 얻어 인터넷 화상장치를 이용하여 변론준비기일을 열 수 있다."

이 경우 비디오 등 중계장치에 의한 증인신문 규정을 준용하도록 하였다.

하지만 민사재판에서 본격적으로 원격영상재판이나 온라인재판이 이루어지려면 민사소송법 개정 등 법적 근거 마련이 필요하고, 심지어 형사재판은 아직도 전자소송이 도입되지 못하였을 뿐 아니라 공판중심주의를 대원칙으로 삼고 있어서 스마트법원이 당장 적용되기는 곤란한 상태였다. 가사소송의 경우는 소송당사자들의 사생활이 주된 내용인 만큼 영상 유출과 해킹 등 사이버 범죄 위험이 도사리고 있다는 점이 지적되었다.

그렇지만 2020년 초부터 시작된 코로나19의 급속한 국내 확산을 막기 위한 사회적 거리두기 정책에 따라 각급 법원에서 상당수 재판이 지연되는 사태가 발생하였는바, 이러한 사태를 미연에 방지하고 국민의 재판받을 권리를 보장하기 위해서 재난 등의 사유가 있더라도 적시에 필요한 재판 절차를 진행할 수 있는 방법을 강구하여야 한다는 목소리가 높았다.

또한 대법원 사법행정자문회의는 2021. 3. 11. 열린 제12차 정기회의에서 '필요한 상황에서 영상재판을 쉽게 활용할 수 있도록, 지속적인 홍보 및 정보 공유를 통해 공감대를 형성함과 아울러 장비 확충 및 프로그램 편의성 증진을 통해 사전준비를 위한 재판부 및 당사자의 번거로움을 최소화하여야 한다.', '국민의 재판청구권을 보장하기 위하여 민사사건 변론기일에도 영상재판을 도입해야 한다.'는 의견을 제시하였다. 이에 따라 법원행정처는 2021. 4. 29. 영상재판 프로그램의 편의성 증진을 위해 각급 법원의 모든 재판부가 영상재판(변론준비기일)이나 원격증인신문 시 편리하게 이용할 수 있는 재판부별 '영상법정'을 개설하였다. 따라서 전국 모든 재판부가 영상재판 프로그램(VidyoConnect)을 설치하면 이미 개설되어 있는 해당 재판부의 영상법정에서 언제든지 영상회의 방식으로 변론준비기일이나 심문기일, 원격증인신문 등의 진행이 가능하게 되었다.[131]

이러한 상황 속에서 민사사건의 변론기일, 형사사건의 공판준비기일에도 영상재판을 이용할 수 있도록 하는 민사소송법 개정안과 형사소송법 개정안이 2020년 12월 발익되어 2021년 8월 국회에서 통과되었다. 이로써 재판관계인이 직접 법정에 출석하지 않더라도 이른바 '비대면' 방식으로 각종 재판절차를 진행하는 것을 가능하게 해 주는 법률적 근거가 마련되었다고 볼 수 있다.

인공지능은 법관 업무를 돕기 위해 어떻게 활용될 수 있을까?

인공지능기술이 사법 영역에 적용되는 경우 위와 같은 혁신은 인간 법관을 보조하는 혁신이든지, 인간 법관을 대체하는 혁신이 될 가능성이 높다.[132] 그런데 인공지능기술이 인간 법관을 보조하는 모습은 이미 어느 정도 구현되고 있다고 볼 수 있다. 나아가 인공지능기술이 인간 법관을 대체하여 독립적으로 법관의 역할을 수행할 정도로 발전할 수 있는가는 '기술적인 대체가능성'의 문제라고 볼 수 있다. 한편, 인공지능기술의 발달로 인해 인간 법관을 대체할 수 있다고 하더라도 실제로 인공지능으로 하여금 법관의 업무를 독립적으로 수행하도록 할지는 별개의 문제이고, 이는 '규범적인 대체가능성의 문제'라고 할 수 있다.[133] 하지만 현재 인공지능기술이 인간 법관을 대체할 정도에까지 이르렀다고 보기는 어려우므로, 결국 지금 우리나라에서 당장 해결하여야 할 과제는 '인공지능이 판사를 대체할 수 있는가'라기 보다는 '사법절차에서 인간 판사가 인공지능을 보조도구로 활용함에 있어 그 장점을 극대화하고 부작용을 최소화하는 타당한 기준을 수립하는 것'이라고 할 것이다.[134]

인공지능기술이 인간 법관을 보조하는 역할로는 아래와 같이 크게 4가지 영역으로 구분해 볼 수 있다. 즉, 법관의 리서치 보조 업무, 소송기록으로부터 정보 및 요지 추출 도구, 판결문 작성 보조, 소송 이외의 분쟁해결 조력 등이 바로 그것이다.

법관의 리서치업무를 보조하는 역할

법관이 소송사건을 처리·해결하기 위해서는 관련 법령을 비롯해 다른 유사사건의 판결문, 관련 쟁점을 다룬 논문, 관련 법령의 주석서 등 문헌에 대한 리서치를 하여야 한다. 위와 같은 리서치에 활용되는 시스템에 인공지능기술을 접목시킨다면, 법관이 보다 효과적이고 효율적으로 리서치 작업을 수행할 수 있을 것이다.

법관이 리서치를 위하여 관련 검색어를 입력하게 될 것인데, 검색엔진이 보여주는 결과의 수가 많다면, 관련성이나 중요도가 높은 결과를 우선적으로 보여 줄 수 있는 기술이 중요해진다. 이때 의미분석 질의응답 기술과 유사도 기반 검색기술을 고려할 수 있다. 의미분석 질의응답 기술은 머신러닝 기법을 활용하여 자연어로 기술된 질문의 의미를 분석하고 이용자가 신속하고 정확하게 정보를 검색할 수 있도록 하고 있을 뿐 아니라, 유사도 기반 검색 기능과의 결합을 통해 법관이 검색한 판결문과 유사한 다른 판결문들을 찾아서 해당 쟁점의 유사 사건을 신속히 파악할 수 있게 해 준다.[135]

대법원이 추진 중인 차세대전자소송시스템에서도 현재 여러 시스템에 산재해 있는 법원 내 지식베이스를 통합지식검색 포털로 통합·구축하여 일괄 검색이 가능하도록 하고, 인공지능 및 빅데이터 기술 등을 활용하여 사용자의 질의 의도에 부합하는 유사 판결문, 관련 법령 리스트를 제공하도록 하고 있다.[136]

소송기록으로부터 정보 및 요지를 추출하는 역할

전자문서로 되어 있는 소송기록으로부터 구조회된 정보를 추출하는 작업이 전제되어야 이를 기초로 소송사건의 실체를 파악하고 쟁점에 대한 판단으로 나아갈 수 있을 것이다. 따라서 방대한 분량의 소송기록인 경우 원본 문서의 중요 정보를 압축·요약하여 그 핵심을 추출하는 요약 기술이 매우 중요해진다. 현재 대부분의 민사·가사 소송사건은 전자소송으로 진행되고 있고, 상당수의 소송자료와 증거자료가 전자파일의 형태로 제출되고 있는바, 그중에서 심리 과정이나 판결문 작성에 필요한 정보를 추출하거나 주장과 증거의 요지를 추출하는 작업의 도움을 받게 되면, 법관은 이를 기초 정보로 활용하여 심리 과정이나 판결문 작성에 있어서 시간과 노력을 절감하고 효율적인 업무처리를 할 수 있을 것이다.[137]

다만, 위와 같은 지능형 쟁점분석 서비스 구축에 관하여는 기술적, 윤리적 우려가 제기되고 있다. 즉, 인공지능에 의한 정보 및 요지 등 쟁점 추출 결과에 대한 지속적인 평가와 재검토를 통해 올바른 추출이 이루어지고 있는지, 잘못된 결과를 도출하는 것은 아닌지 지속적으로 관리·검증할 필요가 있다. 또한 인공지능이 추출해 낸 결과에 법관들이 사실상 기속되는 등과 같이 인공지능이 재판 작용에 실질적인 개입을 할지 모른다는 우려에 대한 대책 마련도 선행될 필요가 있다.

판결문 작성을 도와주는 역할

판결문 작성은 법관의 재판 업무 중에서 가장 많은 시간을 차지하는 업무 중 하나이다. 판결문의 결론에 해당하는 주문(主文) 부분은 상당히 정형화되어 있는 편이어서 머신러닝 기법까지 동원하지 않더라도 정형적인 알고리즘을 통해 자동적으로 생성하는 데 큰 무리가 없을 수 있다. 하지만 판결 이유 부분은 사건 유형이나 개별 사실관계, 쟁점 등에 따라 비교적 다양하게 작성될 수 있는 것이어서, 실제로 법관의 입장에서 시간과 노력이 가장 많이 소요되는 부분이라고 말할 수 있다. 현재에도 법원에서 활용하는 판결문작성시스템에서는 형식적 기재 사항이나 간략한 주문의 경우 자동으로 생성되기도 한다. 나아가 해당 사건의 요건 사실 부분이나 소송기록에 기반한 사실관계, 인정근거, 주장 등 판결 이유의 상세한 부분에 관하여도 판결문 자동생성이 구현된다면 신속한 업무 처리에 큰 도움이 될 수 있을 것이다.

하지만 이러한 경우에도 어떠한 사실을 어떠한 증거에 의하여 인정할 것인지는 자유심증에 따라 법관이 스스로 결정하여야 하는 것이다. 따라서 위와 같은 자동화시스템은 법관이 판결문 초고에 포함될 기초사실, 인정근거, 당사자 주장을 관련 목록에서 선택하면 그에 따라 판결문 초고가 생성되도록 하는 등 법관의 관여가 가능하도록 구현되는 것이 바람직할 것이다.[138] 즉, 인공지능의 역할은 법관의 판단작용을 대체하거나 이에 개입하는 것이 아니라 위와 같은 법관 본연의 업무를 보조하는 것에 그쳐야 한다.

판결문 작성 이후에도 판결문상 기재된 오류를 발견하여 알려 주는 시스템을 통해 판결문의 완성도를 높이고 법관의 업무를 도울 수 있을 것이다. 이는 워드프로그램의 맞춤법 검사기와 유사하게 일련의 규칙을 통해 오류를 시정하는 기능을 가질 수 있다. 예를 들어, 민사판결의 주문에서 청구취지와 다른 경우 '나머지 청구 기각' 주문이 포함되어 있는지, 가집행 선고 주문이 누락되어 있는지 등을 확인하도록 하고, 판결 주문과 이유 기재 내용이 서로 호응하지 않는 경우 이를 알려 주도록 할 수 있을 것이다.

위와 같은 기능은 법관의 단순·반복적인 작업을 자동화하고, 관련 요건사실 등을 제공함으로써 법관의 업무 부담을 줄여주고, 이로써 실체 심리 및 판단에 보다 집중할 수 있도록 하는 것을 목적으로 한다.[139]

소송 이외의 방법으로 분쟁을 해결할 수 있도록 돕는 역할

우리나라 대법원이 추진하는 스마트법원 4.0 중에서 지능형 법관 업무지원 부분에 따르면, 법원이 가지고 있는 풍부한 데이터를 바탕으로 사법정보 빅데이터 플랫폼을 구축하고, 이를 기반으로 한 인공지능 기술을 이용하여 조기 화해·조정가능성 예측, 유사 화해·조정 사례 추천 등 지능형 사건처리 지원 등 재판업무 지원을 한다.

위와 같이 화해·조정 등 소송 이외의 분쟁해결에 도움을 제공하기 위해서는 유사 사건의 검색, 유사 사건의 화해·조정 비율이나 합의금액 등과 같은 통계정보, 해당 사건의 화해·조정 가능성이나 합의금액 예측 등 기술이 활용될 수 있다. 그 전제로는 화해·조정으로 종결된 사건에 관한 소송기록 등 데이터베이스 구축이 필요하고, 통계처리를 위한 사건 유형별 통계화, 개별 판단요소별 통계화가 이루어져야 한다. 기존의 온라인 분쟁해결 모델은 대체로 이를 통해 절차의 간소화·신속화를 추구하는 것이었고, 아직은 머신러닝 기술 등을 통해 화해·조정사건의 결과를 예측하는 수준에까지 이르지 못한 것으로 보인다. 실제로 대부분의 재판예측 관련 연구는 종국 판결문을 활용하여 이루어진 것이고, 화해·조정사건에 대해 예측 기술을 적용한 선행 연구는 거의 찾아보기 어렵다.[140]

인공지능 법관은 과연 출현할 수 있을 것인가?

인공지능 법관이란 무엇인가

인공지능기술이 급속도로 발전함에 따라 인공지능에 의하여 인간 법관이 대체될 것이라는 전망을 하는 견해들이 종종 나타나고 있다. 실제로 2013년 영국 옥스퍼드대 마이클 오스본 교수 연구팀은 '고용의 미래'라는 연구보고서에서 20년 안에 없어질 직업 중에 법관을 포함시키면서 2030년까지 법관이라는 직업이 인공지능에 밀려 사라질 확률이 40%라고 분석하였다.[141] 또한 미국의 종합뉴스채널 CNN은 2018년경 미래에 사라질 직업 순위를 발표했는데, 법률가는 스포츠경기 심판, 텔레미게디, 패션모델과 함께 사라질 확률이 가장 높은 직업군으로 선정되기도 하였다.[142] 심지어 랜들 레이더 전 미국 연방항소법원장은 2017년 국내 방문 당시 "인공지능이 5년 내에 법관은 물론 법조계 대다수의 일자리를 대체할 것."이라고 발언하기도 하였다.[143] 이들이 말하는 '인공지능 법관'은 대체로 인간 법관을 대신하여 독립적으로 재판을 진행하고 판결문을 작성하는 인공지능을 의미하는 것으로 보인다.

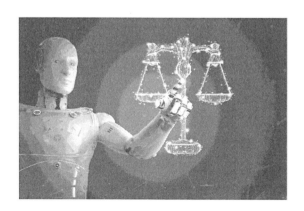

그런데 인공지능 법관의 의미에 관하여 어떤 경우에는 '사법적인 분쟁해결에서 판단자로서의 역할을 수행하는 판결기계'를 의미하기도 하고, 어떤 경우에는 단지 '재판예측 시스템'을 의미하기도 한다.

전자(前者)의 인공지능 법관은 아직까지 개발되지 못한 상태라고 볼 수 있다. 그렇지만 전자상거래 분쟁 등 단순하고 전형적인 소액 사건에서는 일정한 범위 내에서 인공지능이 내린 판정을 활용할 수 있을 것이다.[144] 즉, 전형적인 유형의 소액사건에서 당사자가 소 제기 시 일정한 정보를 입력하면 프로그램이 그 정보를 바탕으로 사건을 분석하고, 그 사건에 대하여 타당하다고 산출된 해결책을 제시하는 방식으로 이루어질 것이다. 인공지능으로 사건을 해결하면 적은 비용으로 빠른 분쟁 해결이 가능하므로, 돈 때문에 제소를 포기했던 작은 사건들이 새로이 법의 구제를 받을 수도 있다. 다만, 법관에 의한 재판을 받을 권리 침해 문제가 발생할 수도 있고, 디지털 시스템에 취약한 계층에 대한 보호 미흡 등과 같은 문제가 발생할 수도 있다. 따라서 인공지능이 내린 판정에 대하여는 당사자들에게 이의할 권리를 부여하되, 이의가 없을 때에만 판결과 동일한 효력을 부여하고, 이의가 제기될 경우에는 인간 법관의 판단을 다시 받을 수 있도록 보장하여야 한다.[145] 이 경우 당사자가 인공지능 프로그램에 의하여 생성된 결론을 다투기 위해서는 그 프로그램이 어떠한 자료와 근거에 의해 그 결론에 이르게 되었는지에 관한 정보가 당사자에게 제공되어야 할 것이다.[146]

재판예측시스템을 의미하는 후자(後者)의 인공지능 법관에는 법률 정보검색이나 분석을 본질적 속성으로 가지고 있으면서 결과 예측이나 분석이 가능하고 자동화된 법문서 작성을 구현하는 인공지능이 있다.[147] 재판 예측기, 재범 예측기, 형량 판단기 등도 여기의 인공지능 법관에 해당될 수 있다.[148] 예를 들어, 2016년 유럽 인권재판소(ECHR:

European Court of Human Rights)의 재판 결과를 약 79%의 정확도로 예측하였던 인공지능 프로그램은 재판 예측기에 해당하는 인공지능 법관이라고 할 수 있다. 위 인공지능 법관은 영국 유니버시티 칼리지 런던, 셰필드대학교, 미국 펜실베니아 주립대학교 공동연구팀이 개발한 재판예측시스템을 말하는데, 유럽 인권재판소에서 진행한 5건 중 4건과 같은 결론에 도달하여 세상을 놀라게 하였다.[149] 위 연구팀은 인공지능을 이용해 유럽인권협약 제3조(고문 및 비인간적 대우 처벌의 금지), 제6조(공정한 재판을 받을 권리), 제8조(사생활 및 가족생활 존중에 대한 권리)와 관련 판례 데이터(584건)를 분석하여 일정한 패턴을 찾아냈던 것으로 알려졌다. 위와 같은 인공지능 법관은 법관 업무 처리에 도움이 되는 보소수난으로서의 인공지능을 의미한다.

반면, 인간 법관을 대체할 정도의 인공지능 법관이 출현할 수 있을 것인지에 관한 논의에서 말하는 인공지능 법관은 전자의 인공지능 법관을 의미한다고 볼 수 있다. 이 경우 인공지능기술이 인간 법관을 대체하여 독립적으로 법관의 역할을 수행할 수 있을 것인가는 '기술적인 대체가능성'의 문제라고 볼 수 있고, 인공지능기술의 발달로 인해 인간 법관을 대체가능하다고 하더라도 실제로 인공지능으로 하여금 법관의 업무를 독립적으로 수행하도록 할지는 '규범적인 대체가능성의 문제'라고 할 수 있다. 이하에서는 인공지능 법관을 전자의 의미로 보고, 이러한 두 가지 관점에서 출현가능성에 관하여 살펴보도록 한다.

기술적인 대체가능성 문제-인공지능기술이 인간 법관을 대체할 수 있을까?

인공지능이 인간 법관의 역할을 대체하여 독립적으로 법관으로서의 업무를 처리할 수 있을지는 궁극적으로 기술 발전이 어느 수준까지 도달하였는지에 따라 달라질 것이다. 이를 판단하기 위해서는 인간 법관의 재판 업무처리 과정이나 내용은 어떠한지, 그에 상응한 기술 발전 정도는 어떠한지 등을 살펴보아야 할 것이다.

법원 내지 법관이 하는 역할은 주로 민사, 형사, 가사, 행정 등의 소송업무 및 경매배당 등 집행, 회생파산 관리감독 등 비(非)소송업무 등을 생각해 볼 수 있다. 특히 소송 중에 가사, 행정소송의 경우는 원칙적으로 민사소송절차를 준용하게 되므로, 소송업무는 크게 민사소송과 형사소송으로 준별할 수 있다.

민사소송분야에서 소액사건의 이행권고결정이나 지급명령 사건은 인공지능에 의한 처리가 비교적 용이한 부분이라고 할 수 있다. 소액사건의 이행권고결정이나 지급명령 사건은 원고가 청구한 금액에 관하여 형식적 심사만을 거친 후 상대방에게 이행권고결정 내지 지급명령을 보내어 일정 기간 내에 상대방의 이의가 없다면 확정판결과 동일한 효력을 부여하는 절차이다. 현재 우리나라에서는 위 업무를 사법보좌관이 담당하고 있다. 최근 에스토니아에서 소가 7,000유로 이하의 소액사건에 관하여 인공지능 판사가 도입되었다는 언론보도가 있었는데,[150] 실제 위 인공지능 판사는 우리나라에서 지급명령을 발부하는 것과 가까운 역할을 담당하고 있다고 볼 수 있다.[151] 이보다 좀 더 나아간다면, 민사사건의 소액조정절차에서 인공지능을 통한 온라인분쟁해결의 도입을 검토해 볼 수 있을 것이다.[152]

형사소송은 크게 증거에 의한 사실관계 확정을 통한 유무죄 판단, 유죄인 경우 양형 판단으로 그 업무를 나누어 볼 수 있다. 그 중 양형 판단에 관하여는 미국에서 인공지능 알고리즘이 이미 재판에 활용되고 있다. 리걸 테크 스타트업인 노스포인트가 개발한 '컴퍼스(COMPAS)'라는 형량 판단기는 1998년 처음 개발된 이후 미국 여러 주에서 사용되고 있는데, 범죄전력, 범죄자의 성향, 태도, 생활방식 등 정보를 분석하여 추가 범죄를 저지를 가능성에 대해 예측한다.[153] 루미스(Loomis) 사건에서 양형판단에 컴퍼스를 사용한 것이 위법한지 여부에 대하여 다투어졌는데, 2017년 미국 위스콘신주 대법원은 인공지능이 판단한 형량을 기초로 루미스에게 중형을 선고한 지방법원의 판결이 타당하다고 결론 내린 바 있다. 위 사건에서 루미스는 위 판결에 대해 연방대법원에 상고를 제기하였지만, 연방대법원이 2017. 6. 26.경 상고심사불허가 결정을 내려서 결국 연방대법원의 판단을 받아 보지 못하고 종국되었다.

경매배당과 같은 분야는 경매대상물의 환가액, 채권자들의 채권원리금액, 채권 간의 우선순위 등이 확정되면, 각 채권자별 배당금액이 성해지게 되므로, 인간보다 인공지능에게 더 강점이 있는 분야라고 볼 수 있다. 또한 개인회생절차에서도 채무자의 연령, 소득, 자산, 채권자별 채권액, 생계비 등이 정해지면, 변제계획안에 따라 채무자가 매월 채권자에게 변제할 금액이 산정될 수 있으므로, 이 부분 역시 인공지능에 의한 처리가 가능한 분야라고 볼 수 있다. 실제 미국에서 '인공지능 변호사'라고 알려졌던 로스(ROSS)가 그 대표적인 사례라고 볼 수 있다. 로스는 IBM의 왓슨(Watson)의 법률버전이라고 볼 수 있는데, 자연어 질의가 가능하고 인지컴퓨팅 덕분에 검색 수행 속도나 검색결과를 보여주는 방식 등에서 탁월한 능력을 보여 주었다. 하지만 로스는 모든 법률분야를 커버하는 시스템은 아니고, 파산분야에 특화된 법률검색 시스템에 불과하다.[154]

소액사건의 이행권고결정, 지급명령, 경매배당, 개인회생의 변제계획안 검토 등 위와 같은 분야들에 있어서는 현재에도 바로 인공지능에 의한 대체가 가능할 것으로 보인다. 위와 같은 업무는 단순하고 기계적이거나 인간의 가치판단이 개입될 여지가 거의 없어서 학습된 인공지능이 맡더라도 큰 무리가 없을 것이다. 하지만 인공지능이 인간 법관을 내신하여 직접 재판을 진행하고 기록을 검토하며 판결문을 작성하는 업무까지 담당하기에는 아직 역부족으로 보인다.

인공지능이 재판을 진행하기 위해서는 법정에서 벌어지는 모든 과정을 인식할 수 있도록 음성인식, 이미지인식 등과 같은 능력을 갖추어야 한다. 또한 인공지능이 소송기록을 검토하기 위해서는 모든 재판문서가 전자화되어 있고[155] 방대한 빅데이터[156]를 통해 선행학습이 이루어진 상태여야 한다. 끝으로 인공지능이 판결문을 작성하기 위해서는 위와 같은 재판과정을 통해 사실관계를 판단·확정한 후 법령, 기존의 선례, 법리 등을 참고하여 최종 판단을 내리고 이를 문자화할 수 있는 능력을 갖추어야 한다.

우리나라에서 민사, 가사합의사건의 경우 2015년도에 이미 전자소송의 비율이 80%를 넘어설 정도로 전자소송제도가 활성화되었고, 2017. 6. 29. 신설된 '민사소송 등에서의 전자문서 이용 등에 관한 규칙' 제8조 제4항은 "등록사용자가 작성한 전자문서(서증 제외)의 경우 부득이한 사정이 없는 한 문자정보의 검색과 추출이 가능한 파일로 제출하여야 한다."고 규정하고 있어 처음부터 전자적으로 작성·생성되어 전자소송시스템에 제출된 자료의 비중이 상당히 높아졌다. 또한 법정에서 이루어지는 당사자들의 진술이나 증인의 증언, 문자정보로의 변환이 필요한 소송자료 등에 대하여 인식가능한 문자열로 변환하는 작업이 선행되어야 한다. 앞서 본 바와 같이 딥러닝 기법의 적용을 통한 패턴인식, 음성인식 관련 알고리즘이 비약적으로 발전하고 있어 소송자료의 디지털화 부분은 기술적으로 상당한 진전이 있다고 평가할 수 있다.[157]

인공지능이 인간 법관의 역할을 담당하기 위해서는 인간의 언어를 컴퓨터가 이해할 수 있는 언어로 처리하는 과정인 자연어 처리과정(Natural Language Processing)이 반드시 필요하다. 일상적인 자연어의 경우 최근 스마트폰에 내장된 인공지능 비서나 번역서비스, 인공지능 스피커 등을 통해 많은 양의 데이터를 확보, 분석함에 따라 그 정확도가 비약적으로 높아졌지만, 법률적인 언어의 자연어 처리기술은 아직도 발전이 더딘 상태이다. 지금의 자연어 처리 기술 수준으로는 문장의 전체적인 맥락을 이해하고 법적 판단을 내리는 인공지능을 구현하기는 당분간 불가능하다고 보는 것이 일반적이다.[158] 구체적으로 보면, 부동산매매계약서, 등기정보, 금융거래정보, 전형적인 사건의 판결문 등은 어느 정도 내용이나 형식이 정형화되어 있어서 조만간 인공지능의 활용이 가능할 수 있을 것이지만, 법정 증언이나 사인(私人)간의 녹취록, 영상 등에 담긴 입증취지를 파악하는 것은 현재의 자연어 처리기술로는 한계가 있어 보인다.[159]

앞서 본 자연어 처리를 통해 소송자료의 분석이 이루어진 다음에는 법적 판단 절차가 진행되어야 한다. 우리나라의 경우 현재 법원 내의 판결문검색시스템에는 수십만 개의 판결·결정문들이 전자적 파일의 형태로 등록되어 있다. 다만, 사건의 유형이 워낙 다양하기 때문에 빅데이터의 관점에서 수만 건의 판결은 많은 양이 아닐 수도 있다.[160] 또한 우리나라에서 대법원 및 하급심 판결문이 전면적으로 공개되어 있지 않은 상황이다 보니, 리걸 테크 관련 연구가 활성화되기 위해서는 연구자들이 손쉽게 접근할 수 있는 판결문의 공개와 데이터베이스의 구축이 필요하다는 지적이 많다.[161] 인공지능이 학습에 필요한 충분한 사법 데이터를 확보하기 어려워서 결국 인공지능 발전에 큰 제약이 되고 있다는 것이다. 설령 판결문 데이터베이스를 공개하더라도 문제가 모두 해결되는 것은 아니다. 판결문에 따라서는 결론에 이르기까지 전제되는 사실관계와 그 근거, 관련 법조문·법리와 사실관계의 구체적인 적용까지 모든 논증 과정을 상세하게 기재한 판결문도 있는 반면, 비교적 간략하게 결론과 직접 관련된 사실만을 기재한 판결문도 상당히 있다. 심지어 소액사건의 경우는 판결문에 이유 기재를 생략하기도 한다. 이러한 사정으로 인하여 판결문을 학습하는 인공지능으로서는 불충분하거나 편향된 학습을 할 가능성도 배제할 수 없다.[162]

아울러 현재의 인공지능기술은 법적 논증 과정을 설득력 있게 설명하는 능력이 부족하다.[163] 현행 사법제도는 사적인 집행이나 자력구제를 원칙적으로 금지하고 공적인 소송절차를 통해 분쟁을 해결하도록 설계되었다고 볼 수 있는데, 위와 같은 제도가 정당화되기 위해서는 판단 주체인 법관이 그 결론에 이르게 된 판단과정을 당사자들이 납득할 수 있도록 법적 논리를 설명하고 설득할 수 있어야 한다. 즉, 인공지능 법관은 단순히 상관관계를 보아 확률·경험적 판단을 내리는 것이 아니라 신뢰할 수 있는 수준의 법적 추론을 할 수 있어야 하는 것이다.[164] 하지만 빅데이터를 활용한 인공지능 알고리즘은 주어진 사실관계에서 어떠한 법적 판단이 나올지를 꽤나 높은 확률로 예측할 수는 있겠으나, 왜 그런지를 제대로 설명해 주지 못한다.[165] 또한 신의성실의 원칙, 권리남용의 법리, 공서양속(公序良俗), 조리(條理) 등과 같은 추상적인 불확정개념의 해석·적용에 있어서도 인공지능의 능력이나 역할에 대한 의구심이 존재한다. 통상적인 훈련데이터만으로 학습이 가능할지, 인간 사회와 윤리에 대한 이해 없이 이에 대한 판단이 가능할지 아직까지 의문이 있다.[166]

특히, 귀납법적 학습을 토대로 하는 머신러닝에 기반하여 방대한 양의 기존 판례를 학습한 인공지능이라면, 선례 없는 사건의 처리라든지, 시대정신의 변화에 따른 판례 변경이 필요한 사안[167]에서 과연 적절한 결론을 내릴 수 있을지 의문이 든다.[168] 현재의 주류 인공지능 알고리즘은 과거 데이터에 바탕을 두고 그에 합치하는 결론을 도출하는 구조이니 만큼, 아이러니하게도 첨단기술의 발달로 변화하는 시대 상황에 따라 적절하게 대응하는 법적 논증의 다양화·차별화 가능성이 오히려 줄어들 수 있는 것이다.[169]

인간은 인간의 뇌가 어떻게 의식과 감정을 가지고 판단하는지 아직 잘 모르고, 굉장히 분석적인 동시에 통합적이고, 이성적이면서 감성적인 존재이기 때문에 자기 자신뿐만 아니라 사회적 맥락까지 고려해서 내리는 의사결정이나 창의성이 필요한 예술의 본질까지 인공지능이 넘보기에는 아직도 갈 길이 상당히 멀다고 볼 수 있다.[170]

결론적으로 위와 같은 시스템의 구현을 통한 인공지능 법관의 출현이 향후에도 불가능하다고 단언할 수는 없겠지만, 현재의 인공지능 기술 수준 내지 재판 환경으로서는 당분간은 요원하다고 말할 수밖에 없다.[171]

규범적인 대체가능성 문제 – 인공지능이 인간 법관을 대신하도록 허용할 것인가?

인공지능기술이 인간 법관을 대체할 정도로 발전할 수 있을 것인지 아닌지의 문제는 '기술적인 대체가능성'의 문제라고 볼 수 있다. 반면, 설령 인공지능기술이 인간 법관을 대체하는 데 아무런 문제가 없을 정도로 고도로 발전하게 되었다고 할지라도, 인공지능 법관으로 하여금 재판을 하도록 허용할 것인지, 허용한다면 어디까지 허용할 것인지의 문제는 '규범적인 대체가능성' 문제라고 볼 수 있다.

사실 인류의 역사를 돌이켜 보더라도 현행과 같은 근대적 사법제도와 재판시스템이 구축된 것은 그리 오래되지 않았다. 아무리 인공지능이 인간의 사고결과를 잘 모방하고 실제 인간 법관이 재판하는 것과 동일힌 결과를 도출시킬 수 있다고 하더라도, 인공지능으로부터 판단을 받고 그 판단에 따른 강제집행이나 형벌을 사회구성원들이 수용하기 위해서는 사회적, 윤리적, 정책적, 철학적 측면에서 철저한 정당화 논변이 갖추어져야 할 것이다.[172] 이러한 과정을 통해 국민 대다수의 동의로 인공지능 법관을 재판의 주체로서 승인하는 헌법적 결단이 필요하다고 생각한다. 즉, 이러한 인공지능 법관을 수용하려는 사회적 합의가 전제되어야 한다.[173]

최근 들어, 법원 판결에 불만을 품고 인공지능 법관을 도입하여야 한다고 주장하는 사람들이 늘고 있다. 이들은 인공지능 법관만 도입되면, 불공정과 불합리가 완벽하게 제거될 것이라고 생각한다. 물론 인공지능 법관의 도입으로 인한 순기능도 있을 것이다. 하지만, 인공지능 법관이 내린 판단에 대하여 모든 사람들이 승복할 것인가에 대하여는 의구심이 여전히 존재한다. 미국의 루미스(Loomis)사건에서 보듯이 인공지능 알고리즘의 편향성 내지 불투명성으로 인해 인공지능에 의한 재판을 원하지 않는 사람들도 적지 않다. 심지어는 초기에 인공지능 법관의 도입을 적극적으로 추진한 사람들마저 나중에는 인공지능에 대하여 의심을 품고, 사법개혁에 별 도움이 되지 못한다고 자인하는 경우도 생겼다. 이렇게 된 가장 중요한 원인은 데이터의 편향성 때문이라고 볼 수 있는데, 현재의 불평등하고 차별화된 데이터가 인공지능 알고리즘에 입력되고 학습되니 당연히 불평등하고 차별화된 재판 결과가 나올 수밖에 없는 것이다.[174] 나아가 다수 판례로부터 도출되는 표준적 규범을 법관이 당연히 따라야 하는 기준으로 삼게 된다면, 이는 법원 판결의 과도한 평균화로 이어질 수 있다는 우려도 제기된다.[175]

또한 인공지능 법관을 구현하기 위한 개발비용, 투자비용은 막대한 규모의 예산이 소요될 것으로 전망된다. 민간 차원에서는 판결결과 예측, 법률문서 검토·작성 등과 같이 상업적 이용이 가능한 분야가 아닌 이상 인공지능 법관 자체를 개발하거나 이를 위한 알고리즘을 만들려고 하지 않을 것이기 때문에, 결국은 국가적 차원에서 막대한 예산을 투입하여 인공지능 법관을 개발하는 수밖에 없을 것이다.[176] 인공지능 법관을 개발하는 작업에 비해서 훨씬 용이하다고 볼 수 있는 법률 데이터베이스 검색기능을 고도화하는 작업에서도 엄청난 자금이 소요된 점을 감안하면, 인공지능 법관 개발에는 천문학적인 예산 소요가 불가피하다고 볼 수 있다.[177] 결국 이러한 막대한 규모의 예산 투입은 국민들의 세금 부담 증가 내지 다른 분야 예산지출의 상대적 감소로 귀결될 것이므로, 국민들의 동의 여부도 중요한 고려요소이다.[178]

결국 인공지능 법관으로 하여금 재판을 하도록 허용할 것인지, 허용한다면 어디까지 허용할 것인지에 관한 국민들의 헌법적 결단을 위해서는 인공지능 법관의 도입에 따른 장점과 단점, 그리고 앞서 언급한 여러 가지 문제점들에 대한 충분한 검토와 논의를 전제로 하여야 한다. 하지만 그 시점이 과연 올 수 있을지, 온다면 언제쯤일지 무척 궁금하다.

Ⅳ. 사법 영역에서 인공지능을 활용하기 위해 해결하여야 하는 과제는 무엇인가?

인공지능기술을 사법 영역, 특히 재판 영역에서 활용하게 된다면, 그로 인한 효용과 혜택이 적지 않을 것이다. 하지만 그에 따른 부작용의 우려도 적지 아니하다. 인공지능에 대한 시의적절한 통제가 없다면, 인공지능이 오히려 기존의 편견과 불평등을 강화하고 인권을 침해하거나 인간의 관리·감독을 벗어나 인간을 지배하게 될 지도 모른다는 우려의 시선도 있다.[179] 이하에서는 특히 사법 영역에서 인공지능기술을 도입함에 따른 과제들을 살펴보고자 한다.

법적 · 윤리적 위험성 문제

특히 재판 영역에서 인공지능기술을 활용하고 나아가 인공지능 법관을 도입하는 과정에서는 여러 가지 법적·윤리적 문제가 발생할 가능성이 높다. 즉, 이용자의 기본권을 침해하거나 독립한 법관에 의한 재판을 받을 권리, 변론주의, 공개재판주의, 직접심리주의에 반하는 내용의 인공지능 재판시스템이 개발되어 이용되는 경우 당사자의 기본권이 당해 개별 사건에서 직접적으로 침해될 수 있을 뿐 아니라, 이렇게 잘못 구축된 시스템을 다시 적정한 시스템으로 되돌리는 데도 훨씬 큰 노력과 비용이 소요될 수밖에 없다.[180] 따라서 인공지능 사법시스템 구축의 초기 단계에서부터 인공지능기술의 활용 관련 법적·윤리적 가이드라인의 마련이 매우 중요하다.

그러한 가이드라인의 선례로서, 유럽평의회(Council of Europe) 산하의 사법효율을 위한 유럽위원회(CEPEJ: European Commission for the Efficiency of Justice)는 2018. 12. 3. 열린 제31차 총회에서 '사법시스템과 사법환경에서의 인공지능 이용에 관한 유럽 윤리헌장(European Ethical Charter on the Use of Artificial Intelligence in Judicial Systems and Their Environment)'을 공식 채택하였다. 위 헌장에 따르면, 사법시스템에서 인공지능기술을 활용함에 있어, ① 기본권 존중의 원칙, ② 차별금지의 원칙, ③ 품질과 보안의 원칙, ④ 투명성, 불편부당성, 공정성의 원칙, ⑤ 이용자에 의한 통제의 원칙 등 5대 원칙을 제시하였다. 위와 같은 내용들은 우리나라 사법절차에서 인공지능을 활용함에 있어서 반드시 검토하고 참고하여야 하는 사항이라고 할 것이다.[181] 아울러 인공지능의 발전에도 불구하고 인간 법관만이 본질적으로 할 수 있는 역할 범위의 설정에 관하여 충실하게 논의할 필요성도 있다.[182]

인공지능 알고리즘은 방대한 데이터와 그에 따른 결과를 학습하여 규칙을 도출해 내게 되는데, 이러한 통계적 규칙이 법적 추론은 아니기 때문에 이것만 가지고 법관의 판단을 대체할 수는 없다. 즉, 상관관계와 인과관계는 엄연히 다르기 때문에 A와 B가 항상 동시에 존재한다고 해서 A가 B의 원인이라고 할 수는 없고, 확률적으로 상관관계가 있는 것처럼 보이더라도 실제로는 우연의 일치일 뿐 아무런 관계가 없는 경우도 있다.

　이렇듯 법관의 판단은 통계적인 답을 도출해 내는 것이 아니라 당해 특정 사건의 구체적인 정의를 찾아내는 것이므로, 단순한 삼단 논법만으로 해결될 수 없다. 인공지능이 법관의 사법 판단을 대체하려면, 인공지능은 법관의 인지적 작용 전체를 재현할 수 있어야 할 것이다.[183] 그렇지 못한 상태에서 법관이 과도한 업무 부담을 해소하기 위하여 인공지능 기반 보조프로그램에 지나치게 의존하고 무분별하게 이용한다면, 법관의 최종적인 판단 권한은 손상되고, 법관이 기계적 · 통계적 판단을 하게 됨에 따라 자신의 판단을 위 프로그램에 위탁하는 결과를 초래하게 될 수도 있다. 즉, 인공지능 알고리즘에 따른 판단이 법관의 판단을 보조하는 수준을 넘어서게 되면, 실질적으로 적법절차의 원칙 위반이라는 헌법적 문제가 발생하게 된다.[184] 따라서 이에 대한 지속적인 경계와 방지 장치의 마련이 필요하다.[185]

품질과 보안의 원칙

사법적 결정에 기초한 데이터가 머신러닝 알고리즘을 채택한 소프트웨어에 입력되는 경우 위 데이터는 검증된 소스로부터 제공되어야 하고 학습 메커니즘에 의하여 실제로 이용되기 전까지 수정되어서는 안되며, 이에 따라 전체 처리과정은 추적 가능하여야 한다. 또한 생성되는 모델과 알고리즘은 보안된 환경에서 저장되고 실행됨으로써 시스템의 완결성과 비접촉성이 보장되어야 한다.

이용자에 의한 통제의 원칙

이용자는 사전적으로 또는 사법절차 진행 중 사건이 인공지능에 의하여 선행적으로 처리되었는지에 관하여 명확한 정보를 제공받아야 하고, 이에 대한 거부권을 가짐으로써 법원으로부터 직접 재판을 받을 권리를 보장받아야 한다.

알고리즘의 편향성과 불투명성 문제

인공지능 알고리즘은 과거의 데이터로부터 학습하므로, 과거의 데이터에 편견이나 차별성이 존재한다면 인공지능 알고리즘 또한 이를 반영하여 재생산할 수밖에 없다. 인공지능 알고리즘이 이를 그대로 의사결정에 이용하는 경우 차별과 편견을 계속 고착화, 재생산하는 결과를 야기할 수 있다.[186] 즉, 판결문 등 기존 훈련데이터에 편향성이나 오류가 내재되어 있다면, 인공지능의 판단도 그로부터 당연히 영향을 받게 된다. 게다가 훈련데이터 자체에 내재된 편향성 뿐 아니라 데이터를 수집하고 인공지능을 활용한 알고리즘을 설계하는 사람의 주관적인 판단에 따라 가중치 부여가 달라지게 된다면, 결론이 왜곡되거나 잘못된 결론이 도출될 우려도 있다.[187] 또한 막대한 양의 훈련데이터를 통계적으로 분석하기 위하여 가공하는 과정에서 개별데이터가 가지는 특징이 소실되어 왜곡될 우려도 존재한다.[188]

그렇기 때문에 인공지능 알고리즘을 사법절차에서 활용할 경우 그 알고리즘에 편견이나 차별이 있는지, 그리고 이를 어떻게 검증할 수 있는지가 핵심적인 쟁점이 되고 있다. 이를 위해서는 우선 인공지능 알고리즘의 불투명성인 이른바 '블랙박스 문제'부터 해결하여야 한다.[189] 대부분의 인공지능 알고리즘은 영업비밀로 보호되므로, 인공지능이 정확하게 어떤 기준으로 판단을 내리고 어떤 식으로 작동하는지 외부 관찰자는 알 수 없기 때문이다.[190] 특히 최근 인공지능의 비약적 발전을 불러일으킨 딥러닝 기술은 제공되는 데이터를 스스로 학습함으로써 결과에 이르는 패턴을 찾아내는 방식이어서 이러한 블랙박스로서의 규명불가능성 문제를 더욱 심화시킨다고 할 수 있다.[191]

그 해결책으로 제시될 수 있는 것으로는, 우선 국가가 재판 영역에서 사용될 인공지능 알고리즘을 공정하게 만들어서 이를 전면 공개하는 것을 들 수 있다.[192] 다만, 이러한 방식으로 인공지능 알고리즘의 투명성을 확보한다고 하더라도 앞서 본 알고리즘 자체의 편향성 문제는 완전히 해결될 수 없고 여전히 남게 된다는 한계가 있다.[193] 또한 사법부가 보관 중인 사법데이터를 이용하여 자체적인 인공지능 알고리즘을 개발하더라도 사법데이터를 일반에 공개함으로써 당사자들이 이를 검증하고 반박할 방법을 가질 수 있도록 위와 같은 사법데이터를 사법부가 독점해서는 안 된다는 주장도 있다.

다음으로 제시될 수 있는 해결책으로는 '설명가능(explainability) 인공지능' 알고리즘이 있다. 설명가능 인공지능이란, 기존 머신러닝의 고차원적인 학습능력은 유지하면서도 결과물이 생성되는 의사결정과정을 설명가능하도록 해 주는 기술을 말한다.[194] 즉, 사법절차에서 활용되는 인공지능은 자기가 내린 결론에 대하여 왜 그것이 맞는지에 대한 이유를 제시할 수 있어야 한다. 이에 따라 법원으로서는 그 인공지능 알고리즘에 대하여 ① '블랙박스'가 아닌 '설명가능한' 메커니즘에 따라 작동할 것, ② 입력값에 따른 결과값이 어떠한 사유와 근거에 따라 도출되었는지를 법관이 이해할 수 있는 언어로 설명할 수 있을 것, ③ 그 설명이 실제 메커니즘의 작동과 일치하는지를 제3자가 검증할 수 있을 것 등을 사전에 요구하고, 대법원규칙 등에 의하여 이를 규범화할 수 있을 것이다.[195] 다만, 인공지능 알고리즘에 설명가능성을 부여하기 위해서는 효율성을 어느 정도 희생시켜야 한다는 문제점이 생긴다. 즉, 설명가능성이 충족된 시스템인 규칙기반 시스템, 결정 트리(decision tree)에 의한 시스템, 베이지안 네트워크(Bayesian Network)기반 시스템 등은 딥러닝에 의한 시스템에 그 성능이 크게 미치지 못한다.[196] 결국 정확한 결과 도출이라는 '효율성'과 효율성은 떨어지나 불투명성을 극복할 수 있는 '설명가능성' 사이에서 어떤 것을 선택하여야 하는 문제가 생기게 되는데, 사법 영역은 아무래도 효율적인 결과보다는 이유 제시나 정당화가 더 중시되는 영역이라고 할 수 있다.

한편, 인공지능 알고리즘이 설명가능성을 충족한다고 하더라도 이를 어떻게 검증할 것인가는 별개의 문제이다. 인공지능 알고리즘에 대한 검증은 사전적 검증과 사후적 검증으로 나누어 볼 수 있을 것이다.

사전적 검증 방법은, 인공지능 개발과정에서 윤리적 설계가 이루어졌는지 알고리즘을 정적(소스코드 분석), 동적(알고리즘을 통하여 실제 생성된 결과물 분석)으로 분석·평가하고, 이러한 사전 검사를 통과한 알고리즘만을 승인하는 방식을 말한다.[197] 즉, 인공지능으로 하여금 사선에 공인된 훈련과정을 거치도록 한 후 유관기관에서 심사를 받는 것이다.[198]

반면, 사후적 검증 방법은, 재판 과정에서 인공지능 알고리즘에 의한 자료를 제출하는 경우 알고리즘의 작동방식을 설명하는 자료 및 그 정확성에 대한 검증결과를 함께 제출하도록 하고 그로 인해 불이익이 생기는 당사자로 하여금 반박의 기회를 충분히 부여하도록 하는 것을 들 수 있다.[199] 또한 인공지능 알고리즘의 적용과정이나 결과로 인하여 계약불이행이나 불법행위가 발생한 경우 그 입증책임을 피해자가 아닌 기업에게 돌려 해당 기업이 인공지능 알고리즘의 적용과정이나 결과에서 과실이나 위법이 없다는 점을 증명하게 하는 입증책임의 전환도 사후적 방안의 일종이라고 볼 수 있다.[200]

다만, 위와 같은 검증만으로 모든 것이 해결되지는 않는다. 앞서 언급한 바와 같이 데이터 자체의 편향성이 있는 경우에는 알고리즘의 불투명성 문제가 해결된다고 하더라도 알고리즘 편향성 문제가 해결되기 어렵다. 또한 데이터의 검증 과정에서 개인정보 보호 문제가 발생할 수도 있고, 알고리즘의 검증 과정에서 영업비밀 침해 문제가 발생하거나 해당 사업자에게 과도한 부담을 야기할 수도 있다.[201]

사법 빅데이터 공개·활용 문제

인공지능이 효과적으로 작동하고 정확한 결론을 도출해 내기 위해서는 양질의 빅데이터 확보가 필수적이다. 특히, 재판 영역에서 머신러닝 학습과 인공지능 개발을 위해서는 사법 분야의 공공 데이터인 판결문 등 재판서, 소송기록 등의 자료가 공개되고 접근 가능하여야 한다.[202] 그래야만 법관의 판단과정을 추적하고 법률 규정을 어떻게 해석하고 적용하였는지에 관한 정보를 통해 인공지능이 수행한 분석이나 검토가 정확한지 확인할 수 있을 것이다.[203]

우리나라의 경우 그동안 판결문은 대법원 판결이든 하급심 판결이든 매우 선별적으로만 공개되어 왔다. 이에 대하여 '재판의 심리와 판결은 공개한다.'는 헌법 제109조에 위반된다는 비판이 이어져 왔고, 대법원 및 하급심 판결문이 전면적으로 공개되어 있지 않은 상황이다 보니, 그로 인해 사법부에 대한 불신이 생긴다고 비판하기도 한다.[204] 법원이 재판의 투명성과 공정성 확보, 국민의 알권리 보장을 위하여 사법개혁 차원에서 공개 범위의 확대를 꾸준히 추진하기는 하였지만, 인공지능 개발을 위한 사법데이터로서는 아직도 턱없이 부족하다는 지적이 일반적이다. 또한, 국민 모두에게 특정 사건 판결문 등의 열람·복사를 허용하는 것과 인공지능 머신러닝을 위한 데이터베이스 형태의 사법정보를 제공하는 것은 구분되어야 하고, 후자의 경우는 그 활용에 관하여 일정한 인가기준을 정하고 해당 업체가 인가기준을 충족, 유지하고 있는지 검증할 수 있는 장치[205]를 두어야 할 것이다.[206] 구체적으로, 원시자료인 사법데이터의 분석·처리작업을 법원이 직접 수행하지 않고 외부 민간업체에 위탁하는 경우라면, 위 데이터에 대한 적절한 보안조치를 취하여야 하고, 법원이나 법원의 위탁을 받은 제3의 기관이 주기적으로 보안조치의 실행상황을 점검할 필요가 있다. 그리고 이 경우 인가기준이 지나치게 엄격하여 경쟁이 제한되어서는 안되고, 사법데이터를 활용한 인공지능 알고리즘의 개발은 여러 업체에 의하여 다양한 방향으로 경쟁이 보장되는 환경에서 이루어져야 할 것이다. 한편 판결문의 공개는 판결문의 디지털 정보가 알고리즘으로 처리될 수 있는 원데이터(raw data)의 형태로 일반에 제공되어야 하고, 위와 같은 사법데이터는 선별적이 아니라 망라적이어야 한다는 점이 지적되고 있다.[207] 디지털적으로 공개된 판결 정보가 일부에 불과한 경우 학습에 필요한 정보의 양이 줄어들면서 머신러닝의 질이 떨어질 뿐 아니라 인공지능이 학습할 데이터가 왜곡되어 인공지능 알고리즘에도 영향을 미치게 된다. 판결문 외에 결정문의 공개 필요성 문제도 같이 제기되고 있다. 가압류·가처분 등 신청사건, 강제집행 등 경매사건 또한 본안사건에 못지않게 중요성이 크므로, 판결문과 마찬가지로 일반에 공개되어 인공지능 학습에 제공될 필요성이 크다는 것이다.[208]

따라서 개인정보를 보호하면서 판결문 등 정보 그 자체를 공개하는 작업과 함께 위 정보 데이터를 원시자료로 활용하여 인공지능기술에 기반을 둔 분석·처리 작업을 병행할 필요가 있다.[209]

한편, 소송기록의 공개는 그 성격이 좀 다르다. 인공지능의 학습에 사용될 데이터의 관점에서 볼 때 판결문은 그 자체로 해당 사건의 사실관계, 법리, 증거관계, 법령의 적용, 결론 등 모든 논증과정이 자세하게 드러나지 않는 경우도 적지 않고, 심지어 소액사건의 경우에는 판결

이유가 기재되지 않는 경우가 대부분이다.[210] 이렇다 보니, 판결문 외에 소송기록까지 인공지능의 학습데이터로 제공되어야 하는 것은 아닌지 소송기록의 공개 필요성을 제기할 수 있다. 하지만, 소송기록 중 상당 부분은 법원이 아닌 당사자들이나 제3자가 작성한 문서이고, 당사자가 그 공개에 동의했다고 볼 수 있는 경우가 아닌 한 이들이 위 문서들을 공개하는 것에 동의했다고 보기 어렵다. 또한 헌법 제109조는 재판과 판결문의 공개만을 규정하고 있을 뿐, 재판기록 전부의 공개를 규정하고 있지 아니하다.[211] 따라서 소송기록의 학습 데이터 제공 내지 공개 문제는 신중한 접근이 필요하다고 본다.

판결문 공개 범위의 확대

형사소송법 제59조의3 및 민사소송법 제163조의2가 신설되어, 2013. 1. 1. 이후 확정된 사건의 형사판결문과 2015. 1. 1. 이후 확정된 사건의 민사, 행정 등 판결문에 관하여 검색어 검색이 가능해졌고, 원칙적으로 개인정보의 보호를 위한 비실명처리가 된 판결문을 열람·복사할 수 있게 되었다. 다만, 심리가 비공개로 진행된 경우, 국가의 안전보장을 현저히 해할 우려가 명백하게 있는 경우, 공개로 인해 사건관계인의 명예나 사생활 비밀을 현저히 해할 우려가 있는 경우 등은 제외된다.

그럼, 우리는 무엇을 하여야 하는가?

결국 법관의 업무 중 반복적이거나 일정한 패턴을 가지는 형태의 업무는 인공지능으로 하여금 처리하도록 하고 나머지 복잡하고 가치 판단이 필요한 업무는 인간 법관이 담당하는 형태의 협업이 향후 가까운 미래에 나타날 가능성이 높다고 본다. 그 과정에서 시간이 흐를수록 인공지능의 비중이 점점 늘어나는 것은 피할 수 없을 것으로 보인다.[212]

따라서 재판 절차에서 인공지능 알고리즘을 활용하고 법적 판단을 내릴 때 인공지능이 내린 결과를 참작하는 경우, 그 인공지능 알고리즘이 갖추어야 할 요건, 당사자에 대한 정보제공, 당사자의 이의할 권리 및 불복할 권리 등 법관의 재판권과 당사자의 절차권이 보장될 수 있도록 기본 원칙을 수립하여야 한다.[213]

법관의 판단과 인공지능의 판단 사이에 간극이 발생한다면, 법관의 논증의무를 강화함으로써 법관으로 하여금 자신의 판단을 다시금 숙고하게 하는 자기규율(self-discipline)의 효과를 얻을 수 있을 것이다.[214]

아울러 법관에 의한 공정한 재판을 받을 권리를 보장하기 위하여, 법관이 자동화 편향에 빠져 인공지능 알고리즘의 판단 결과에 지나치게 영향을 받을 가능성을 차단하여야 하고, 인공지능에 과도하게 의존하지 않고 독립하여 판단을 내릴 수 있도록 하는 시스템이 마련되어야 할 것이다.[215]

독일 연방행정절차법(VwVfG)에서는 '법적 결과를 도출하여야 할 때에는 적어도 인공지능의 도입이 현행법상에서는 금지된다'고 하면서도, 예외 조항을 통해 자동화된 의사결정을 허용하고 있는바, 법적 결과 도출에 있어 인공지능만을 활용한 결정은 금지된다는 취지의 명시적 규정을 두는 것을 검토해 볼 수 있다.[216]

일례로 2020년 영국에서는 인공지능에 의한 고등학생에 대한 학점부여가 시행되었으나, 흑인과 아시아인 등 소수 민족 학생들과 공립학교에 다니는 학생들이 불이익을 받았던 것으로 드러났다. 인공지능 알고리즘은 학생들의 전년도 성적과 교사가 예측한 학점, 교사가 매긴 학생 사이의 순위를 근거로 학점을 부여했는데, 한반의 학생수가 적은 사립학교의 특성상 표준화가 어렵다는 점에서 이는 주로 백인 부유층이 많이 다니는 사립학교에 유리했던 것이다. 결국 영국 교육당국은 알고리즘에 의한 학점 부여를 중단하고 교사가 매긴 성적으로 대신하겠다고 밝혔다. 인공지능은 기존 데이터로만 학습하기 때문에 학생 개인의 노력에 따른 개선 등 통계에 잡히지 않는 변화를 반영하지 못하였고, 현재의 차별을 고착화하는 결과에 이를 수 있었다. 위와 같은 영국의 사례는 이런 인공지능의 한계, 그리고 그것이 행정에 자동적으로 적용될 경우 발생할 논란을 보여준 전형적인 사례로 꼽힌다.[217]

2장 사법(司法) 영역에서 인공지능기술의 활용

1 문준영, 법원과 검찰의 탄생, 역사비평사, 2010, 59면.

2 문준영, 앞의 책, 2010, 68면.

3 형사소송법 제308조의2 및 제309조 참조.

4 형사소송법 제310조 참조.

5 대법원장이 대법관을 제청할 때에는 대법관후보추천위원회의 추천을 받아 그 추천내용을 존중하여 제청하게 된다(법원조직법 제41조의2 참조).

6 법원조직법 제42조에서 요구하는 법조 경력은 다음과 같다.
   1. 판사·검사·변호사
   2. 변호사 자격이 있는 사람으로서 국가기관, 지방자치단체, 「공공기관의 운영에 관한 법률」 제4조에 따른 공공기관, 그 밖의 법인에서 법률에 관한 사무에 종사한 사람
   3. 변호사 자격이 있는 사람으로서 공인된 대학의 법률학 조교수 이상으로 재직한 사람

7 헌법 제111조 ① 헌법재판소는 다음 사항을 관장한다.
   1. 법원의 제청에 의한 법률의 위헌여부 심판
   2. 탄핵의 심판
   3. 정당의 해산 심판
   4. 국가기관 상호간, 국가기관과 지방자치단체간 및 지방자치단체 상호간의 권한쟁의에 관한 심판
   5. 법률이 정하는 헌법소원에 관한 심판

8 예를 들어, 특허심판원이 담당하는 특허·실용신안에 관한 취소신청, 특허·실용신안·디자인·상표에 관한 심판과 재심, 공정거래위원회의 처분에 관하여 제기된 이의신청에 관한 재결 등이 있다.

9 양종모, "인공지능에 의한 판사의 대체 가능성 고찰", 홍익법학 제19권 제1호, 홍익대학교, 2018, 10 – 11면.

10 사법연수원, 가사재판연구, 2016, 243면.

11 사법연수원, 앞의 책, 2016, 279 – 280면.

12 김현범 외 2인, 미국 연방파산관리인 제도 연구, 사법정책연구원, 2018,

193면.

13 서울대학교 산학협력단, 사법부에서의 인공지능(AI) 활용방안, 대법원 정책연구용역결과보고서(2020. 7.), 법원행정처, 2020. 7., 37면.

14 임영익, 프레디쿠스, 클라우드나인, 2019, 268면.

15 정채연, 사법절차 및 사법서비스에서 인공지능기술의 도입 및 수용을 위한 정책 연구, 사법정책연구원, 2021, 21면.

16 정상조, 인공지능, 법에게 미래를 묻다, 사회평론, 2021, 126면.

17 임영익, 앞의 책, 2019, 269－270면.

18 이러한 컴퍼스의 분석은 137개의 질문에 대한 피의자·피고인의 응답 및 과거 범죄 기록에 기초해 이루어진다고 한다[정채연, 앞의 책, 2021, 22면 참조].

19 서울대학교 산학협력단, 앞의 책, 법원행정처, 2020. 7., 37면.

20 한애라, "사법시스템과 사법환경에서의 인공지능 이용에 관한 유럽 윤리헌장의 검토: 민사사법절차에서의 인공지능 도입 논의와 관련하여", 저스티스 통권 제172호, 한국법학원, 2019. 6., 65면.

21 한애라, 앞의 논문, 2019. 6., 65－66면.

22 임영익, 앞의 책, 2019, 271면.

23 한애라, 앞의 논문, 2019. 6., 66면.

24 증거개시제도는 영미법계 국가에서 채택하고 있는 증거조사방법으로서 재판(trial) 전에 원칙적으로 모든 증거를 공개하도록 함으로써 소송 당사자들로 하여금 재판 도중에 새로운 증거를 제출하여 상대방에게 불의의 타격을 가하는 것을 방지하고 있다.

25 한국인공지능법학회, 인공지능과 법, 박영사, 2019, 240면.

26 한국인공지능법학회, 앞의 책, 2019, 241면.

27 정채연, 앞의 책, 2021, 29면.

28 이하의 내용은 이현종, "인공지능시대의 민사소송－온라인분쟁해결 시스템의 도입을 중심으로－", 민법, 민사소송법 시행 60주년 공동학술대회 '민법, 민사소송법의 회고와 전망' 자료집(2020. 11. 6.－11. 7.), 대법원·한국민사법학회·한국민사소송법학회, 298－300면 참조.

29 사건관리자는 법원이 인증한 자원자로서 법원 직원은 아니다.

30 정채연, 앞의 책, 2021, 30면.

31 杨焘, 杨君臣, 人工智能在司法领域运行的现状及完善对策研究－以成都法院为样本进行分析, 科技与法律 2018年第3期(2018年6月), 54.

32 刘渺, 人工智能在司法领域的运用现状及未来发展方向, 法制与社会 2019年01期(2019年1月), 92.

33 燕亚楠, 人工智能在司法裁判中的应用, 河北农机 2020年09期(2020年9月), 96.

34 정채연, 앞의 책, 2021, 11면.

35 刘渺, 人工智能在司法领域的运用现状及未来发展方向, 法制与社会 2019年01期(2019年1月), 92.

36 서울대학교 산학협력단, 앞의 책, 2020. 7., 39면.

37 정채연, 앞의 책, 2021, 12면.

38 刘渺, 人工智能在司法领域的运用现状及未来发展方向, 法制与社会 2019年01期(2019年1月), 92.

39 杨焘, 杨君臣, 人工智能在司法领域运行的现状及完善对策研究－以成都法院为样本进行分析, 科技与法律 2018年第3期(2018年6月), 54.

40 刘渺, 人工智能在司法领域的运用现状及未来发展方向, 法制与社会 2019年01期(2019年1月), 92.

41 杨焘, 杨君臣, 人工智能在司法领域运行的现状及完善对策研究－以成都法院为样本进行分析, 科技与法律 2018年第3期(2018年6月), 54.

42 杨焘, 杨君臣, 人工智能在司法领域运行的现状及完善对策研究－以成都法院为样本进行分析, 科技与法律 2018年第3期(2018年6月), 55.

43 이현종, 앞의 논문, 295면.

44 "互联网法院", 百度百科, https://baike.baidu.com/item/%E4%BA%92%E8%81%94%E7%BD%91%E6%B3%95%E9%99%A2/24558542?fr＝aladdin (2021. 4. 4. 최종확인).

45 이현종, 앞의 논문, 295－296면.

46 "北明在线矛盾纠纷多元化解平台", 百度百科, https://baike.baidu.com/item/%E5%8C%97%E6%98%8E%E5%9C%A8%E7%BA%BF%E7%9F%9B%E7%9B%BE%E7%BA%A0%E7%BA%B7%E5%A4%9A%E5%85%83%E5%8C%96%E8%A7%A3%E5%B9%B3%E5%8F%B0/56582409?fr＝aladdin (2021. 4. 4. 최종

확인).

47 刘渺, 人工智能在司法领域的运用现状及未来发展方向, 法制与社会 2019 年01期(2019年1月), 92.

48 "北明在线矛盾纠纷多元化解平台", 百度百科, https://baike.baidu.com/item/ %E5%8C%97%E6%98%8E%E5%9C%A8%E7%BA%BF%E7%9F%9B%E7%9B% BE%E7%BA%A0%E7%BA%B7%E5%A4%9A%E5%85%83%E5%8C%96%E8% A7%A3%E5%B9%B3%E5%8F%B0/56582409?fr=aladdin (2021. 4. 4. 최종 확인).

49 동일한 사건에 대하여는 동일한 판단을 하여야 한다는 의미이다.

50 刘渺, 人工智能在司法领域的运用现状及未来发展方向, 法制与社会 2019 年01期(2019年1月), 92.

51 杨焘, 杨君臣, 人工智能在司法领域运行的现状及完善对策研究－以成都 法院为样本进行分析, 科技与法律 2018年第3期(2018年6月), 55－56.

52 刘渺, 人工智能在司法领域的运用现状及未来发展方向, 法制与社会 2019 年01期(2019年1月), 92.

53 刘渺, 人工智能在司法领域的运用现状及未来发展方向, 法制与社会 2019 年01期(2019年1月), 93.

54 杨焘, 杨君臣, 人工智能在司法领域运行的现状及完善对策研究－以成都 法院为样本进行分析, 科技与法律 2018年第3期(2018年6月), 56－57.

55 帅奕男, 人工智能辅助司法裁判的现实可能与必要限度, 山东大学学报(哲 学社会科学版) 2020年第4期(2020年7月), 105－106.

56 刘渺, 人工智能在司法领域的运用现状及未来发展方向, 法制与社会 2019 年01期(2019年1月), 93.

57 杨焘, 杨君臣, 人工智能在司法领域运行的现状及完善对策研究－以成都 法院为样本进行分析, 科技与法律 2018年第3期(2018年6月), 57.

58 帅奕男, 人工智能辅助司法裁判的现实可能与必要限度, 山东大学学报(哲 学社会科学版) 2020年第4期(2020年7月), 104.

59 燕亚楠, 人工智能在司法裁判中的应用, 河北农机 2020年09期(2020年9 月), 97.

60 王明翌, 张素凤, 论人工智能从事司法审判之可能性, 池州学院学报 第34 卷第4期(2020年8月), 50.

61 刘渺, 人工智能在司法领域的运用现状及未来发展方向, 法制与社会 2019 年01期(2019年1月), 93.

62 刘渺, 人工智能在司法领域的运用现状及未来发展方向, 法制与社会 2019 年01期(2019年1月), 93.

63 王明翠, 张素凤, 论人工智能从事司法审判之可能性, 池州学院学报 第34 卷第4期(2020年8月), 50.

64 반면, 알파고처럼 인공지능법관인 '알파법관'이 장래 도입될 가능성이 있다 고 보기도 한다. 알파법관이 모든 사건을 해결할 수는 없겠지만, 단순한 사 실판단이 필요한 사건에 관하여 직접 배석판사가 되어 주심판사로서 재판 을 처리할 날이 올 수도 있다. 이는 모두 시간과 과학기술혁신에 달려 있 다[杨燕, 杨君臣, 人工智能在司法领域运行的现状及完善对策研究 – 以成 都法院为样本进行分析, 科技与法律 2018年第3期(2018年6月), 59 참조].

65 刘渺, 人工智能在司法领域的运用现状及未来发展方向, 法制与社会 2019 年01期(2019年1月), 93.

66 杨燕, 杨君臣, 人工智能在司法领域运行的现状及完善对策研究 – 以成都 法院为样本进行分析, 科技与法律 2018年第3期(2018年6月), 59.

67 刘渺, 人工智能在司法领域的运用现状及未来发展方向, 法制与社会 2019 年01期(2019年1月), 93.

68 "인공지능이 판결을?…'AI 판사' 논란", KBS NEWS(2019. 8. 10.), https://news.kbs.co.kr/news/view.do?ncd=4260315 (2021. 3. 28. 최종확인).

69 그러나 위와 같은 보도 내용에 대하여 에스토니아 법무부 관료는 "이러한 시스템이 본질적으로는 우편 서비스에 해당하는 것이고, 당사자가 다투지 않는 경우 법원 결정의 효력이 발생하는 것이다."라고 설명하면서 인공지 능 법관 도입이라는 확대 해석에 대해 신중한 태도를 보이기도 하였다[서 울대학교 산학협력단, 앞의 책, 2020. 7., 36면 참조].

70 한애라, 앞의 논문, 2019. 6., 70 – 71면.

71 에스토니아 정부는 2002년 전자신분증을 도입했고, 외국인도 원격으로 신 분증을 만들 수 있도록 하였다. 또한 정부서비스 중에 인공지능이 맡는 일의 일례를 들어 보면, 농업보조금을 지원받는 농가들이 정부 보조 규정 에 맞게 경작을 하는지를 파악하기 위해 인공지능이 위성 이미지를 스캔 해 적합 여부를 판별하고 있다고 한다["AI판사에게 재판받는 시대가 왔 다", 중앙일보(2019. 4. 2.), 29면 참조].

72 정채연, 앞의 책, 2021, 70−71면.

73 정채연, 앞의 책, 2021, 71면.

74 Richard Susskind, Online Courts and the Future of Justice, Oxford University Press, UK, 2019, pp. 165−166.

75 정채연, 앞의 책, 2021, 48면.

76 AI와 法 그리고 인간, 사법정책연구원 주최 심포지엄 자료집(2019. 12. 18.), 106면 참조.

77 이하에서는 주로 잉글랜드와 웨일즈를 중심으로 설명한다.

78 Richard Susskind, Online Courts and the Future of Justice, Oxford University Press, UK, 2019, p. 166.

79 Richard Susskind, Online Courts and the Future of Justice, Oxford University Press, UK, 2019, p. 166.

80 이현종, 앞의 논문, 287면.

81 Richard Susskind, Online Courts and the Future of Justice, Oxford University Press, UK, 2019, p. 167.

82 정영화, "인공지능과 법원의 분쟁해결−최근 영미법국가들의 인공지능 법제", 홍익법학 제21권 제1호, 홍익대학교 법학연구소, 2020. 1., 227면.

83 Richard Susskind, Online Courts and the Future of Justice, Oxford University Press, UK, 2019, pp. 166−167.

84 이현종, 앞의 논문, 289면.

85 이현종, 앞의 논문, 290면.

86 정채연, 앞의 책, 2021, 46면.

87 서울대학교 산학협력단, 앞의 책, 2020. 7., 35면.

88 서울대학교 산학협력단, 앞의 책, 2020. 7., 36면.

89 정채연, 앞의 책, 2021, 45면.

90 Richard Susskind, Online Courts and the Future of Justice, Oxford niversity Press, UK, 2019, p. 172.

91 정채연, 앞의 책, 2021, 17−18면.

92 싱가포르 대법원 판결 6,227개에 대한 머신러닝 기법을 이용한 분석을 통하여 판결문이나 법률문헌 등을 자동적으로 관련 법 분야에 맞게 체계적

으로 분류하도록 함으로써 자료검색의 정확도 향상 뿐 아니라 학습데이터를 효과적으로 추출해내어 분류하고 공급하는 데에도 기여할 것으로 전망된다[고유강, "법관업무의 지원을 위한 머신러닝의 발전상황에 대한 소고", LAW & TECHNOLOGY 제15권 제5호, 서울대학교 기술과법센터, 2019. 9., 9면 참조].

93 정채연, 앞의 책, 2021, 18면.

94 Richard Susskind, Online Courts and the Future of Justice, Oxford University Press, UK, 2019, pp. 172−173.

95 정채연, 앞의 책, 2021, 20면.

96 Richard Susskind, Online Courts and the Future of Justice, Oxford University Press, UK, 2019, p. 168.

97 공동주택사건의 경우 소송금액 제한은 없다.

98 이현종, 앞의 논문, 291면.

99 CRT의 성공으로 말미암아 그 담당하는 사건의 관할이 자동차 교통사고 사건에까지 확장되었다[Richard Susskind, Online Courts and the Future of Justice, Oxford University Press, UK, 2019, p. 168 참조].

100 Richard Susskind, Online Courts and the Future of Justice, Oxford University Press, UK, 2019, pp. 168−169.

101 Richard Susskind, Online Courts and the Future of Justice, Oxford University Press, UK, 2019, p. 168.

102 이현종, 앞의 논문, 294면.

103 이현종, 앞의 논문, 300면.

104 이현종, 앞의 논문, 301−302면.

105 Richard Susskind, Online Courts and the Future of Justice, Oxford University Press, UK, 2019, p. 173.

106 Richard Susskind, Online Courts and the Future of Justice, Oxford University Press, UK, 2019, p. 174.

107 서울대학교 산학협력단, 앞의 책, 2020. 7., 47−48면.

108 한국인공지능법학회, 앞의 책, 2019, 234면.

109 김도훈, "변호사의 업무상 인공지능 사용에 관한 소고: 미국변호사협회의

법조윤리모델규칙에 따른 윤리적 의무를 중심으로", 미국헌법연구 29(3), 미국헌법학회, 2018, 242면.

110 리걸 테크 기업 로톡은 2014년부터 광고비를 받고 변호사와 의뢰인을 연결해주는 온라인 서비스를 제공해 왔는데, 대한변호사협회는 2015년과 2016년 두 차례에 걸쳐 로톡을 변호사법위반으로 형사 고발하였다. 변호사법에 의하면, '누구든지 금품을 받고 변호사를 알선해서는 안되고', 이를 위반할 경우 형사처벌이 될 수 있다. 하지만 당시 검찰은 두 번 모두 무혐의처분을 내렸다. 이후 2021년 5월 대한변호사협회는 '변호사 광고에 관한 규정' 개정안을 발표하였는데, 위 개정안에서는 로톡의 위와 같은 서비스를 원천적인 금지행위로 규정하였고, 그 밖에 '수사·행정기관의 처분 및 법원 판결 등의 결과 예측을 표방하는 서비스를 취급·제공하는 행위' 역시 금지대상에 포함시켰다["법조판 타다 되나…변협·로톡 세계 붙었다", 중앙일보(2021. 5. 6.), 1−2면 참조]. 이에 대해 로톡을 운영하는 로앤컴퍼니 관계자는 '로톡 형량 예측 서비스는 범죄별 형량에 대한 통계정보로 이 과정에서 로앤컴퍼니가 주관적으로 개입하거나 정보를 가공하지 않으며, 법률적 조언은 법률전문가와 상의하라는 안내문구를 명시하고 있다.'며 이를 반박하였다["IT만난 법률…변호사 선임 문턱 낮추고 AI가 형량 예측", 세계일보(2021. 5. 3.), 18−20면 참조].

111 우리나라 리걸 테크 투자규모는 2015년부터 2020년 상반기까지 누적 투자규모가 1,200만 달러 수준으로 알려져 있는데, 미국이나 영국 등 선진국의 리걸 테크 투자규모가 2016년에 비해 2019년 약 6배 가량 증가한 것에 비하면 아직도 많이 부족한 수준이다["IT만난 법률…변호사 선임 문턱 낮추고 AI가 형량 예측", 세계일보(2021. 5. 3.), 18−20면 참조].

112 "변호사·의사 일부 업무 수행… 전문직도 '위협'", 세계일보(2020. 6. 2.), 6면 참조.

113 '이용가이드', 로톡 형량예측, https://www.lawtalk.co.kr/sentence−estimation (2021. 4. 18. 최종확인).

114 "법률AI에 정보 입력하자…'당신 형량은 2년'", 매일경제(2020. 9. 7.), 21면 참조.

115 "택시업계 반발에 멈춘 타다, 로톡은 'AI형량예측' 중단", 한국경제(2021. 9.25.), A05면 참조.

116 "350만건 법률 데이터와 AI접목 나서", 한국일보(2021. 3. 30.), 6면 참조.

117 설민수, "머신러닝 인공지능의 법 분야 적용의 현재와 미래 : 미국의 현황

과 법조인력 구조 및 법학교육에 대한 논의를 중심으로", 저스티스 통권 제156호, 한국법학원, 2016. 10., 297면.

118 "[스케치] 법률AI vs 변호사, '알파로 경진대회'가 남긴 것", 테크월드 온라인뉴스(2019. 9. 2.), http://www.epnc.co.kr/news/articleView.html?idxno=91858 (2021. 4. 18. 최종확인).

119 김병필, "인공지능 변호사 시대", 중앙일보(2019. 9. 11.자 칼럼), 23면 참조.

120 임영익, 앞의 책, 2019, 272면.

121 한애라, 앞의 논문, 2019. 6., 40면.

122 "2024년 스마트법원 4.0이 열립니다", 대법원(2018. 4. 12.) 보도자료 참조.

123 대법원은 2018년경 인공지능이 회생·파산사건에 관한 데이터를 분석하여 재판부에 예측정보를 제공함으로써 재판부의 회생, 파산, 면책결정을 조력할 수 있도록 한다는 내용의 '지능형 개인회생·파산 시스템' 구축을 위한 연구용역을 발주하기도 하였는데[한애라, 앞의 논문, 2019. 6., 40면 참조], 이 역시 인공지능의 역할은 인간 판사를 돕는 보조수단이라고 볼 수 있다.

124 "대법원, 차세대 전자소송 시스템 구축한다", 법률저널(2018. 4. 12.), http://www.lec.co.kr/news/articleView.html?idxno=47291 (2021. 4. 18. 최종확인).

125 AI와 法 그리고 인간, 사법정책연구원 주최 심포지엄 자료집(2019. 12. 18.) 중 축사 부분 참조.

126 "대법원, 차세대 전자소송 시스템 구축한다", 법률저널(2018. 4. 12.), http://www.lec.co.kr/news/articleView.html?idxno=47291 (2021. 4. 18. 최종확인).

127 다만, 3,000억 원이 넘는 예산 규모 중에 인공지능 활용 관련 예산이 어느 정도로 계획되어 있는지는 비공개로서 확인되지 않고 있다.

128 "[이슈분석] 법원, 차세대전자소송 시스템 착수…스마트법원 4.0 시동", 전자신문(2020. 1. 19.), https://www.etnews.com/20200117000148 (2021. 4. 18. 최종확인).

129 "[TF이슈] 헤드셋 쓴 변호사들…코로나가 앞당긴 '스마트법원'", 더팩트 (2020. 3. 11.), http://news.tf.co.kr/read/life/1784954.htm (2021. 4. 18. 최종확인).

130 다만, 위 특례법의 적용대상은 시·군법원의 소액사건, 협의이혼사건, 감

치사건 등에 불과하여 그 범위가 매우 제한적이다(원격영상재판에 관한 특례법 제3조 참조).

131 권순형, "코로나19 사태 후 국내외 영상재판에 관한 연구 — 민사소송규칙 제70조 제6항의 영상재판을 중심으로", 2021년도 사법정보화(IT와 법관) 법관연수 자료집(2021. 7. 19.—7. 20.), 사법연수원, 2021. 7., 1면 참조.

132 서울대학교 산학협력단, 앞의 책, 2020. 7., 75면.

133 고유강, 앞의 논문, 2019. 9., 6면.

134 한애라, 앞의 논문, 2019. 6., 46면.

135 서울대학교 산학협력단, 앞의 책, 2020. 7., 79—82면.

136 차세대전자소송추진단, 전국 법관 온라인 열린 간담회 설명자료(차세대전자소송시스템), 2021. 4., 1—3면 참조.

137 서울대학교 산학협력단, 앞의 책, 2020. 7., 101—103면.

138 서울대학교 산학협력단, 앞의 책, 2020. 7., 123면.

139 서울대학교 산학협력단, 앞의 책, 2020. 7., 126—127면.

140 서울대학교 산학협력단, 앞의 책, 2020. 7., 127—130면.

141 "알파고 판사, 법조비리 극복에 도움 될까", 조선일보 기사(2016. 10. 18.),https://www.chosun.com/site/data/html_dir/2016/10/18/2016101800197.html (2020. 12. 13. 최종확인).

142 "[류인규 칼럼] 인공지능이 법률가를 대체할 수 있을까", 오피니언뉴스 기사(2020. 11. 5.), https://www.opinionnews.co.kr/news/articleView.html?idxno=42704 (2020. 12. 13, 최종확인).

143 "랜들 레이더 전 美연방항소법원장 '인공지능이 5년내 판사 대체…사법 불신 줄어들 것'", 매일경제(2017. 11. 7.), https://www.mk.co.kr/news/economy/view/2017/11/737834/ (2020. 12. 13. 최종확인).

144 한애라, 앞의 논문, 2019. 6., 70면 참조.

145 한애라, "인공지능 판사는 언제쯤 등장할까", 중앙일보(2020. 11. 16.자 칼럼), 29면 참조.

146 한애라, 앞의 논문, 2019. 6., 71면.

147 양종모, 앞의 논문, 2018, 7면.

148 임영익, 앞의 책, 2019, 271면.

149 임영익, 앞의 책, 2019, 249-250면.

150 "[글로벌 아이] AI 판사에게 재판받는 시대가 왔다", 중앙일보 기사(2019. 4. 2.), https://news.joins.com/article/23428965 (2020. 12. 13. 최종확인).

151 서울대학교 산학협력단, 앞의 책, 2020. 7., 36면.

152 이현종, 앞의 논문, 314면.

153 임영익, 앞의 책, 2019, 269면.

154 양종모, 앞의 논문, 2018, 7-8면.

155 현재 민사, 가사, 행정소송은 전자기록에 의한 재판이 원칙이지만, 형사소송은 아직도 여전히 종이기록을 통해서만 재판이 진행되고 있다. 다만, 2021. 9. 28. '형사사법절차 전자문서 이용 등에 관한 법률' 제정안이 국회 본회의에서 통과되어 이르면 2024년부터 형사사건에서도 전자소송이 도입될 전망이다.

156 우리나라에서 방대한 양의 소송기록은 외부에 공개되지 않고 있고, 판결문 역시 제한적으로 공개되고 있다. 인공지능이 판결문만 학습한다고 하면 소송기록 전체를 학습할 때에 비추어 볼 때 그 결론의 정확도가 떨어질 수 밖에 없을 것이다. 결국 인공지능 판사를 위한 학습 데이터의 제공 범위가 중요한 쟁점이 될 것이다.

157 고유강, 앞의 논문, 2019. 9., 8면.

158 임영익, 앞의 책, 2019, 272면; 양종모, 앞의 논문, 2018, 8면.

159 고유강, 앞의 논문, 2019. 9., 8면.

160 설민수, 앞의 논문, 2016. 10., 283면.

161 2020년 기준으로 '종합법률정보'라는 법원 공식 사이트를 통해 공개되는 판결문은 전체 대법원 판결의 3.2%, 각급 법원 판결의 0.003%에 불과하므로, 인공지능이 판례를 충분히 학습·분석하기 어렵고 따라서 분석 결과의 정확성과 신뢰성도 보장되기 어렵다는 지적으로는, 정상조, 인공지능, 법에게 미래를 묻다, 사회평론, 2021, 75-77면 참조.

162 고유강, 앞의 논문, 2019. 9., 10-11면.

163 현재 인공지능시스템은 인간과 유사하게 생각을 하거나 사람들이 일하는 방식대로 작동하지 않음에도 인간 전문가와 동일한 결과를 내놓을 수 있고 나아가 더 뛰어난 결과를 낼 수도 있다. 즉, 인간과 같이 생각은 하지 않지만 최고의 인간 전문가를 뛰어넘을 만큼 고성능을 갖춘 기계는 인간

과 매우 다른 방식으로 일할 것이다. 따라서 인간 전문가의 일을 대체하기 위해 인간 전문가가 일하는 방식을 복제할 필요도 없고 굳이 생각하는 기계를 개발할 필요도 없다는 견해로는, 리처드 서스킨드·대니얼 서스킨드, 위대선(역), 4차 산업혁명 시대 전문직의 미래, 와이즈베리, 2016, 373-375면 참조.

164 한애라, "인공지능 판사는 언제쯤 등장할까", 중앙일보(2020. 11. 16.자 칼럼), 29면 참조.

165 고유강, 앞의 논문, 2019. 9., 12면.

166 고유강, 앞의 논문, 2019. 9., 14면.

167 예를 들어, 종중의 구성원을 남자로만 해오던 관습이 있었으나, 여성도 종중원으로 인정하여야 한다는 대법원 전원합의체 판결은 나올 수 없다.

168 인공지능 알고리즘이 이러한 변화에 대응하여 쉽게 수정될 수 있어야 하는데, 이를 위해서는 고도의 공학기술과 정보기술 및 법률에 대한 깊은 지식의 운용 능력이 있어야 할 것이므로, 그에 상응한 전문 인력의 확보가 필수적이다[정영화, 앞의 논문, 2020. 1., 234면 참조].

169 고유강, 앞의 논문, 2019. 9., 13면.

170 이석현, "4차 산업혁명 시대의 인공지능과 법률전문가의 대응", KHU 글로벌 기업법무리뷰 제10권 제1호, 경희대학교 법학연구소, 2017, 124면.

171 인공지능이 인간 법관의 모든 재판과정을 대체할 수 있도록 구현하는 것을 모라벡의 역설에 빗대어 쉽지 않을 것으로 전망하기도 한다[양종모, 앞의 논문, 2018, 23면 참조].

172 고유강, 앞의 논문, 2019. 9., 6면.

173 양종모, 앞의 논문, 2018, 18면.

174 "[김경환 변호사의 IT법] (2) 인공지능판사는 실패 중?", 전자신문(2021. 2. 2.자 칼럼), https://www.etnews.com/20210202000188 (2021. 4. 23. 최종확인).

175 한애라, 앞의 논문, 2019. 6., 63면.

176 인공지능 개발의 자본집약적인 성격으로 인해 인공지능기술을 활용할 수 있는 자에게 이익이 집중됨으로써 정보의 빈부격차에 따라 재화의 빈부격차가 확대될 수 있다는 점에서도 인공지능기술 발전에 대해 우려를 표하기도 한다[고유강, 앞의 논문, 2019. 9., 14면 참조].

177 양종모, 앞의 논문, 2018, 22면.

178 반면, 미국에서 국민들이 AI법관을 원하는 이유로, 공정성이나 정당성 때문이라기보다는 빠르고 싸고 확실한 판결을 원하기 때문이라고 견해도 있다[The Future of Judiciary: A Global Perspective, 2018 사법정책연구원 국제 컨퍼런스 결과보고서(2018. 12. 4.−12. 5.), 326면 참조]. 아마도 미국은 소송절차에 필요한 경제적 비용이나 부담이 크기 때문인 것으로 추측된다.

179 한애라, 앞의 논문, 2019. 6., 40면.

180 한애라, 앞의 논문, 2019. 6., 41면.

181 한애라, 앞의 논문, 2019. 6., 51면.

182 고유강, 앞의 논문, 2019. 9., 15면.

183 한애라, 앞의 논문, 2019. 6., 67면.

184 정영화, 앞의 논문, 2020. 1., 236면.

185 한애라, 앞의 논문, 2019. 6., 63면.

186 한애라, 앞의 논문, 2019. 6., 65면.

187 정영화, 앞의 논문, 2020. 1., 230면.

188 고유강, 앞의 논문, 2019. 9., 13면.

189 한애라, 앞의 논문, 2019. 6., 66면.

190 인공지능 개발작업은 대부분 외부에 공개되지 않고, 리버스 엔지니어링도 허용되지 아니함으로써 시스템 개발자가 아닌 다른 사람은 그 인공지능이 어떻게 설계되었는지, 그 설계기법 등을 알아낼 가능성이 없다[양종모, "인공지능의 위험의 특성과 법적 규제방안", 홍익법학 제17권 제4호, 홍익대학교, 2016, 546면 참조].

191 주현경·정채연, "범죄예측 및 형사사법절차에서 알고리즘 편향성 문제와 인공지능의 활용을 위한 규범설계", 법학논총 제27집 제1호, 조선대학교 법학연구원, 2020, 121면.

192 임영익, 앞의 책, 2019, 273면.

193 한애라, 앞의 논문, 2019. 6., 56면.

194 김혜인·정종구, "인공지능에 기반한 형사법상 의사결정 연구", 법학연구 제28권 제3호, 경상대학교 법학연구소, 2020, 219−220면.

195 한애라, 앞의 논문, 2019. 6., 68면.

196 한애라, 앞의 논문, 2019. 6., 67면.

197 양종모, 앞의 논문, 2016, 549－550면.

198 정상조, 앞의 책, 2021, 144면.

199 김웅재, "형사절차에서 인공지능 알고리즘의 활용가능성과 그 한계", LAW & TECHNOLOGY 제16권 제4호, 서울대학교 기술과법센터, 2020. 7., 22면.

200 이상직, "AI 알고리즘 규제와 영업비밀", 법률신문, 2020. 10. 29., 12면.

201 한애라, 앞의 논문, 2019. 6., 68면.

202 한애라, 앞의 논문, 2019. 6., 51면.

203 이현종, 앞의 논문, 312면.

204 정상조, 앞의 책, 2021, 75면.

205 이현종, 앞의 논문, 313면.

206 한애라, 앞의 논문, 2019. 6., 57면.

207 한애라, 앞의 논문, 2019. 6., 53면.

208 한애라, 앞의 논문, 2019. 6., 55면.

209 이현종, 앞의 논문, 313면.

210 고유강, 앞의 논문, 2019. 9., 11면.

211 한애라, 앞의 논문, 2019. 6., 55면.

212 설민수, "머신러닝 인공지능과 인간전문직의 협업의 의미와 법적 쟁점: 의사의 의료과실 책임을 사례로", 저스티스 통권 제163호, 한국법학원, 2017. 12., 279－280면.

213 한애라, 앞의 논문, 2019. 6., 73면.

214 주현경·정채연, 앞의 논문, 2020, 140면.

215 김웅재, 앞의 논문, 2020. 7., 21면.

216 주현경·정채연, 앞의 논문, 2020, 145면 참조.

217 "'인공지능의 행정행위' 인정될까", 주간경향 1403호(2020. 11. 23.), http://weekly.khan.co.kr/khnm.html?mode＝view&code＝114&artid＝202011131509281&pt＝nv (2021. 4. 23. 최종확인) 참조.

03

인공지능기술의
발전에 따른 법관의
미래 예측

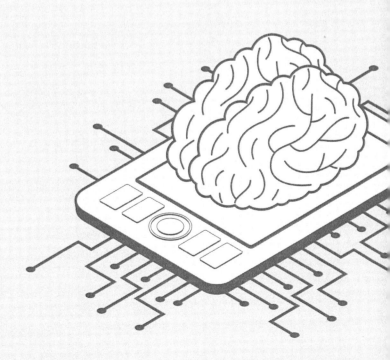

Ⅰ. 미래예측 5단계 알고리즘

　　인공지능기술의 발전에 따른 법관의 미래를 예측하고, 그에 따른 전략을 수립하는 것이 이 책의 주된 목적이다. 그러나 이러한 미래를 정확하게 예측하고 알아맞힌다는 것은 사실상 불가능에 가깝다. 그러려면 향후 발생할 수많은 변수와 예상치 못한 급변 사태 등까지 모두 고려하여야 하지만, 이는 현실적으로 불가능하기 때문이다. 그럼에도 불구하고 많은 사람들이 미래학을 연구하고 미래예측방법론을 통해 미래를 예측하고 그에 따른 대응전략을 준비하고 있다. 물론 각각의 이벤트나 구체적인 사건들을 정확히 예측하기는 어렵겠지만, 거대한 방향성이나 미래를 향한 추세는 어느 정도 존재하기 때문에 최대한 합당한 근거를 가지고 미래를 예측하면, 다가올 변화에 능동적으로 대처할 수 있을 것이다. 미래는 항상 변화의 가능성이 있기 때문에 결국 준비하는 자의 몫이고, 현재 어떻게 행동하고 다가올 미래에 대비하느냐에 따라 미래는 달라질 수 있다.[1] 나아가 앨런 케이(Alan Kay)는 이러한 취지에서 "미래를 예측하는 최선의 방법은 미래를 발명하는 것이다."라고 말하기도 하였다.

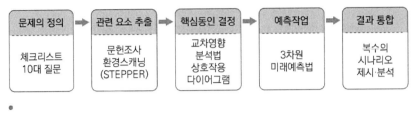

문제의 정의	관련 요소 추출	핵심동인 결정	예측작업	결과 통합
체크리스트 10대 질문	문헌조사 환경스캐닝 (STEPPER)	교차영향 분석법 상호작용 다이어그램	3차원 미래예측법	복수의 시나리오 제시·분석

미래예측 5단계 알고리즘

이 책에서는 인공지능기술의 발전에 따른 법관의 미래를 예측하기 위하여, ① 문제의 정의, ② 관련 요소 추출, ③ 핵심동인 결정, ④ 3차원 미래예측방법을 통한 구체적인 예측작업, ⑤ 예측결과 통합 등 미래예측 5단계 알고리즘을 적용하여 미래예측 시나리오를 도출하고자 한다.

Ⅱ. 미래예측 1단계

: 문제의 정의

　우선, 첫 번째 단계로 우리가 다루고자 하는 주제에 관한 문제의 정의를 다음과 같이 실시하였다.

 표 3-1 **문제의 정의**

항목	내용
목적	인공지능기술의 발전이 법관 업무 등 사법영역에 미치는 영향 관련 핵심동인을 도출하여 법관의 미래 모습 구상 및 대응전략 모색
결과 사용자, 용도	법원 및 법관, 리걸 테크 산업 종사자, 인공지능기술 관련 업무 종사자/정책 결정 내지 연구 목적 참고용
자원 (기간 및 예산)	약 12개월(2020년 5월~2021년 5월)
대상시간 범위	1990년대~2050년대
참여자	오세용, 설문조사 참여자(법관, 인공지능 전문가, 미래전략 전문가)
이해관계자	법원(법관), 인공지능기술 관련 연구자 및 산업체, 리걸 테크 업종 종사자
활용가능성	논문, 국가 및 기업보고서 등
통합방법 결정	문헌조사, 환경스캐닝(STEPPER), 3차원 미래예측법, 시나리오플래닝, 이머징이슈 분석, 설문조사
소통전략	이해관계가 얽힌 연구가 아니고, 주로 이메일을 통한 전문가 대상 설문조사 및 질의 응답 등 활용
결과배달 형식	논문, 서적

문제의 정의는 미래예측 5단계 중 첫 번째 단계로서 그 목적과 방향을 분명히 하고, 최종 결과에 도달하는 데 유용한 작업이라고 할 수 있다.

본 작업의 목적은 인공지능기술의 발전에 따라 법관의 미래가 어떠할지에 관하여 예측하고, 그에 따른 대응 전략을 모색하는 것이다. 즉, 법관의 미래에 관한 다양한 미래예측 시나리오가 도출되는 경우 선호미래, 최악의 미래, 최유력 미래를 살펴보고, 그에 맞는 미래전략을 연구하고자 한다. 위와 같은 결과를 활용한다면, 법원 등 관련 기관과 이해관계자들은 인공지능기술의 발전으로 사법 영역에 미치게 될 영향에 대하여 효과적인 준비와 대응을 할 수 있을 것이다.

이 작업은 2020년 5월경부터 2021년 5월경까지 약 12개월 가량 진행되었다. 주로 관련 문헌 조사 및 온라인 리서치를 통해 연구가 진행되었고, 2020년 11월부터 2021년 1월까지 약 3개월 동안 현직 법관, 인공지능 전문가, 미래전략 전문가 등을 대상으로 이메일을 통한 설문조사를 실시하였다.

이러한 연구와 관련이 있는 이해관계자로는 인공지능기술에 의해 직접적인 영향을 받게 될 법원과 법관을 들 수 있다. 또한 인공지능 전문가와 리걸 테크 산업 종사자 역시 이와 밀접한 관계가 있다고 할 수 있다.

위와 같은 작업을 통해 인공지능기술의 발전에 따른 법관의 미래 관련 여러 가지 대응전략 방안이 제시된다면, 이를 사법부 내 정책 결정이나 후속 연구에서 참고할 수 있을 것이다. 다만, 인공지능 법관의 도입 문제, 인공지능기술의 재판에서의 활용 문제 등은 전국민적인 논의와 공감대가 형성되어 향후 헌법적 결단이 필요한 부분이기 때문에 앞으로 법적, 윤리적 검토가 계속 필요할 것으로 보인다. 따라서 국회

등 입법기관, 정부 부처, 관련 학계 등에서도 참고할 수 있을 것이다.

연구의 통합 방법은 문헌조사, 환경스캐닝(STEPPER), 3차원 미래예측법, 시나리오 플래닝, 이머징이슈 분석, 설문조사 등을 사용하여 통합하는 것으로 진행하였다.

위와 같은 내용을 담아 최종적으로 완성된 이 책이 출간됨으로써 그 결과가 공유될 것이다.

Ⅲ. 미래예측 2단계

: 관련 요소 추출

　　미래예측을 위해서는 핵심동인을 추출하는 것이 매우 중요하다. 미래를 결정하는 요소는 매우 다양할 뿐 아니라 가변적인 요인도 많다. 게다가 '블랙스완(Black Swan)'이나 'X-EVENT'와 같이 발생가능성은 극히 희박하지만 만약 발생한다면 극도의 충격과 엄청난 영향력을 불러일으키는 사건도 있다. 2019년부터 전세계적으로 유행하고 있는 코로나19 팬데믹이 그 전형적인 사례라고 볼 수 있다. 위와 같은 사건들은 예측가능성이 거의 없으나 파급력은 무척 크기 때문에 그 발생가능성에 유의하지 않은 미래예측 결과에는 중대한 흠결이 발생할 수밖에 없다. 따라서 핵심동인 추출 외에도 지금은 부각되어 있지는 않지만 과거의 경험으로는 예견하기 어렵고 발생가능성이 희박한 '이머징이슈(Emerging Issue)'를 찾아서 미래예측에 반영하는 노력을 게을리하지 않아야 한다.

　　위와 같은 이머징이슈 분석은 별론으로 하더라도, 미래예측 과정에 객관성을 부여하고 합리적이고 논리적인 과정을 거쳐 미래를 예측한다면, 가능성이 있는 미래의 스펙트럼을 크게 줄일 수 있을 것이다. 객관적이고 합리적이며 논리적인 미래예측을 하는 데 있어 중요한 것이 바로 '핵심동인'을 설정하는 것이다. 핵심동인은 여러 가지 관련 변수들 가운데에서 가장 영향력이 큰 요인이므로, 핵심동인을 도출하고 나서 이를 전제로 구체적인 미래예측 작업으로 나아가게 되면, 발생가능성이 높은 미래를 예측하는 데 도움이 될 것이다.[2] 위와 같은 핵심동인을 찾기 위해서는 연구주제와 관련된 모든 요소를 찾아내는 작업이 선행되어야 할 것이다.

블랙스완(Black Swan)

코로나19 팬데믹 등과 같이 엄청난 결과를 초래하는 대형 사건으로서 예측이 불가능한 데다 불규칙적으로 일어나는 현상을 흔히 '블랙스완'이라고 부른다. 이러한 블랙스완 현상은 매우 드물게 발생하기 때문에 일어날 가능성을 계산할 수 없고, 그렇기 때문에 다루기 어려워진다. '블랙스완'의 저자인 나심 니콜라스 탈레브는 '블랙스완'에 대하여 다음과 같은 속성을 가진다고 설명하고 있다.

첫째, 블랙스완은 극단값이다. 과거의 경험으로는 그 존재가능성을 확인할 수 없기 때문에 일반적인 기대영역 밖에 놓여 있는 관측값이다.

둘째, 블랙스완은 극심한 충격을 안겨 준다.

셋째, 블랙스완이 극단값에 위치하더라도 그 존재가 사실로 드러나면, 인간은 적절한 설명을 시도하여 이 블랙스완을 설명과 예견이 가능한 것으로 만든다.

이 책에서는 우리가 다루고자 하는 주제와 관련된 요소를 망라적으로 추출하기 위해서 'STEPPER'라는 방법을 이용하고자 한다.[3] 'STEPPER' 방법은 핵심동인을 도출하기 위해 관련 요소와 연관된 모든 항목을 7가지 범주로 나누어 살펴보고 분석하는 것으로 관련 요소의 누락을 방지할 수 있을 뿐 아니라 주요 분야를 골고루 다룰 수 있다는 효용성이 있다. 'STEPPER'는 7가지 범주인 사회(Society), 기술(Technology), 환경(Environment), 인구(Population), 정치(Politics), 경제(Economics), 자원(Resources)에 해당하는 각 영단어의 첫 글자를 따서 만들어진 것이다.

문헌조사와 온라인 리서치 등을 통해 '인공지능기술의 발전에 따른 법관의 미래'이라는 주제와 관련한 다양한 관련 요소들을 찾을 수 있었는데, 그 결과는 다음의 표와 같다.

┃표 3-2 'STEPPER'를 통한 환경스캐닝 결과

사회(S)	기술(T)	환경(E)	인구(P)	정치(P)	경제(E)	자원(R)
공정	인공지능	팬데믹	인구감소	사법신뢰	국가예산	온라인망 인프라
개인정보 보호	디지털화	도시화	세대갈등	법관업무 부담/재판 지연	리걸 테크 산업	사법 빅데이터
차별/편향	로봇	에너지절약	청년실업	재판청구권	전자상거래	전기공급 인프라
진영갈등	사이버 보안 (해킹)	기상이변	지역소멸	재판연구원 (로클럭)	노동시장	교통 인프라

사회 분야 관련 요소

공정

본 연구주제와 관련하여 사회 분야에서 핵심적으로 논의되는 요소는 '공정' 화두이다. 국가미래연구원이 소셜 빅데이터로 보는 2021년 시대정신에 관하여 조사한 결과에 따르면, 2021년 시대정신으로 가장 높은 지지를 얻은 가치는 바로 '공정'이었다. '공정'은 2019년 조사에서도 2위를 차지하였을 정도로 우리 국민들이 가장 중요한 시대정신으로 여기고 있는 것으로 나타났다.[4] 전관예우 문제나 최근의 이른바 사법농단 사건 등으로 인해 사법부에 대한 신뢰가 상당히 하락하였고, 인공지능 법관을 도입하면 사건 처리과정이 투명해지고 인간 본성에서 비롯한 부정적인 영향이 사라지게 되어 공정한 재판이 이루어질 것으로 기대하는 사람들도 적지 않다.[5] 이러한 상황 속에서 '공정'이라는 가치는 인공지능기술의 발전과 관련해서 법원과 재판을 담당하는 법관에 영향을 줄 수 있는 매우 중요한 관련 요소로 볼 수 있다.

개인정보 보호

또한 인공지능 개발을 위한 빅데이터 확보 및 그 활용 과정에서는 개인정보 보호 문제가 발생하게 된다. 인공지능을 위해서는 개인식별이 가능한 데이터가 대량으로 필요하고 또 사용될 것이기 때문에 개인의 프라이버시 보호 문제가 더 부각되고 중요해 질 수 있는 것이다. 게다가 과거에 비하여 개인정보나 프라이버시에 대한 권리의식도 높아지고 있는 추세이다. 따라서 사회 분야 관련 요소로 '개인정보 보호'도 중요한 이슈라고 볼 수 있다.

차별·편향

최근 인공지능 챗봇 '이루다'의 성희롱·차별·혐오적 발언이 논란이 된 적이 있었다. 스캐터랩이라는 업체가 출시한 '이루다'는 2020. 12. 22.경 서비스를 시작하였는데, 채팅 과정에서 장애인·동성애 혐오, 인종차별 등의 답변을 하는 등 사회적 논란을 불러일으켰고, 결국 출시 후 불과 20여 일만인 2021. 1. 11.경 잠정적으로 그 운영이 중단되었다.[6] 편견과 차별이 가득 찬 대화 데이터를 가지고 학습한 인공지능이 편견과 차별이 가득한 결과물을 그대로 쏟아낸 것이다. 재판의 공정성을 강화하고 인권을 보호하는 데 인공지능의 큰 역할을 기대하였던 사람들로서는 인공지능의 어두운 그림자를 깨닫게 되었고, 인공지능 법관의 도입에 있어서도 이를 반면교사로 삼아야 한다는 지적이 늘어나고 있다.[7]

진영 갈등

우리 사회는 타협이 없는 극심한 진영 논리에 빠져 있을 뿐 아니라, 정치적 다툼 해결이 사실상 실종됨에 따라 각종 정치적 현안 해결을 법원이나 헌법재판소, 검찰 등 사법기관에 의존하는 정치의 사법화 현상이 나날이 심각해지고 있다. 정치의 사법화는 사법기관의 결정을 통해 정치적 난제를 해결하거나 정책의 향방을 정하는 현상을 의미한다. 물론 정치적 해결이 여의치 않을 경우 불가피하게 사법기관의 판단을 받을 수 있겠지만, 정치권이 매 건마다 정치적 해결방안을 도출하지 못하고 사법기관에만 의존하는 것은 결코 바람직하지 못하다. 게다가 우리 정치권이나 사회는 극심한 진영 논리에 빠져 있다 보니 합리적인 토론이나 적절한 검증을 제대로 하지도 않고, 할 생각도 별로 없어 보인다. 특히 우리 정치권은 사법기관의 개별 판단이 내려질 때마다 자신에게 유리한 방향으로 검찰이나 법원이 움직이면 좋은 법치라고 하고, 그렇지 않으면 민주주의를 침해한다거나 탄압을 받는다는 식의 정치 공세를 반복하고 있다.[8] 그렇다 보니 정치적으로 중립적이고 공정한 판결에 대한 기대와 수요가 점점 더 높아지고 있다.

기술 분야 관련 요소

인공지능

이 책에서 다루는 주제가 인공지능이다보니, 기술 분야 관련 요소 중 가장 핵심적인 요소는 아무래도 '인공지능기술의 발전'이라고 볼 수 있다. 인공지능은 과거 두 차례에 걸쳐 인공지능 열풍을 불러일으켰다가 다시금 몰락의 길을 걸었던 아픈 기억이 있다. 하지만 2006년 이래 딥러닝의 발전과 적대적 생성 네트워크나 비지도 강화학습 등과 같은 새로운 인공지능기술의 개발 등으로 인해 인공지능은 다시 새로운 중흥기에 접어 들었다. 요사이에는 인공지능이라고 하지 않으면 제품이 잘 팔리지도 않는 지경이 되었다. 심지어는, 반도체 집적회로의 성능이 2년마다 2배로 증가한다는 '무어의 법칙'이 지난 30년 동안 계속 이어져왔던 것처럼 앞으로도 인공지능이 그 발전 속도를 유지한다면, 2025년에는 CPU의 처리 능력이 인간의 뇌 수준으로 올라갈 것이라는 전망이 있기도 하다.[9]

디지털화

제4차 산업혁명의 총아로 불리는 인공지능기술이나 빅데이터를 통한 예측 분석 등은 모두 전산화된 디지털 전자정보를 그 기본 전제로 삼고 있다. 이는 종이 문서로 대표되는 인쇄 기반의 사회에서 디지털 기반의 정보사회로 바뀌었기 때문에 가능해졌다고 볼 수 있다. 워드프로세서나 레이저 프린터와 같은 장비는 1990년대에 이르러서야 본격적으로 보급되기 시작하였는데, 오늘날 사람들은 문서 외에도 동영상, 사진, 음성 콘텐츠를 전자적으로 생산하여 그 파일을 인터넷을 통해 쉽게 업로드하거나 전송할 수 있게 되었다. 2010년 당시 구글 회장이었던 에릭 슈미트(Eric Schmidt)는 "인류 문명이 시작되었을 때부터 2003년까지 창출된 정보의 총량이 이제는 이틀마다 창출되고 있다."고 주장하기도 하였다.[10]

로봇

과거의 로봇은 어떤 특정한 작업이나 조작을 자동으로 하는 기계 장치에 가까웠으나, 코로나19 사태는 지능형 로봇의 대중화를 촉진하고 있다. 지능형 로봇은 스스로 생각해서 행동하는 로봇으로, 인간을 닮은 휴머노이드(humanoid) 로봇뿐 아니라 스마트폰 속 음성 비서와 인공지능 스피커, 고객센터의 챗봇(chatbot), 24시간 인터넷을 돌아다니면서 데이터를 수집하는 크롤러 봇(crawler bot) 등이 이에 해당한다. 지난 30여 년간 가정마다 자동차, 컴퓨터, 휴대전화 등이 필수품으로 자리 잡으면서 사회에 커다란 변화를 가져온 것처럼, 앞으로 10년 내에 1가정 1로봇 내지 1인 1로봇 시대가 실현되어 사회가 커다란 변화를 맞이할 수도 있다.[11]

사이버 보안(해킹)

이제 사람들이 컴퓨터를 나날이 편하게 사용할 수 있게 되면서 인터넷 연결을 통해서든 스마트폰이나 클라우드 서비스를 통해서든 그 어느 때보다도 밀접하게 연결된 초연결사회가 되고 있다. 이미 세계 인구의 85%가 인터넷 서비스를 제공하는 휴대전화 송신탑에서 2킬로미터 반경 안에 거주하고 있다고 한다.[12] 아울러 센서기술의 급속한 발전으로 인해 모든 실물 상품이 유비쿼터스 통신 기반 시설로 연결되고 사람들이 어디에나 존재하는 센서를 통해 자신이 처한 환경과 상황에 대해 정확히 인식할 수 있는 사물 인터넷(Internet of Things) 시대가 도래할 것으로 전망하고 있다.[13] 하지만 위와 같은 초연결사회는 해킹이나 보안 위험에 노출될 가능성이 높고, 그로 인한 사생활 침해 가능성도 커진다. 따라서 이에 대항하기 위한 사이버 보안 기술에 관한 관심과 수요가 높아질 수밖에 없다.

환경 분야 관련 요소

팬데믹

환경 분야 관련 요소 중 가장 핵심적인 요소로는 최근 코로나19 바이러스의 대유행에 따른 전세계적인 '팬데믹(pandemic)'의 발생을 빼놓을 수 없다. 코로나19 팬데믹의 영향으로 '언택트(Untact, 비대면)' 시대가 본격적으로 활짝 열렸다. 종래에도 온라인 쇼핑, 무인 키오스크 등 비대면 방식이 이미 우리 생활에 어느 정도 자리 잡고 있었지만, 코로나19 사태를 기점으로 경제, 사회, 교육, 문화 등 일상 전반에서 더욱 강력한 '언택트 세상'으로 빠르게 변모하고 있다. 사회적 거리두기의 장기화로 외식보다는 배달음식이, 현장 수업보다는 온라인 원격수업이 일반적인 모습으로 자리 잡고 재택근무 비중이 증가하는 등 원격작업으로의 전환이 가속화될 것으로 전망된다.[14] 코로나19 유행으로 인해 격리 및 사회적 활동의 제한, 공포, 실업 및 재정적인 요인으로 인한 사회적 고립으로 인해 우울증에 걸릴 확률이 높아지고, 이른바 '코로나 블루'로 인한 자살율의 잠재적 상승에 대한 우려도 커지고 있다.

도시화

과거와 달리 우리나라의 많은 지역이 도시화되어 있는 상태이다. 도시지역 인구비율은 1970년 50.1%를 기록한 이래 1980년 68.7%, 1990년 81.9%, 2000년 88.3%, 2019년 91.8%로 계속적인 증가 추세이다.[15] 또한 인간 활동의 대부분이 고밀도 환경에서 근접접촉이 많은 형태로 바뀌었다. 위와 같이 인구밀도가 높은 도시환경은 코로나19와 같은 바이러스를 대유행으로 이끌었다. 사스(SARS)와 메르스(MERS) 그리고 코로나19는 특히 밀도가 높은 도시들에서 더 심각하게 일어나는 것으로 확인되었다.[16]

에너지 절약

2020년 이후의 기후변화 대응을 담은 파리협정은 선진국 뿐 아니라 개도국에도 온실가스 감축의무를 보편화하고 있는 국제적 합의로서, 우리나라도 이러한 온실가스 감축에 동참하여야 한다. 실제로 우리나라는 2015년 6월에 온실가스 배출 전망치 대비 37% 감축목표를 담은 '2030년 온실가스 목표배출량'을 유엔기후변화협약에 제출하였다.[17] 이를 위해 탈석탄, 탈석유 등을 통한 저탄소전략을 추진함과 함께 에너지 효율도 개선하여 에너지 사용 자체를 줄여 나가는 노력을 하여야 한다.

기상이변

온실가스의 과다 배출로 인해 지구촌 곳곳에서 이상기후가 자주 나타나고 있다. BBC는 2020년 대기 중 이산화탄소의 양이 인류 역사상 가장 높은 수치에 도달했다고 보도하기도 했다. 특히 2020년 5월 기준 이산화탄소는 417ppm을 기록했는데, 이 수치는 무려 400만 년 전플라이오세 시대 이후 처음이라고 밝혔다. 페테리 탈라스 세계기상기구(WMO) 사무총장은 "2020년 지구를 냉각시키는 효과가 있는 '라니냐'가 발생했음에도 온난화에 제동을 걸지 못했다. 특히 북극에서 가장 눈에 띄게 온도가 올라갔다."라고 말하면서 우려를 표했다. 기후 비상사태를 준비하여야 한다는 뜻이다.[18]

인구 분야 관련 요소

인구감소

'인구절벽'이라는 말이 나올 정도로 우리나라의 저출산 현상은 매우 심각한 상태이다. 2017년도에 출생아 수가 30만 명대로 떨어졌을 뿐 아니라 2020년에는 처음으로 출생자 수가 사망자 수를 밑돌아 인구가 자연감소하는 데드크로스가 나타나기도 하였다.[19] 나아가 우리나라의 인구는 2028년 5,194만 명을 정점으로 한 이후 감소세로 돌아설 것이라는 전망도 나왔다.[20] 이러한 저출산 및 고령화 현상은 4차 산업혁명을 거치면서 변화될 미래의 지속가능한 발전을 저해할 수 있다. 생산가능인구 감소로 인해 노동력이 부족해지고, 노동력의 고령화로 인해 노동생산성이 낮아질 것이며, 고령인구 증가로 인해 사회보장 부담도 커질 수 있다. 위와 같은 인구구조의 변화는 장기적으로 이루어지는 추세여서 극복의 관점이 아니라 적응의 관점에서 접근할 필요가 있다.[21]

세대 갈등

현재 우리나라는 고령화로 인해 노인 인구수가 점점 많아지고 있음에도, 정작 청년층과 노인층이 접촉할 기회는 매우 부족하다. 갈수록 청년과 노인이 만나서 교류할 수 있는 물리적 공간이 없어지고 있기 때문이다. 청소년과 노인이 서로 접촉할 기회가 별로 없다보니, 서로에 대한 이해도 그만큼 낮아지게 됐다. 세대 갈등이 있다는 인식도 커졌다. 한국행정연구원의 '2019년 사회종합 실태조사'에 따르면, 노인층과 청년층 간 세대 갈등이 있다고 생각하는 정도가 '약간 심하다' 49.7%, '매우 심하다' 14.4%로 전체 응답자의 64.1%로 집계돼, 사람들이 전반적으로 세대 갈등이 존재한다는 것을 인식하고 있었다.[22]

청년실업

최근 우리나라에서 '청년실업' 문제는 최악의 상황으로 치닫고 있다는 평가를 받고 있다. 20~30대 초반 청년 세대의 가장 큰 고민은 취업 문제다. 정부와 각 지자체는 청년 일자리 대책이라며 그동안 많은 정책을 쏟아냈지만, 상황이 나아지고 있다는 것을 전혀 체감하지 못한다는 불만을 쏟아 내는 청년들이 대다수이다.[23] 통계청 등에 따르면, 2021년 3월 청년실업자는 41만 명을 넘어섰다. 청년실업률은 1년 전보다 더 올라 10%를 돌파했다. 청년 체감실업률(실업자와 더 일하고 싶어 하는 취업자 및 잠재 구직자를 모두 포함한 확장실업률)은 26%를 상회한다. 이러다 보니 가뜩이나 코로나19 사태로 구직활동이 어려워진 20대들 사이에서는 '코로나 취포세대(취업포기 세대)'라는 말도 퍼져 있다.[24]

지역소멸

청년인구의 수도권으로의 이탈 및 급속한 인구 고령화 현상이 나타나면서 지방 소멸위기론이 대두되고 있다. 실제로 농촌지역 중에는 대다수가 노인으로만 이루어진 마을도 심심치 않게 찾아볼 수 있다. 사실 우리나라 지방 도시의 인구 감소 및 쇠퇴 조짐은 1990년대 중반부터 나타나기 시작했다. 이때부터 중소 도시 인구가 본격적으로 대도시권으로 이동하기 시작했다. 그리고 2000년대에 들어 이런 현상은 더 심화됐다. 고령화와 인구 이동에 따라 이른바 쇠퇴 도시들이 생기기 시작한 것이다. 한국고용정보원의 소멸위험지수 조사결과에 따르면, 소멸위험 지역으로 분류된 곳은 전국 228개 시·군·구 중 105곳(46.1%)으로서 거의 절반이 30년 후 소멸 가능성이 있는 것으로 나타났다.[25] 지역의 붕괴는 지방자치의 안정을 흔들고, 나라의 근간을 위태롭게 할 수 있기 때문에 엄중한 위기의식을 가지고 접근할 필요성이 있다.

정치 분야 관련 요소

사법 신뢰

사법부는 3권분립의 한 축으로서 법치주의 실현을 위해 매우 중요한 기관이다. 그런데 우리나라에서 사법에 대한 신뢰도는 그다지 높지 못한 것 같다. '유전무죄 무전유죄'라든지, '전관예우' 등은 사법부에 대한 불신을 나타내 주는 상징적인 표현들이다. 2015년 OECD조사에 의하면, 우리 국민들의 사법부에 대한 신뢰도는 27%에 그쳐 조사대상 42개국 중 39위에 그치기도 하였다.[26] 최근 발생하였던 이른바 '사법농단'

사건은 사법부에 대한 신뢰를 더욱 하락시켰는데, 2020년 실시된 여론 조사[27] 결과에 따르면, '법원의 판결에 대하여 신뢰하지 않는다'는 답변이 무려 66%에 달하였고, '범죄자에 대한 형 선고가 판사에 따라 일관된 편'이라는 답변은 10%에 불과하였으며, '인공지능 법관을 선택하겠다'는 답변은 48%였는데 반해,[28] '인간 법관을 선택하겠다'는 답변은 39%에 그쳤다. 국민들의 사법 불신을 해소하고 사법 신뢰도를 제고하기 위해서는 판결문 공개가 필요하다는 지적이 있다.[29] 판결문이 공개되면, 법관들이 판결문 공개를 염두해 두고 사건 당사자 뿐 아니라 사회 전체의 시각에서 더욱 공정하고 객관적인 판결을 내리려고 노력하게 되어 성의 없는 판결문이 줄어들고 이러한 과정을 통해 사법 신뢰가 쌓일 것이라는 것이다.[30]

법관 업무 부담/재판 지연

대한민국 헌법에서는 "모든 국민은 신속한 재판을 받을 권리를 가진다."라고 규정하여(제27조 제3항), '신속한 재판을 받을 권리'를 국민의 기본권으로 인정하고 있다. 사실 우리나라의 재판 속도는 전세계적으로 비교적 빨리 진행되는 편이다. 과거 일본에서는 재판 지연으로 인해 장기미제 사건이 적체되는 경우가 많아서 우리나라의 신속한 재판 및 사건처리를 벤치마킹하여야 한다는 주장이 제기되기도 하였다.[31] 하지만 일본은 2003년 '재판 신속화에 관한 법률'을 제정한 이래 재판과 관련한 다양한 통계를 추출해 국민에게 공개하고 검증함으로써 재판의 신속성을 높이고 있다.[32]

반면, 우리나라는 2020년 재판 지연이 심각해져서 신속한 재판을 받을 권리가 침해될 우려가 있다는 지적이 나오기 시작하였다. 구체적으로 보면, 사건 접수 후 2년을 초과한 사건이 급증하여 민사합의부 사건의 경우 2019년 3,201건으로 2015년 2,479건보다 약 1.5배, 민사단독 사건의 경우 2019년 6,298건으로 2015년의 3,079건보다 약 2배 증가했다.[33] 또한 전국 법원 민사합의부(1심)에서 판결을 선고받으려면 평균 9.9개월이 걸리는 것으로 나타났는데, 이는 10년 전 7.6개월에 비해 약 2개월가량 더 증가한 수치였다.[34]

재판청구권

대한민국 헌법은 "모든 국민은 헌법과 법률이 정한 '법관'에 의하여 법률에 의한 재판을 받을 권리를 가진다."라고 규정하여(제27조 제1항) 국민에게 '법관에 의한 재판을 받을 권리'를 보장하고 있다. 즉, 사법권의 독립이 보장된 법원에서 일정한 자격을 갖춘 법관에 의하여 재판이 이루어져야 하고, 법률이 정한 절차에 따라 공정하게 재판을 받을 수 있도록 보장하는 것이다. 이렇듯 재판청구권은 법치국가에서 국민의 권익을 보호하기 위한 가장 필수적인 기본권이다. 그러나 앞서 본 바와 같이 최근 사법 신뢰도가 크게 하락함에 따라 인간 법관이 아닌 인공지능에 의한 재판을 받는 것을 희망하는 사람들도 적지 않은 실정이다.

재판연구원(로클럭)

재판연구원(lawclerk)은 최대 3년의 임기제공무원으로서 각급 법원에서 사건의 심리 및 재판에 관한 조사·연구, 그 밖에 필요한 업무를 수행한다(법원조직법 제53조의2 참조). 2012년 법조일원화 제도가 시행됨에 따라 사법연수원 수료 즉시 판사로 임용하던 절차가 폐지되고 일정한 경력[35]이 있는 법조인 중에서 판사를 선발하게 되었다. 법조일원화는 각계에서 다양한 경험을 쌓은 법조인을 판사로 뽑아 재판부를 구성함으로써 재판에 대한 신뢰를 높이고 당사자와 국민을 위한 사법 실현이라는 기치 아래 실시됐다. 이를 위해서는 사건의 심리와 재판에 필요한 문헌조사와 판례연구 등을 통해 경력법관들을 실질적으로 보조하는 전문 인력이 필요했다. 이런 필요에 따라 재판연구원이 탄생했다.[36]

2012년 제1기 재판연구원 100명이 임명된 이래, 법원조직법 개정으로 현재는 재판연구원 정원이 300명까지 늘어났다. 2017년 1월부터 임용된 재판연구원은 최대 3년까지 근무할 수 있다. 이들은 전문임기제 공무원(나급)에 해당하는 처우를 받는다(재판연구원 규칙 제3조 참조). 재판연구원의 주된 업무는 크게 4가지로, ① 신건 메모, 신건 검토보고서 작성, ② 속행사건 검토보고서 작성, ③ 판결 초고 또는 최종 의견서 작성, ④ 재판 참관 등이다. 다만, 구체적인 업무 방법이나 업무범위는 재판부별로 다르고, 재판부 사정에 따라 다양하게 운영되고 있다.

경제 분야 관련 요소

국가예산

국가예산 중에서 사법기관이 차지하는 비중은 생각보다 매우 미미한 편이다. 정부가 최근 국회에 제출한 '2021년도 예산안 및 기금운용계획안'에 따르면, 법조기관(대법원·헌법재판소·법무부·법제처) 예산은 다음 표와 같이 2020년보다 3,476억 4,700만 원이 늘어난 6조 4,146억 1,400만 원으로 편성되었다. 법조기관의 예산 증가율은 5.7%로, 정부 전체 예산 증가율 6.6%에 비하면 낮은 편이다. 특히, 전체 예산안에서 법조기관 예산이 차지하는 비중은 약 1.4%에 불과하다.[37]

(억 단위 이하 버림)

기관	2020년 예산	2021년 예산안	증감	(%)
법무부	3조 9350억원	4조 2271억원	+2921억원	7.4
대법원	2조 388억원	2조 932억원	+544억원	2.7
헌법재판소	527억원	529억원	+2억원	0.5
법제처	403억원	411억원	+8억원	2.0
합계	6조 669억원	6조 4146억원	+3476억원	5.7

　　법원 예산의 대부분은 인건비로 지출되는데, 4차 산업혁명 시대에 맞추어 이를 준비하기 위한 차세대 전자소송시스템 구축 사업에 올해보다 120억 원 늘어난 219억 9,400만 원을 투입할 예정이다. 2020년 관련 예산의 두 배 규모다. 이 가운데 대국민 사법정보시스템 구축 사업에 2020년보다 76억 원 늘어난 100억 6,600만 원을 투입할 계획이다. 가족관계등록부와 제적 등·초본 등 전자증명서를 국민들이 모바일 시스템에서 편리하게 발급 받을 수 있게 하는 신규 사업에는 7억 8,700만 원이 책정되었다. 약 1억 3,000여만 원이 투입되는 법원도서관 영상자료 서비스가 완성되면, 대법원 전원합의체 판결 선고 장면 등 사법부 영상자료, 판결서·판례해설 등 사법부 문헌자료, 영상과 문헌을 연계한 사법자료 등을 일반 국민들이 온라인과 법원도서관에서 접할 수 있게 된다.

리걸 테크 산업

　　4차 산업혁명 시대를 맞아 인공지능을 활용한 기술이 산업 전반에 큰 영향을 미치고 있는 가운데, 우리나라 법률서비스 시장에도 30여 개의 '리걸 테크 기업'들이 출현하였다. 이들은 판결 검색에서부터 법률문서 자동작성에 이르기까지 다양한 종류의 법률서비스를 새로이 제공하며 주목을 받고 있다. 하지만 일부 리걸 테크 기업들은 변호사법위반 논란으로 인해 시장 진입단계에서부터 난항을 겪고 있기도 하다.[38]

전자상거래

코로나19의 대유행으로 인해 대면으로 물품을 구매하는 오프라인 매장들은 고전을 면치 못하고 있다. 반면, 비대면으로 이루어지는 거래의 비중이 크게 늘면서 '전자상거래' 산업은 전례 없는 호황을 누리고 있다. 안그래도 간편결제 시스템이 발전하면서 전자상거래·통신판매 관련 신용카드 결제는 계속해서 늘고 있었다. 그런데 팬데믹의 발생은 이러한 현상을 더욱 증폭시켰다. 한국은행에 따르면, 2020년 전국 전자상거래·통신판매 관련 개인 신용카드 결제액은 116조 3,251억 원이었다. 전국 연간 전자상거래·통신판매 신용카드 결제액이 100조 원을 넘은 것은 한국은행이 관련 통계를 집계한 2009년 12월 이후 처음이었다고 한다. 아울러 전체 결제 중 비대면 결제 비중은 지속적으로 확대되어 2020년 4분기 중 39.6%를 기록해 40%에 육박했다. 2019년 1분기에만 해도 비대면 결제가 32.2% 수준이었지만 2020년 1분기 36.4%, 2020년 4분기 39.6%로 빠르게 늘어난 것이다.[39]

위와 같이 전자상거래 규모가 커지는 만큼 소비자피해도 지속적으로 증가하는 추세인 것으로 나타났다. 최근 5년간 한국소비자원에 접수된 전자상거래 관련 소비자피해구제 신청은 총 69,452건으로 매년 증가하고 있으며, 항공여객운송서비스, 의류·신변용품, 국외여행 등 총 964개의 다양한 품목이 접수되었다. 피해유형은 계약불이행, 계약해제, 위약금 등 '계약' 관련 피해가 63.6%로 가장 많았고, 다음으로 '품질·

AS', '안전'과 관련된 피해의 순이었다.[40]

노동시장

근로자와 기업이 지속적 관계가 아닌 일련의 거래관계로 점차 바뀌어 감에 따라 노동의 주요 패러다임이 달라지고 있다. 이러한 트렌드는 과학기술의 혁신으로 더욱 가속화되고 있다.[41] 특히, 인공지능기술의 발전은 인간이 담당하던 특정 영역의 일자리를 빼앗아 노동시장에 부정적인 영향을 미칠 가능성이 높다.[42] 미래에 대부분의 근로자들은 플랫폼 상에서 자신의 역량을 모듈 단위로 쪼개어 제공하면서 프리랜서의 삶을 살아갈 것이고, 사용자들은 모듈 단위의 노동력을 필요할 때 필요한 만큼 플랫폼을 통해서 공급받으면서 필요한 역량을 확보할 것이다.[43] 이런 '휴먼 클라우드'의 방식으로 업무를 처리하는 고용주는 계속 증가할 것으로 보인다. 휴먼 클라우드는 인터넷 연결만 가능하다면 누구나 기회를 얻을 수 있고 전문 인력의 부족 현상을 해결할 수 있는 새롭고 유연한 직업 혁명의 시초가 될지, 아니면 규제가 없는 가상의 노동 착취 현상으로 치닫게 되는 시작이 될지 주목된다.[44]

자원 분야 관련 요소

온라인망 인프라

자원 분야에서는 주로 인프라 구축이 관련 요소로 도출되었다. 전자소송 내지 온라인소송 등이 원활하게 진행되기 위해서는 온라인망의 안정적인 구축이 선행되어야 한다. 흔히들 인터넷 온라인망을 고속도로에 비유하기도 한다. 유튜브와 같은 동영상을 이용한 SNS가 활성화되고 있을 뿐 아니라, 코로나19 등으로 언택트 요구기 높아지면서 넷플릭스와 같은 온라인동영상서비스(OTT) 이용자 수도 급속도로 증가하고 있으므로, 온라인망 인프라 구축이 매우 중요하다.

아울러 망중립성 논란도 커지고 있다. 망중립성이란, 인터넷을 통해 발생한 데이터 트래픽을 통신사업자가 대상·내용·유형에 상관없이 동등하게 처리해야 한다는 것을 말하는데, 최근 들어 5G 상용화 등으로 과거와 달리 투자 부담이 커진 통신사업자들이 망을 사용한 콘텐츠 공급자(CP)에게 이용 대가를 분담하도록 해야 한다는 논리로 망중립성을 적용하기 어렵다고 주장하고 있는 것이다.[45] 실상은 트래픽 급증으로 인터넷 서비스 제공업체(ISP)와 콘텐츠 제공 기업(CP)이 망 이용료를 놓고 대립하고 있다고 볼 수 있다.

사법 빅데이터

데이터는 '미래의 쌀'이 될 것이라는 말이 있다. 인공지능은 빅데이터를 통한 학습 없이는 제대로 작동하지 못하고, 현실세계와 사이버세계를 연결하는 사물인터넷의 이면에는 빅데이터가 존재한다. 그만큼 빅데이터는 4차 산업혁명의 추동력으로서 매우 중요한 자원 중 하나라고 평가할 수 있다.[46] 그렇다보니, 구글, 페이스북 등 유수의 기업들이 양질의 데이터를 확보하는 것에 혈안이 되어 있는 것이다. 우리나라 법원이 가지고 있는 판결문, 소송기록, 등기기록 등 사법 빅데이터 역시 대체불가능한 양질의 빅데이터라고 볼 수 있다. 특히, 이는 공공데이터의 일종으로서 이에 대한 개방 및 활용 확대 요구가 계속적으로 제기되고 있는데, 법원만의 능력만으로 이를 전적으로 활용하기는 어려우므로, 민간과의 연계를 통한 효율적이고 안전한 활용을 모색할 필요가 있다.

전기공급/교통 인프라

사물인터넷이나 자율주행차의 활용을 위해서는 방대한 양의 데이터가 오가야 하고 전기공급이 안정적으로 이루어져야 한다. 비트코인 등과 같은 암호화폐의 채굴 등에도 소요되는 전기량이 상당하다.[47] 향후 전기자동차가 널리 보급될 것으로 보이는데, 그 전제로는 교통망, 전력망과 연계된 전기차 충전인프라 시스템의 구축이 필수적이다.

한편, 미래 운송수단으로 주목을 받고 있는 자율자동차, 하늘을 나는 택시(에어택시), 드론 택배 등의 도입·구축은 교통 인프라와 매우 밀접한 관련이 있다.

Ⅳ. 미래예측 3단계

: 핵심동인 결정

다음으로, 미래를 변화시키는 수많은 요소들 중에서 핵심동인을 찾아내는 일이 필요하다. 핵심동인을 찾아서 그것의 변화 추이를 살펴보면, 미래의 움직임을 비슷하게 예측할 수 있는 것이다. 물론 미래학에서 이야기하는 미래예측은 수십 년 후를 예측하기 때문에 정확도는 떨어질 수밖에 없으나, 그렇다고 해서 위와 같은 필요성이 줄어드는 것은 아니다.[48]

이하에서는 교차 영향 분석법과 상호작용 다이어그램 등의 방법을 통하여 핵심동인을 도출하고자 한다.

교차 영향 분석법

교차 영향 분석법(Cross Impact Analysis)은 미래에 영향을 미치는 요소들 간의 상호작용을 이해하기 위하여 고안된 기법으로, 미래의 사건들이 서로에게 어떻게든 영향을 끼친다는 전제를 바탕으로 어떤 한 항목의 발생 확률을 예측하거나 다른 예측 항목과의 사이에 존재하는 상호작용에 대한 판단을 하고 그 판단에 비추어서 예측하고자 하는 항목의 발생 확률에 대한 수정을 가하는 논리적이고 수학적인 예측방법이다. 이 기법은 1966년 테드 고든(Theodore J. Gordon)과 올라프 헬머(Olaf Helmer)가 개발했다고 알려져 있다. 교차 영향이란 특정 사건이 다른 사건과 주고받을 수 있는 상호 관계성을 의미하고, 교차 영향 분석은 어떤 변수가 독립적이고 어떤 변수가 의존성이 강한지 알 수 있게 하고 상호연관 관계분석을 통해 미래를 더욱 폭넓게 예측하고자 할 때 사용된다.[49]

▌표 3-4 **도출된 관련 요소 현황**

사회(S)	기술(T)	환경(E)	인구(P)	정치(P)	경제(E)	자원(R)
① 공정	② 인공지능	③ 팬데믹	④ 인구감소	⑤ 사법신뢰	⑥ 국가예산	⑦ 온라인망 인프라
⑧ 개인정보 보호	⑨ 디지털화	⑩ 도시화	⑪ 세대갈등	⑫ 법관업무 부담 /재판지연	⑬ 리걸 테크 산업	⑭ 사법 빅데이터
⑮ 차별/편향	⑯ 로봇	⑰ 에너지 절약	⑱ 청년실업	⑲ 재판 청구권	⑳ 전자 상거래	㉑ 전기공급 인프라
㉒ 진영갈등	㉓ 사이버 보안(해킹)	㉔ 기상이변	㉕ 지역소멸	㉖ 재판 연구원 (로클럭)	㉗ 노동시장	㉘ 교통 인프라

여기서는 앞서 'STEPPER' 방법을 통해 도출한 관련 요소들 간의 상호작용 매트릭스를 작성하여 영향력 정도를 파악하고자 하였다. 관련 요소들을 각 가로와 세로에 배열하고 상호 영향력에 따라 세로줄의 요인이 가로줄의 요인에 영향을 주는 경우 그 영향 정도를 0, 1, 2로

표시하였다. 편의상 관련 요소들에는 아래와 같이 ①~㉘의 번호를 부어하였다.

위 번호를 이용하여 관련 요소들 간의 영향력을 나타내는 상호작용 매트릭스를 아래와 같이 작성하였고, 우측의 총 합계가 큰 요소들을 핵심 요소로 도출하였다.

▌표 3-5 **상호작용 매트릭스 분석 결과**

⇒	①	②	③	④	⑤	⑥	⑦	⑧	⑨	⑩	⑪	⑫	⑬	⑭	⑮	⑯	⑰	⑱	⑲	⑳	㉑	㉒	㉓	㉔	㉕	㉖	㉗	㉘	계
①	×	2	0	0	2	1	1	1	0	0	2	0	1	1	2	0	0	2	2	1	1	1	1	0	0	1	2	1	25
②	1	×	0	0	2	2	2	2	2	0	0	1	2	2	2	2	0	2	2	2	1	0	2	0	0	2	2	0	33
③	1	0	×	1	0	2	2	1	1	0	0	0	1	0	1	0	0	1	0	1	0	0	0	0	0	0	1	2	15
④	0	0	0	×	0	2	0	0	0	1	1	1	0	0	0	0	1	1	0	0	0	0	0	1	2	0	2	1	13
⑤	2	2	0	0	×	1	0	2	1	0	0	0	1	2	2	0	0	2	1	0	1	0	0	0	1	0	0	0	19
⑥	1	2	0	0	1	×	2	1	2	1	1	2	0	1	1	1	0	0	0	2	0	1	0	1	1	1	1	2	25
⑦	1	2	0	0	0	0	×	2	2	0	0	2	2	0	0	1	0	1	2	1	2	0	0	0	0	0	0	1	19
⑧	1	1	0	0	1	2	0	×	1	0	0	1	2	2	1	0	0	1	2	0	0	1	2	0	0	0	0	0	17
⑨	0	2	0	0	1	1	2	1	×	0	1	1	2	2	0	1	0	2	2	1	0	2	2	1	0	0	0	0	21
⑩	1	0	0	1	0	1	1	0	0	×	0	0	0	0	1	0	0	0	0	0	0	0	0	2	0	1	2	0	10
⑪	2	0	0	1	0	0	0	0	0	0	×	1	0	1	0	0	0	0	0	0	1	0	1	1	1	1	1	0	11
⑫	1	1	0	0	2	1	1	0	1	0	0	×	0	0	0	1	0	0	1	0	0	0	0	0	2	0	0	0	12
⑬	1	2	0	0	2	0	2	2	0	0	2	0	×	1	1	1	2	0	0	1	0	0	1	0	2	0	2	0	25
⑭	0	2	0	2	2	2	2	2	0	0	1	2	2	×	1	0	1	1	1	0	2	0	0	1	0	0	1	1	23
⑮	2	1	1	0	0	1	0	0	1	0	2	0	2	1	×	1	0	0	1	1	0	0	0	0	0	1	1	1	18
⑯	1	2	0	1	1	1	2	1	1	1	0	2	1	1	×	0	2	2	1	0	0	0	0	0	0	0	0	0	24
⑰	0	0	0	0	0	0	2	0	0	0	0	0	0	0	0	0	×	0	2	0	0	0	2	0	0	0	0	1	7
⑱	2	0	0	2	0	1	0	0	1	0	0	0	0	2	0	0	0	×	0	0	0	0	0	0	0	1	2	0	13
⑲	2	0	0	0	1	0	2	0	0	0	2	2	1	2	0	0	0	0	×	1	0	0	1	0	0	0	1	0	17
⑳	1	0	0	1	0	1	2	0	0	0	0	0	1	0	0	0	1	0	1	×	0	0	2	0	0	0	1	0	17
㉑	1	0	0	0	0	1	1	0	2	1	0	0	1	1	0	0	2	0	0	2	×	0	0	0	0	0	0	0	12
㉒	2	0	0	0	1	1	0	0	0	0	1	0	0	0	0	0	0	0	0	0	0	×	0	0	0	0	0	0	7
㉓	0	1	0	0	0	2	2	2	2	0	0	1	2	2	0	0	0	0	2	1	0	0	×	0	0	0	0	0	18
㉔	0	0	0	1	0	0	0	0	0	0	0	0	0	0	0	0	1	1	0	1	1	0	1	×	0	0	0	1	7
㉕	0	0	0	0	0	0	0	0	0	0	0	0	0	0	0	0	0	0	0	0	0	0	0	0	×	0	1	1	10
㉖	1	0	0	0	2	1	0	1	1	1	1	1	1	0	0	0	0	0	0	0	0	0	0	0	0	×	0	0	12
㉗	2	0	0	0	0	0	0	0	2	0	0	0	1	0	0	0	0	0	0	1	0	0	0	0	2	0	×	0	10
㉘	1	0	0	0	0	0	0	0	0	0	0	0	0	0	0	0	1	0	0	0	0	0	0	0	2	0	0	×	8
	26	21	0	8	20	36	23	21	21	10	10	18	25	22	21	14	11	12	18	21	12	7	17	1	8	15	17	13	

독립성 지수를 분석한 결과, '인공지능'이 가장 압도적인 점수(33)를 얻었는데, 인공지능이 다른 관련 요소들에게 가장 큰 영향을 미치고

있다고 볼 수 있다. 다음으로, 공정, 국가예산, 리걸 테크 산업 등이 다른 관련 요소에 큰 영향을 주고 있었다. 그 외에 로봇, 사법 빅데이터, 디지털화 순으로 다른 관련 요소에 큰 영향을 주는 것으로 나타났다.

위와 같이 독립성 지수가 높게 나타난다는 것은 법관의 미래를 예측함에 있어서 다른 요인들에 비해 상대적으로 중요한 요소라는 것을 알 수 있다.

반면, 종속성 지수를 분석한 결과, '국가예산'이 가장 압도적인 점수(36)를 얻었다. 그 다음으로는 공정, 리걸 테크 산업, 온라인망 인프라, 사법 빅데이터 순으로 다른 요소들에 의하여 많은 영향을 받는 것으로 나타났다.

상호작용 다이어그램

상호작용 다이어그램은 앞서 살펴본 상호작용 매트릭스의 한계를 보완하기 위해 시행하는 것으로 주요 요소들 간의 영향을 시각화하여 나타내는 데 중요한 의의가 있다. 또한 어떤 요소가 독립변수인지, 어떤 요소가 종속변수인지를 파악하는 데 유용한 기능을 할 수 있다.

여기서는 앞으로 다룰 3차원 미래예측법의 전제 작업으로서 한 축이 될 분야를 3가지로 정리해서 분류할 예정이다. 즉, 인공지능, 디지털화, 리걸 테크 등을 묶어서 '기술적 분야', 재판시스템, 법조인 양성제도, 국가예산 등을 묶어서 '법·제도적 분야', 국민들의 인식, 사법 신뢰도 등을 묶어서 '사회적 분야' 등 3가지 분야로 나누어 살펴볼 것이다. 위와 같은 핵심동인을 토대로 상호작용 다이어그램을 만들었는데, 그 결과는 다음과 같다.

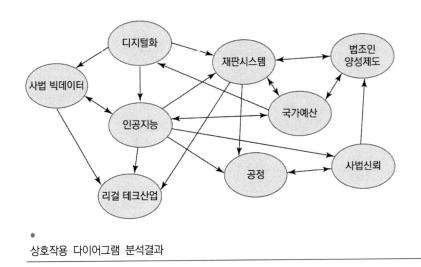

상호작용 다이어그램 분석결과

위 그림에서 보는 바와 같이, 디지털화와 인공지능은 다른 요인들에게 영향을 미치는 기술적 핵심요소로서 독립변수의 성질이 크다고 볼 수 있다. 재판시스템과 국가예산 역시 대체로 다른 요인들에게 영향을 미치는 독립변수라고 볼 수 있다. 반면, 사법 신뢰도나 공정 등은 재판시스템이나 인공지능 등에 의하여 영향을 받는 종속변수로서의 성격이 강해 보이고, 리걸 테크 산업 역시 인공지능이나 사법 빅데이터 등에 의해 영향을 받는 측면이 큰 것으로 나타났다.

핵심동인의 도출

위와 같은 작업들을 토대로, 법관의 미래에 가장 큰 영향을 줄 것으로 보이는 핵심동인으로 크게 3가지를 도출할 수 있다.

우선, 기술적 요소로서 '인공지능'을 들 수 있다. 아직은 현재의 인공지능기술로는 법관의 업무를 대체하기 어려울 것으로 보이기는 하지만, 인공지능의 기술 발전에 따라 향후 법관의 업무를 보조하는 수준을 넘어서 완전히 법관을 대체하여 인공지능 법관 내지 로봇 법관이 출현할 수도 있을 것이다.

다음으로, 재판시스템, 국가예산, 법조인 양성제도 등과 같은 법·제도적 요소를 들 수 있다. 전자소송의 도입·확대, 사법시험의 폐지와 로스쿨 제도 및 변호사시험의 도입, 법조인 배출인원 증가 등과 같이 위와 같은 요소들의 변화 역시 법관의 미래에 중대한 영향을 미칠 것이다.

마지막으로, 국민들의 법관에 대한 신뢰도, 공정 등과 같은 사회적 요소를 들 수 있다. 법원과 법관에 대한 신뢰가 낮아지고, 재판의 공정성에 대한 불신이 높아지게 된다면, 인간 법관을 인공지능으로 대체하여야 한다는 주장이 계속 제기될 수 있다. 특히 인공지능기술의 발전으로 인간 법관의 업무를 대체할 수 있을 정도의 기술력이 담보된다고 가정한다면, 인공지능이 인간 법관의 보조도구를 넘어서 법관의 영역에까지 진출할 가능성이 적지 않다. 따라서 이러한 요소들 역시 법관의 미래에 큰 영향을 미칠 수 있는 핵심동인이라고 볼 수 있다.

V. 미래예측 4단계

: 3차원 미래예측법

미래예측 4단계에서는 3차원 미래예측법을 사용하고자 한다. 3차원 미래예측법의 목적은 오류를 줄이고 체계적인 미래예측을 위한 생각의 틀을 제공하기 위한 것이다. 이는 크게 5가지 단계로 구성되어 있다. 즉, 1단계 관심영역 설정, 2단계 관련영역 설정, 3단계 데이터 수집, 4단계 미래환경 설정, 5단계 미래예측 완료 등의 순서로 미래예측이 진행된다. 그리고 위 5단계에 대하여 각 '미래예측 윈손법칙'이라는 방법론을 활용하는데, 이는 세상을 시간, 공간, 분야의 3요소로 바라보고 분석하는 것이다.[50]

관심영역 설정(1단계)

시간 축의 설정

이 책에서는 '인공지능기술의 발전에 따른 법관의 미래'를 예측하고자 한다. 그런데 막연히 미래라고 하면 그 시점이 너무 불명확하므로, 시간 축에 들어갈 시점을 구체적으로 특정할 필요가 있다. 따라서

여기서는 관심영역 중 알아보고자 하는 시점을 '2050년'으로 설정하고
자 한다. 재판시스템이나 법조인 양성제도, 디지털화 내지 전자소송 등
과 같은 중요한 변화 추이를 살펴보기 위하여 시간 축은 30년 간격으
로 하여 1990년, 2020년, 2050년으로 나누어 살펴보는 것이 효과적일
것이다.

공간 축의 설정

공간 축에서는 인공지능기술의 발전과 밀접한 관계가 있는 리걸
테크 산업이 발달하고 있는 변호사업계와 법원/법관의 영역을 나누어
비교해 보고자 한다.

분야 축의 설정

분야 축에 관하여는 앞서 살펴본 바와 같이 핵심동인으로 도출된
영역인 기술적 분야, 법·제도적 분야, 사회적 분야를 분야 축의 각 요
소로 선정하였다. 즉, 인공지능, 디지털화, 리걸 테크 등을 묶어서 '기술
적 분야', 재판시스템, 법조인 양성제도, 국가예산 등을 묶어서 '법·제
도적 분야', 국민들의 인식, 사법 신뢰도 등을 묶어서 '사회적 분야' 등
3가지 분야로 나누어 살펴보고자 한다.

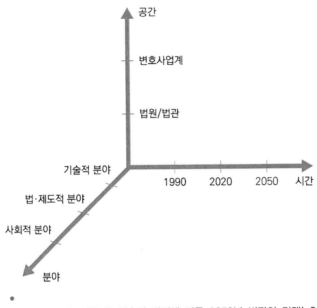

관심영역 설정: 인공지능기술의 발전에 따른 2050년 법관의 미래는?

관련영역 설정(2단계)

인공지능기술의 발전에 따른 법관의 미래를 예측함에 있어 앞서 본 바와 같이 시간, 공간, 분야 축으로 나누어 생각하게 된다. 이러한 예측을 진행할 때 독립변수로 국가예산, 법원이 부담하는 사건 수,[51] 인공지능기술의 발전 수준 등을 생각해 볼 수 있다. 이러한 것들은 일정한 추세가 있고 상대적으로 거의 변하지 않는 독립변수로 작용한다. 이러한 독립변수들은 법관의 미래를 예측함에 있어 외부에서 주어지는 변수로서 연구자가 임의로 조정할 수 없다.

데이터 수집(3단계)

1990년의 데이터 수집 - 독립변수의 현황

우선, 1990년에 해당하는 3가지 독립변수의 현황에 관하여 본다.

첫 번째 독립변수인 국가예산을 살펴보면, 1990년도 국가예산은 약 22조 6,894억 원이었다.[52]

두 번째 독립변수인 1990년 법원이 부담하는 1심 본안사건 수는 민사소송이 약 25만 건, 형사소송이 약 137,621건[53]으로 나타났다. 민사소송의 경우 1910년부터 1980년까지는 사건 수 증가율이 약 2%였는데, 1980년 약 12만 건에서 1990년에 약 25만 건으로 10년 사이에 약 2배 남짓 증가하였다. 참고로 2009년에는 약 107만 건으로 더욱 급증하였다.[54] 형사소송의 경우 1985년의 약 106,424건에서 1990년 약 137,621건으로 증가하여 대체적인 증가세를 보였고, 1996년과 1997년에는 약 17만여건 안팎이었다가 1998년 201,581건으로 급증하여 20만 건을 돌파하였다.[55] 1990년 당시 판사의 정원은 1,124인에서 1990. 8. 1.자 각급법원판사정원법 개정으로 인해 1,374인으로 증원되었다.

세 번째 독립변수인 인공지능기술의 발전 수준을 보면, 1990년은 앞서 본 바와 같이 1970 - 1980년대에 크게 유행하였던 전문가 시스템이 서서히 몰락해 가는 시기였다. 전문가 시스템은 기본적으로 외부에서 인간이 모두 규칙을 만들거나 조합을 해야 하므로 천문학적인 시간과 비용이 들 수밖에 없었고, 지식의 추가나 규칙 변경을 자동적으로 수행할 수도 없었다. 결국 전문가 시스템은 이러한 한계를 극복하지 못한 채 인기가 시들해졌고, 1990년대에 2차 인공지능의 겨울이 도래하게 되었다.[56] 머신러닝 분야에서도 다층신경망에 관한 연구가 계속되었음에도 데이터 학습과정에서 드러난 기술적인 문제를 극복하지 못하고 수렁에 빠진 상태였으나, 1986년 제프리 힌튼이 발표한 '오차역전파 기법'은 후일 다층신경망 연구가 부활하여 활성화되는 불씨가 되었다.[57]

1990년의 데이터 수집 - 분야별 현황

다음으로, 1990년 분야별 현황에 관하여 살펴본다.

첫 번째 '기술적 분야'에 관하여 본다. 1990년에는 모든 소송기록이 종이로 이루어져 있었고, 판결문 등 문서작성을 위해 컴퓨터가 아닌 타자기가 사용되는 등 디지털이 아닌 아날로그 시대였다. 사법전산망은 1995년부터 설치되기 시작하여 2004년에 이르러 모든 법원에 초고속 네트워크망이 설치 완료되었다. 그리고 2002년에 재판사무시스템이 설치되었고, 2010년부터 전자소송이 도입되어 특허소송부터 실시되기 시작하였다.[58] 당시에는 판결정보를 얻기 위해서 정기적으로 책자로 발간되는 판례공보, 하급심판결공보 등의 내용을 확인하여야 했다.

두 번째 '법·제도적 분야'에 관하여 본다. 1990년 시기는 사법시험 제도가 유지되고 있었고, 사법시험 합격자는 사법연수원을 수료한 후 법관으로 바로 임용될 수 있었다. 1990년 당시에는 매년 사법시험 합격자 수가 약 300명이었다. 1990년대 김영삼 정부는 사법개혁의 일환으로 로스쿨 제도를 검토하였다가 한국 실정에 맞지 않는다면서 로스쿨 도입을 하지 않는 대신 사법시험 합격자 수를 순차적으로 증가시키는 정책을 채택하였다. 이에 1996년 제38회 사법시험부터 합격자 수가 500명으로 증가한 이래 매년 100 - 200명씩 합격자 수를 늘렸고, 2001년 제43회 사법시험부터는 약 1,000명 안팎의 합격자를 배출하기 시작하였다.[59]

세 번째 '사회적 분야'에 관하여 본다. 1990년 당시에는 법원과 법관의 권위가 상당히 높았던 것으로 보인다. 당시 법관이 법정에서 변호사들에게 공개적으로 모욕을 준다든지, 당사자들의 이야기를 듣지 않고 독단적으로 소송을 진행하는 경우도 적지 않았다. 심지어는 당사자에게 반말을 쓰거나 야단을 치는 경우도 많이 있었다.[60] 당시에는 변호사들이 판사나 검사에게 이른바 떡값을 제공하는 부조리한 관행이 존재하였던 것으로 보이고, 이는 1998년 의정부 법조비리 사건, 1999년 대전 법조비리 사건으로 터지게 되었다.[61] 2003년 실시된 국민들의 사법서비스에 대한 인식조사 결과에 의하더라도, 만족한다는 답변은 약 34%에 불과하였고 불만족이라는 답변이 약 61% 상당이었는바, 당시에도 법관의 청렴성과 능력에 대해 상당히 부정적인 인식을 가지고 있었던 것으로 보인다.[62] 다만, 당시는 당사자가 법원이나 법관에 불만을 가지고 있었더라도 이를 밖으로 드러내기 어려웠던 권위주의적 시대 상황이었던 것으로 보인다.

또한 재판의 독립성·공정성과 관련하여, 권력이나 재력이 재판에 어느 정도 영향을 미치는지에 대한 질문[63]에 관하여 1991년에는 94.2%, 1994년에는 93.3%가 '영향을 미친다'고 응답하였는데, 이처럼 1990년대에는 '영향을 미친다'는 의견이 90%이상 나왔고, 2008년에는 95.6%까지 치솟기도 하였다.[64] 이른바 '유전무죄, 무전유죄'라는 말이 1990년경 이미 널리 통용되고 있었던 것으로 보인다.

2020년의 데이터 수집 - 독립변수의 현황

우선, 2020년에 해당하는 3가지 독립변수의 현황에 관하여 본다.

첫 번째 독립변수인 국가예산을 살펴보면, 2020년도 국가예산은 약 513조 5,000억 원으로 편성되었는데, 최종 결산결과 약 550조 원이 지출되었다.[65] 그중 법원에 편성된 예산은 2조 388억 7,500만 원 상당으로 전체 예산의 약 0.4%에 불과하다.[66] 1990년에 비해 국가예산 규모는 약 23배 이상 증가하였다.

두 번째 독립변수인 법원이 부담하는 본안사건 수는 2019년[67] 기준 민사소송이 약 949,603건, 형사소송이 약 266,149건[68]으로 나타났다.[69] 1심 본안사건에 한정한 자료이기는 하지만, 민사소송의 경우 1990년에 비해 약 4배 가까이 증가하였고, 형사소송 역시 약 2배 가까이 증가한 것으로 나타났다. 한편, 2020년 기준 판사의 정원은 3,214인으로(각급법원판사정원법 제1조 참조), 1990년에 비해 약 2.3배 증가하였다. 매년 배출되는 법조인의 수는 1990년 당시 300명이었으나, 2020년에는 약 1700명 안팎으로 크게 증가하였다.[70]

세 번째 독립변수인 인공지능기술의 발전 수준을 보면, 2020년 기준으로 볼 때 인공지능의 중흥기가 다시 도래했다고 봐도 과언이 아니다. 인공지능이라는 용어가 처음 등장한 1956년 이래 인공지능 연구는 관심기와 침체기가 반복되는 부침이 있어 왔으나, 딥러닝이라고 불리는 심층신경망 학습기법과 이를 구현할 수 있는 하드웨어의 발전에 힘입어 최근 들어 다시 새로운 붐이 일어나고 있다.[71] 앞서 본 바와 같이 복잡한 영상이나 시각이미지, 음성 인식, 자연어 처리 등에 있어서 비약적으로 성능이 향상되었고, 최근에는 비지도학습, 강화학습 기반의 알파제로의 예에서 알 수 있듯이 학습 방법이 인간과 유사해졌을 뿐 아니라 인간들의 플레이에서 한 번도 나온 적이 없는 교묘한 전략을 구사할 수 있을 정도로 창의적인 인공지능이 속속 출현하고 있다.

2020년의 데이터 수집 - 분야별 현황

다음으로, 2020년 분야별 현황에 관하여 살펴본다.

첫 번째 '기술적 분야'에 관하여 본다. 대법원은 2007년에 법관의 재판업무를 지원하는 'JUSTICE'라는 맞춤형 재판지원시스템 구축을 완료하였고, 이를 통해 재판일정 관리, 사건진행 관리, 전자적 판결서 작성업무 등 법관 업무에 관한 종합적인 지원이 가능하게 되었다. 2008년 사법정보시스템의 통합 운영을 위한 기반 시설인 대법원 전산정보센터를 건립하였고, 대전, 부산, 광주에 보조 데이터센터를 구축하여 365일 24시간 안정적인 정보시스템 운영을 계속하고 있다. 전자소송은 2010년부터 도입된 이래 현재 형사소송을 제외한 거의 모든 종류의 소송에서 이용되고 있다.[72] 모든 판결문[73]은 전자파일로 작성되어 등록되고 있고, 등록되지 않으면 당사자들에게 송달이 이루어질 수 없으므로, 모든 판결문은 파일로 등록되고 있다고 볼 수 있다. 사법정보의 디지털화가 이루어지게 됨에 따라 종합법률정보시스템, 판결문검색시스템, 코트넷 지시관리시스템 등과 같은 검색시스템도 운영되고 있는데, 이를 통해 판례, 법령, 법률문헌 등의 전자적 검색이 가능하다. 차세대전자소송시스템에서는 지능형 통합 지식 검색을 통해 재판지원서비스 툴의 전면 혁신을 추진 중이고, 아울러 챗봇을 통해 시스템 사용 중 문의사항이나 에러가 발생한 사항에 대하여 질의 응답해 주는 서비스를 구현하려고 준비 중이다.

법원 외부의 변호사 시장 역시 급속도로 변화하고 있다. 최근에 활성화되고 있는 리걸 테크 산업이 대표적인 예이다. 이들은 판결 검색에서부터 법률문서 번역, 자동작성까지 다양한 새로운 서비스를 내놓으면서 주목을 받고 있다. 나아가 의뢰인이 자신에게 적합한 변호사를 찾는 일이나 법률문서 작성에서 도움을 받는 것은 물론 범죄 유형별 양형예측까지 알려 주는 등 변호사가 법률문서를 작성하거나 자문하는 등과 같은 법률서비스 관련 전 영역에 리걸 테크가 진입하였다고 볼 수 있다.[74]

두 번째 '법·제도적 분야'에 관하여 본다. 2000년대 들어 노무현 정부에서는 사법개혁의 일환으로 로스쿨 도입을 추진하였고, 2007년 법학전문대학원의 설치·운영에 관한 법률이 국회에서 통과되어 2009

년 전국에 25개 법학전문대학원이 개원함에 따라 로스쿨 제도가 본격적으로 시행되었다.[75] 이후 사법시험이 폐지됨에 따라 로스쿨 및 로스쿨 졸업생만을 대상으로 하는 변호사시험은 유일한 법조인 양성제도가 되었다. 그리고 예전에는 사법연수원을 수료하고 나서 바로 법관으로 임용될 수 있었지만, 현재는 일정한 법조경력을 갖추어야 법관으로 임용될 수 있도록 하는 법조일원화 제도가 시행되고 있다.

또한 법관의 업무방식은 지금이나 200년 전이나 거의 비슷하다. 분쟁을 해결하기 위하여 당사자 쌍방이 모이는 장소인 법정은 보통 법원 전용 건물에 있고, 그 안에서 격식과 전통에 따라 절차가 진행된다.[76] 하지만 우리나라에서도 기술 발전 및 팬데믹 등과 같은 외부 요인의 변화에 따라 분쟁해결을 위하여 무조건 법정에 모이도록 하는 것에 대한 예외가 나타나기 시작하였다. 그러한 예로서 원격지에 있는 증인에 대한 신문절차 내지 변론준비절차에서의 원격영상재판을 들 수 있다.

세 번째 '사회적 분야'에 관하여 본다. 국민들의 법원이나 법관에 대한 신뢰도는 여전히 부정적인 의견이 높은 것으로 보인다. 통계청이 발표한 한국의 사회지표 중 기관신뢰도 조사결과에 따르면, 법원의 신뢰도는 2020년 41.1%로 나타났는데, 2016년 29.8%, 2018년 33%에 비하여 높아지긴 하였지만 2013년의 41.1% 수준으로 여전히 낮은 편이다.[77] 또한 한국형사정책연구원이 한국 형사사법기관들을 대상으로 조사한 국민 신뢰도에 관하여 살펴보면, 2020년 35.3%로서 2012년 50.5%에 비해 상당히 떨어진 것으로 나타나기도 하였다.[78] 위와 같은 신뢰도 하락은 2017년부터 불거졌던 이른바 '사법농단' 사태와 일부 정치적 성향을 가진 판사들의 부적절한 언동으로 인한 것으로 보인다.

한편, 1990년 이래로 국민들의 사법신뢰도는 점진적으로 상승하였던 것으로 보인다. 한국법제연구원의 조사결과에 따르면, 권력이나 재력이 재판에 영향을 미치는지에 관하여 국민들은 1990년대에는 '영향을 미친다'고 보는 의견이 90%이상 나왔고, 2008년에는 95.6%까지 치솟았으나, 2015년 조사에서는 '영향을 미친다'는 의견이 58.7%로 낮아졌고, 2019년에도 58.6% 수준으로 나타났던 것이다. 이러한 결과에 비추어 보면, 권력 등의 사법적 영향력에 대한 부정적 인식은 다소 완화된 것으로 해석해 볼 수 있다.[79] 다만, 아직도 권력 등이 재판결과에 영향을 미친다고 보는 견해가 58%를 상회하고 있으므로, 사법신뢰도는 여전히 미흡한 수준이라고 볼 수 있다.

미래환경 설정(4단계)

위와 같이 수집된 데이터를 각 장소, 분야별 빈칸에 대입하는 과정을 거치고, 독립변수 분석을 통하여 미래환경을 설정하는 과정을 거치게 된다. 이는 현재에 영향을 주는 요소를 찾고 독립변수의 추이를 예상해 보는 작업이라고 볼 수 있다.

다음 그림은 1990년과 2020년에 걸쳐 약 30년간의 추세에 관하여 각 분야별로 어떻게 변화하여 왔는지를 분석해 본 결과이다.

지난 30년간의 추세에 비추어 볼 때, 독립변수의 예측 역시 가능할 것이다. 국가예산의 경우 1990년에 비해 2020년에 약 23배 가량 급증하였지만, 향후 인구증감 전망이나 경제성장율 등의 여건을 고려해 볼 때 30년 후인 2050년에는 완만한 증가에 따른 약 1,000조 원 수준이 예상된다. 소송사건의 수 역시 지난 30년 동안 약 3배 가량 증가하였는데, 인구증감 전망[80]이나 경제성장율 등의 여건을 고려해 볼 때 향후에도 그와 같은 급증이 다시 나타나기는 어려워 보인다. 다만, 국민들의 권리의식

증가, 소제기의 편의성 증대 등으로 인해 소송사건의 수가 계속 증가할 가능성도 배제할 수 없으므로, 30년 후인 2050년에는 약 2배 수준일 것으로 전망된다. 인공지능기술 역시 계속 발전하여 인간 법관의 업무를 대부분 내지 상당 부분 대체할 수 있는 수준에 도달할 것으로 전망되고, 더 나아가 강한 인공지능 내지 특이점의 도래가 문제될 수도 있다.

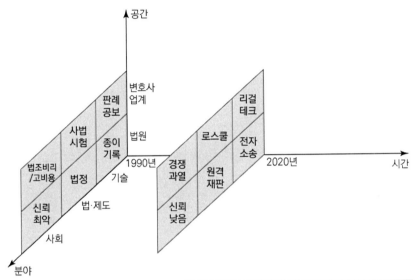

독립변수	1990년	2020년	⋯	2050년
국가예산	22조	550조	⋯	1,000조
소송사건	38만/년	120만/년	⋯	240만/년
인공지능	전문가 시스템	딥러닝/강화학습	⋯	강한 인공지능/특이점
이벤트	로스쿨 도입(2009)	전자소송 도입(2010-)	인구감소(2028)	

미래환경 설정 및 독립변수의 예측

미래예측 완료(5단계)

3차원 미래예측방법의 5단계에서는 마지막으로 미래를 예측하게 되는데, 2050년을 나타내 주는 테이블에 예상되는 미래의 모습을 채워 넣는 방식으로 이루어진다. 앞서 살펴본 과거 데이터와 미래 환경설정 내용과 함께 독립변수의 추세를 보면서 미래를 예측하게 되는 것이다.[81]

기술적 분야

기술적 분야의 경우 인공지능기술을 비롯해 빅데이터, 사물인터넷 등 첨단기술이 계속적으로 발전할 것으로 전망됨에 따라 법률 전문가 영역에도 큰 변화가 있을 것으로 예상된다. 변호사업계의 경우 리걸 테크 산업이 이제 발걸음을 떼는 단계이지만, 향후에는 사법 빅데이터가 공개됨에 따라 막강한 자금력을 통해 정확도 높은 인공지능을 갖추고 판결예측, 자문능력, 소송대응 등이 가능해진 대형 로펌 위주로 변호사업계가 재편되고, 대부분의 인간 변호사들은 인공지능과의 경쟁에서 밀려 도태될 가능성이 있다. 법원 역시 전자소송이 모든 소송 영역에서 전면적으로 시행되고, 인공지능기술의 발전으로 인간 법관의 업무 중 상당 부분이 인공지능에 의하여 대체 가능한 수준에 이르게 됨에 따라 인공지능 법관의 도입 문제가 논의될 것으로 보인다.

법·제도 분야

법·제도 분야의 경우 온라인으로 진행되는 소송이 대세가 됨에 따라 현실의 법정을 이용하는 경우는 드물어지고 대부분의 사건은 온라인 법정에서 진행될 것이다. 아울러 인간 법관이 아닌 온라인 분쟁 해결을 위하여 인공지능이 과거의 선례, 법리 등을 종합하여 직접 해결을 하도록 하는 ODR절차가 재판의 전 단계로서 도입되어 활성화될 것이다. 그에 따라 인공지능이 인간 법관을 대체하여 직접 사건을 해결하도록 하는 인공지능 법관의 도입 문제가 논의되고 치열한 논쟁을 벌이게 된다. 인공지능이 법관의 업무를 보조하고 일부 업무를 대체함에 따라 법관의 수를 점차적으로 감축하게 된다. 법원이나 변호사업계에서 인공지능이 차지하는 비중이 커짐에 따라 법조인 양성제도 역시 크게 위축되어 로스쿨을 지망하는 수가 현저하게 감소하게 될 가능성이 있다.

사회적 분야

사회적 분야의 경우 인공지능의 활용으로 인해 법적 분쟁의 공정한 해결에 대한 기대가 커지고 재판결과에 대한 예측가능성이 높아짐에 따라 법원 등 사법기관에 대한 신뢰도가 증가할 것으로 전망된다. 반면, 인공지능 학습에 사용된 데이터의 편향성이나 알고리즘의 불투명성 등으로 인한 문제가 해결되지 못한다면, 인공지능을 사법영역에 도입하는 것에 대한 우려와 반대 여론이 커질 수도 있다. 인간 법관으로서는 인공지능에게 강점이 있는 효율적이고 자동화된 업무에 관하여 도움을 얻게 된다면, 신속하고 효과적인 업무처리가 가능해져 업무효율 및 정확도를 높일 수 있을 것이다. 다만, 인공지능이 인간 법관을 보조하는 수준에 그칠지, 인간 법관의 업무를 일부 담당하면서 병존하게 될지, 아예 모든 인간 법관을 완전히 대체하여 인공지능이 법관의 업무를 도맡아 처리하게 될지는 위와 같은 윤리적 문제의 해결 및 국민들의 헌법적 결단 여하에 달려 있다고 볼 수 있다. 한편, 변호사업계는 인공지능을 장악할 수 있는 대형 로펌 위주로 재편될 가능성이 높다. 중소형 로펌이나 개인변호사로서는 인공지능기술을 제대로 갖추지 못한다면, 대형 로펌과 사이에 양극화가 초래되고 인공지능과의 경쟁에서 밀려서 도태될 가능성도 적지 않다.

2050년 미래환경 예측 결과

위와 같은 미래예측 결과를 토대로 인공지능기술의 발전에 따른 2050년 법관의 미래에 관하여 아래 그림과 같이 희망 미래를 설계해 볼 수 있을 것이다. 위와 같은 희망 미래를 전제로 하여 그 미래에 도달할 수 있도록 방법을 찾는 것이 바로 미래전략이라고 할 것이다.[82]

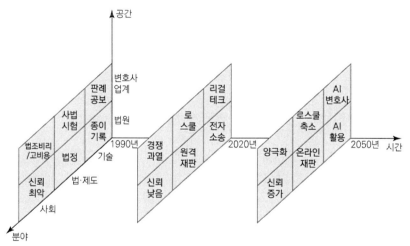

독립변수	1990년	2020년	...	2050년
국가예산	22조	550조	...	1,000조
소송사건	38만/년	120만/년	...	240만/년
인공지능	전문가 시스템	딥러닝/강화학습	...	강인공지능/특이점
이벤트	로스쿨 도입(2009)	전자소송 도입(2010-)	인구감소(2028)	-

2050년 미래환경 예측

Ⅵ. 미래예측 5단계

: 예측결과 통합 및 분석

시나리오 기법에 따른 미래예측

시나리오 기법이란?

시나리오 기법은 미래예측에서 자주 활용되는 대표적인 기법 중 하나이다. 미래에 나타날 가능성이 있는 여러 가지 시나리오를 구상해 전개 과정을 상세히 추정하는 기법이다. 미래의 가상적 상황에 대해 단편적으로 예측하지 않고 복수의 미래를 가정한 다음 각각의 시나리오에서 나타날 문제점을 예상해 의사결정을 하게 된다.[83] 시나리오 기법은 1950년대 미국 랜드(RAND)연구소에서 허만 칸(Herman Kahn)을 중심으로 무기발전과 군사 전략 간의 관계를 분석하기 위해 개발되었는데, 로열더치셸(Royal Dutch Shell)이 시나리오 기법을 활용하여 1973년 제4차 중동전쟁으로 인한 유가 급등을 사전에 예측하고, 소련의 붕괴를 앞서 내다보고 러시아의 자원 개발권을 선취하였던 사례가 널리 알려져 있다.[84]

시나리오는 다음의 두 가지 조건을 반드시 갖추어야 의미있는 것으로 평가된다. 첫째, 제시한 시나리오는 미래에 발생할 가능성이 있어야 한다. 따라서 시나리오 분석에서는 발생 가능성의 범위를 결정하여 집중하는 것이 중요하다. 둘째, 하나의 시나리오에서 일어날 수 있는 사건들은 각각 인과적으로 맞물려 내재적 일관성이 있어야 한다.[85]

핵심동인과 발생가능성의 범위 설정

시나리오 기법은 직관적 논리를 바탕으로 전개되는데, 사회, 기술, 경제, 정치, 자원 등과 같은 다양한 요인들을 고려하여 시나리오 작성이 진행된다. 도출된 요인들의 영향력과 불확실성을 상대적으로 평가하고, 미래의 불확실성 축의 개수에 따라 시나리오의 수가 달라지게 된다.[86]

1. X축: 인공지능기술의 발전

'인공지능기술의 발전에 따른 법관의 미래'를 살펴보기 위하여 가장 영향력이 큰 핵심동인은 기술적 측면에서 '인공지능기술의 발전'이라고 볼 수 있다.

최근 들어 인공지능기술은 놀라울 정도로 빠른 속도로 발전하고 있다. 하지만 현재 인공지능의 수준은 터미네이터와 같은 완전한 자율적 기계를 구현하지는 못하고 있고, 그것을 구성하는 작은 모듈 수준이라고 볼 수 있다. 즉, 시각지능, 언어지능, 청각지능, 추론지능 등과 같이 기능적으로 특화된 지능의 모듈을 구현하는 것에 불과하다. 위와 같은 인공지능은 인간의 지능을 흉내 내면서 현상적으로는 매우 지능적으로 작동하지만, 지능 없는 지능이며 자신의 행위나 세상의 의미를 이해하지 못하는 지능이다.[87] 따라서 현재 인공지능기술은 법관의 업무를 보조하는 역할을 수행하기에는 충분하지만 아직은 법관의 업무를 일부라도 대체하여 독립적으로 수행하기는 쉽지 않아 보인다.

하지만 지금과 같은 발전 속도에 비추어 볼 때, 인공지능기술은 점차적으로 그 한계를 극복해 가면서 계속 발전해 나갈 것으로 보인다. 다만, 어느 수준까지 발전할 수 있을지, 특히 2050년에는 어느 정도까지 도달해 있을지는 현재로서는 불확실하고 정확히 알기 어렵다. 인공지능기술의 발전에 따라 향후 법관의 업무를 보조하는 수준을 넘어서 인간의 지각기능, 판단·추론기능, 행동기능을 모두 학습하여 인간 법관을 대체할 수 있을 정도에 이를 수도 있다. 인간을 대신해서 법관의 역할을 독자적으로 수행할 수 있는 인공지능 법관 내지 로봇 법관이 출현할 수도 있을 것이다. 더 나아가 머지않은 미래에 인간의 지능 수준을 뛰어넘는 인공지능, 즉 강한 인공지능이 등장할 것이고, 인공지능기술이 인간을 초월하는 순간인 특이점(singularity)이 다가올 것이라고 전망하는 견해들이 적지 않다.

한편, 인공지능기술이 재판 등 사법 영역에서 활용되어 인간 법관을 대체하는 정도까지 발전하기 위해서는 다음 [표 3-6]과 같이 단계적 과정을 거칠 것으로 전망된다.

[표 3-6]에서 0~4단계는 인공지능이 인간 법관을 대체할 수준에까지 이르지 못한 상태이고, 5단계에 이르러서야 비로소 인간 법관을 대체할 수 있는 정도에 도달했다고 볼 수 있다.

0~1단계에서 인공지능은 인간 법관의 재판업무를 도와주는 역할로서 정보검색 분야나 재판서 작성업무에 있어서 도움을 주는 정도의 기능을 담당한다.

2~3단계에서 인공지능은 단순하고 기계적인 사건이나 온라인분쟁 사건에 한정하여 본안 심리에 이르기 전 단계에서 자동화된 업무처리를 통해 인간 법관의 업무 부담을 줄여 주는 역할을 담당하게 된다. 위와 같은 종류의 사건에서 인공지능에 의해 처리된 결과를 분쟁 당사자들이 수용하는 경우에는 그대로 사건이 종국적으로 해결될 수 있기 때

문이다. 물론 이에 대한 불복이나 이의가 있는 경우에는 인간 법관에 의하여 본안 심리가 진행될 것이다.

▌표 3-6 인공지능기술의 사법 영역에서의 적용 단계

단계	이름	특성
0	비자동화	아직 자동화가 반영되지 않고, 정보검색기능에 인공지능기술이 도입되어 인간 법관이 직접 검색을 통해 원하는 정보를 쉽게 찾고, 이를 참고로 하여 직접 결론을 도출하여 재판서를 작성할 수 있도록 함
1	재판서 작성업무 지원	소송기록 검토·분석을 통해 쟁점이나 요지 정보를 추출하고, 유사한 판결문을 추천하며, 관련 법령·판례 정보를 제공하고, 법관이 자선한 판결문이 오탈자 등 오류를 검증하여 알려 주는 등 재판서 작성에 도움을 주는 역할 담당
2	단순사건 에서의 자동화	소액사건의 이행권고결정, 지급명령, 경매 배당표 작성, 개인회생 변제계획안 검토, 협의이혼 의사확인 등의 업무는 단순하고 기계적이어서 인간의 가치 판단이 개입될 여지가 거의 없어 인공지능에 의한 자동화가 도입되어 소송기록 검토·분석을 통해 자동적으로 처리 가능
3	온라인 사건 에서의 자동화	전자상거래 등 온라인 기반 분쟁해결을 위한 온라인법정 사건에서 인공지능에 의해 사실관계 확인, 증거관계 검토 등이 이루어지고 결론이 도출되는데, 당사자들이 모두 수용하면 그에 따라 사건이 종국되고, 이의제기 시에 비로소 인간 법관의 판단을 받게 됨
4	인공지능 로클럭	일반 대면 법정에서의 심리내용도 바로 파악가능하고, 소송기록 검토를 통해 사실관계를 확인하며, 증거관계 검토 등을 통해 판결 예측결과를 도출하여, 판결문 초고를 생성함
5	인공지능 법관	인공지능이 독립적으로 소송기록을 검토·분석할 수 있을 뿐 아니라 법정에서의 심리내용을 파악하여 직접 결론을 내리고 판결문도 작성 가능

4단계에 이르게 되면, 인공지능이 소송기록 검토·분석 뿐 아니라 법정에서의 본안심리까지 파악할 수 있게 되므로, 해당 사건의 판결 결과를 예측하고 판결문 초고까지 작성할 수 있게 된다. 이는 재판부에 소속된 재판연구원(로클럭) 역할과 거의 흡사하다. 이 경우는 인공지능이 내린 결과물에 대한 검증이나 신뢰성이 아직 완벽하게 담보되지 못한 상태라고 볼 수 있으므로, 인간 법관은 최종적으로 재판 결론의 도출 및 판결서 작성을 책임지고 수행하게 된다.

마지막으로 5단계에 이르게 되면, 인공지능이 직접 독립적으로 재판을 진행할 뿐 아니라 재판의 결론을 도출하고 판결서 작성을 담당하여 인간 법관과 동등한 역할과 책임을 지게 될 것이다. 이때 인공지능은 합의부 배석판사 또는 단독판사 역할을 담당하게 될 것인데, 처음에는 합의부 배석판사로서 업무를 담당하다가 나중에는 단독판사 역할을 담당하는 순서가 될 것이다.

한편, 우리나라의 경우는 아직 0~1단계 수준에 불과한 실정이다. 미국, 중국, 에스토니아 등 외국의 경우에는 2~3단계 수준으로 나아가고 있는 것으로 보이고, 아직까지 4단계 이상에 도달한 국가는 없다. 즉, 앞서 본 [표 3−6]의 0~4단계까지는 '1) 인간 법관 대체 불가능'에 해당한다고 할 것이고, 만약 인공지능기술 수준이 5단계에 도달하였다면, 이는 '2) 인간 법관 대체 가능'에 해당할 것이다.

그렇다면, 2050년 기준으로 '인공지능기술의 발전' 요인의 변화 수준과 관련하여 1) 인간 법관 대체 불가능, 2) 인간 법관 대체 가능, 3) 강한 인공지능 내지 특이점 도달 등으로 나누어 보고, 이를 고려하여 예측 시나리오를 작성하고자 한다.

2. Y축: 인공지능 법관에 대한 국민 인식

본 연구 주제와 관련해서 영향력이 큰 핵심동인으로는, 사회·정치적 측면에서 '인공지능 법관에 대한 국민 인식'을 꼽을 수 있다. 이는 인공지능 법관으로 하여금 재판을 하도록 허용할 것인지, 허용한다면 어디까지 허용할 것인지의 문제로서, 앞서 보았던 인공지능 법관에 대한 '규범적인 대체가능성' 문제와 관련이 있다. 인간 법관이 인공지능기술의 효과적인 기능을 재판업무 처리과정에서 보조도구로 활용해서 재판의 신속성, 효율성을 높이는 것에 대하여는 대체로 동의할 것이다. 그러나 나아가 인공지능기술의 발전으로 인해 기술적으로는 인간 법관이 업무를 대체할 수 있다고 할 때, 그 인공지능으로 하여금 독자적으로 법관의 역할을 담당하도록 하여 강제력 있는 사법적 판단 주체로 삼을 수 있을 것인가는 또 다른 문제이다. 이러한 이슈는 사실 사회, 정치적 문제일 뿐 아니라 윤리적, 철학적 문제이기도 하다.

최근 이른바 사법농단 사건 등이 발생하였을 뿐 아니라 전관예우 문제가 여전히 남아 있고, 국민들의 권리의식이 높아감에 따라 사법부에 대한 불만이나 불신은 여전한 것으로 보인다. 인공지능 법관만 도입되면 불공정과 불합리가 완전히 해소될 것으로 기대하면서 공정한 재판을 위하여 인공지능 법관을 도입하여야 한다고 주장하는 이들도 있다.

물론 인공지능의 활용으로 인한 순기능도 있겠지만, 최근에 있었던 인공지능 '이루다' 사건에서 볼 수 있듯이 인공지능 역시 편향성을 보이거나 차별적 발언을 하는 등 100% 신뢰할 수 있는 존재가 아니라는 것이 드러났다. 인공지능 법관이 내린 판단에 대하여 모든 사람들이 승복할 것인가에 대하여도 상당한 의구심이 존재한다. 미국의 루미스(Loomis)사건에서 보듯이 인공지능 알고리즘의 편향성 내지 불투명성으로 인해 인공지능에 의한 재판을 원하지 않는 사람들도 적지 않다. 이렇게 된 가장 중요한 원인은 데이터의 편향성 때문이라고 볼 수 있다. 현재의 불평등하고 차별화된 데이터가 인공지능 알고리즘에 그대로 입력되고 학습되므로, 당연히 불평등하고 차별화된 재판 결과가 나올 수밖에 없는 것이다.

따라서 2050년 기준으로 '인공지능 법관에 대한 국민 인식' 요인의 변화와 관련하여 1) 인공지능 법관의 도입 반대, 2) 인간 법관과 인공지능 법관의 병존, 3) 인공지능 법관으로의 전면 교체 등으로 나누어 보고, 이를 고려하여 예측 시나리오를 작성하고자 한다.

이머징 이슈 분석

1. 이머징 이슈 분석법이란?

이머징 이슈 분석법(Emerging Issue Analysis)은 현재 존재하고 있는 여러 문제들이 과거의 어느 시점에서는 존재하지 않았다는 가정에서 시작하여 다가올 미래에 문제와 기회를 불러올 수 있는 이슈의 초기 징후를 포착·연구하는 것이다. 이머징 이슈 분석은 1997년 미국의 그라함 몰리터(Graham Moliter)가 처음 소개하였다고 알려져 있다.[88]

이머징 이슈 분석법은 과거의 추세를 통한 예측의 한계를 보완하고 과거의 추세 확인이 불가능한 경우에 효과적이라고 볼 수 있다. 즉, 언젠가 나타날 미래의 모습에 대한 과거와 현재에 나타난 작은 힌트를 통해 다양한 시나리오를 구상해 볼 수 있는 것이다. 저명한 미래학자인 짐 데이터(Jim Dator)는 "엄밀히 우리는 미래를 정확히 예측할 수 없으며, 단지 다양한 미래들을 상상하고 그 가운데에서 가장 바람직한 미래를 현실화하기 위해 노력할 뿐이다."라고 말한 바 있다.[89] 이머징 이슈의 후보들은 그 내용이 상식적일 수도 있고, 비상식적일 수도 있고, 심지어는 우스꽝스러운 것일 수도 있다.[90] 또한 시간이 지남에 따라 큰 영향력을 끼치는 트렌드로 발전할 수도 있고, 작은 이슈로 머물다가 별다른 주목을 받지 못한 채 사라질 수도 있다.

2. 이머징 이슈 I – 사이버 팬데믹의 발생

4차 산업혁명 시대의 가장 큰 특징 중 하나는 초연결사회가 된다는 것이다. 사물인터넷, 자율주행차, 드론, 인공지능 로봇 등 얽히고설킨 네트워크와 디지털기기의 연결은 엄청난 생산성과 편리성을 가져다 주었다. 특히, 코로나19로 인한 전세계적인 팬데믹 사태는 대면 접촉보다는 비대면 접촉과 온라인 소통 등 사이버 세상에 대한 의존도를 더 크게 만들었다. 사회적 거리두기로 인해 집에서 머무는 사람들이 증가함에 따라 온라인을 통해 외부와 소통하고 다양한 활동을 하는 이른바 온택트(ontact) 시대가 되어 가고 있다. 재택근무, 온라인 수업, 화상 회의, 원격 재판 등이 그 대표적인 예라고 할 수 있다.

하지만 위와 같은 초연결사회의 이면에서는 사이버 위협이나 공격에 노출될 수 있는 위험성이 더욱 커지고 있다. 사이버 위협은 정보유출과 금전 탈취의 수준을 훨씬 뛰어넘고 있을 뿐 아니라, 디지털기기들이 갈수록 자율기능을 더해 가는 상황에서 불특정 사이버 공격에 의한 피해의 규모와 영역은 예측하기 어려울 정도이다. 특히 사물인터넷이 오작동을 하게 되면 사람의 생명을 위협할 수도 있고, 수없이 연결되어 있는 기기 중 어느 하나의 부실한 접점은 해킹의 경로가 될 수도 있다. 인공지능 알고리즘 역시 인간보다 더 빠른 속도, 저렴한 비용, 더 높은 정확도를 보여줄 수 있지만, 이는 거꾸로 잠재적 위험이 내재되어 있다는 의미이기도 하다.[91]

위와 같은 사이버 위협은 이처럼 국민의 재산과 기본권뿐 아니라 국가안보, 사회안전 등과도 직결되어 있는 중요한 문제이지만, 이에 체계적으로 대응할 수 있는 사이버 보안에 관한 인식이나 대비는 매우 부족한 느낌이다. 거의 모든 국민이 모바일기기나 컴퓨터 등으로 인터넷에 접속하여 생활하고 있을 뿐 아니라 사물인터넷이 보편화되어 온택트 시대가 도래하였을 때 사이버 공간에서 코로나19처럼 악성코드 바이러스가 창궐한다면 어떻게 될 것인가를 생각해 보면, 현실에서의 팬데믹 못지않은 대재앙이 될 것으로 보인다. 사이버 팬데믹으로 인해 인터넷을 비롯한 온라인망이 마비가 된다면, 인터넷과의 거리두기가 시행되어 거의 모든 일이 대면으로만 이루어져야 할 것이다. 또한 인공지능, 빅데이터, 사물인터넷 등 4차 산업혁명의 총아들은 거의 무용지물이 될 것이고, 사회는 현재 우리가 겪고 있는 코로나 팬데믹을 능가하는 큰 혼란에 빠질 것으로 보인다. 이처럼 전세계적인 사이버 팬데믹은 아직 발생하지 않았고 향후 발생할 가능성이 그리 높아 보이지는 않지만, 위와 같은 사태가 한번 발생하게 되면 천문학적인 막대한 손해가 발생할 것으로 전망된다.[92] 따라서 사이버 팬데믹의 발생은 이머징 이슈의 하나로서 미래예측 시 고려할 필요가 있다.

3. 이머징 이슈Ⅱ - 동물과의 의사소통 가능

인공지능기술의 발전으로 사람들이 말하는 것을 실시간 인식하여 자동으로 속기하거나 번역해 주는 인공지능 프로그램들이 계속 개발되고 있는데, 그 성능도 나날이 개선되고 있다. 향후 세계 모든 지역의 방언이나 억양 등까지 반영된 양질의 빅데이터를 통해 학습한 인공지능이 출현하여 이를 정확하게 속기하거나 번역해 주게 된다면, 속기사나 통·번역사라는 직업은 얼마 지나지 않아 사라질지도 모른다.

나아가 위와 같은 속기 프로그램이나 외국어 통·번역시스템의 완성 이후에는 사람과 동물 간의 언어를 해독하는 의사소통 프로그램이 개발될지도 모른다. 지금도 연구가 진행되고 있는 것으로 보이지만,[93] 아직은 의사소통에 이를 정도는 아니라고 판단된다. 예를 들어, 암탉이 병아리에게 특정 메시지를 전달하기 위해 서로 다른 음색을 사용한다는 사실을 관찰되기도 하였고, 어미 코끼리가 사냥되어 그 과정에서 죽자 고아가 된 아기코끼리가 아침에 애도하면서 '비명'을 지르는 것이 관찰되기도 하였다.[94]

나중에 위와 같이 동물과의 의사소통이 가능하게 되면, 개, 고양이, 닭과 같은 동물들이 목격자로 법정에 출석하여 증언을 할 수도 있고, 이들 동물의 기본권이나 권익보호를 주장하면서 전례가 없는 새로운 유형의 법적 이슈를 불러일으킬 수 있다.

구체적인 예측 시나리오의 도출

위와 같은 핵심동인 및 그 변화 수준, 이머징 이슈 분석 등을 종합하여 보면, 3×3 매트릭스를 통해 2050년을 기준으로 하여 인공지능기술의 발전에 따른 법관의 미래에 관한 총 9가지 예측 시나리오가 아래와 같이 도출될 수 있다.

▌표 3-7 **9가지 미래 예측 시나리오 매트릭스**

		인공지능기술의 발전(낮음 ⇒ 높음)		
		① 인간 법관 대체불가능	② 인간 법관 대체가능	③ 강한 인공지능/ 특이점 도달
인공지능 법관에 대한 국민인식 (반대 ⇩ 찬성)	① 도입 반대	①-① 시나리오	①-② 시나리오	①-③ 시나리오
	② 인간 법관과 인공지능 법관의 병존	②-① 시나리오	②-② 시나리오	②-③ 시나리오
	③ 인공지능 법관으로의 전면 교체	③-① 시나리오	③-② 시나리오	③-③ 시나리오

시나리오 기법은 불확실성 시대의 비선형적 불연속 변화에 대한 창의적 발상을 유도함으로써 발생가능한 다수의 대안적 미래에 대한 다양한 옵션을 제시하는 것이므로, 이하에서는 각 예측 시나리오별로 발생가능한 미래 이미지에 관하여 서술적 묘사를 해 보고자 한다.

① - ① 시나리오: 다시 찾아온 인공지능의 겨울

인공지능이 인간 법관의 역할을 대체하여 독립적으로 법관으로서의 업무를 처리할 수 있을 정도로 발전하지도 못하고, 우리 국민들도 인공지능 법관의 도입을 반대하는 경우가 이에 해당한다. 즉, 기술적으로나 규범적으로나 인공지능 법관이 인간 법관을 대체할 가능성이 없는 경우를 말한다.

인간 법관은 고도의 언어능력과 전문적인 법률지식을 바탕으로 법적 추론을 하거나 법률 판단을 하는 존재이다. 특히, 법관은 당사자들이 제출한 주장과 증거들을 검토하여 사실관계를 확정하고, 이를 토대로 법적 판단을 내려야 한다. 이런 것을 모방하는 인공지능은 필연적으로 언어지능, 청각지능, 추론지능을 갖추어야 할 뿐 아니라 인간 법관과 같이 판결문 작성 및 판결 선고를 통해 이를 표출해 낼 수 있어야 한다.

그런데 일반적인 인공지능기술로는 법률적 지식을 이해할 수 없고 추론 규칙도 알기 어려우므로, 기존의 규칙 기반 방식을 탈피하여 데이터에서 스스로 규칙을 학습하고 법적 지식을 배양하면서도 판단능력을 기를 수 있는 혁신적인 알고리즘이 필요하다.[95] 마치 사람이 법관이 되기까지의 과정에서 방대한 양의 학습을 하고 법적 문제 해결을 하게 되는 것처럼, 인공지능도 차근차근 위와 같은 과정을 거쳐서 인간 법관과 같은 수준의 경지에 이르러야 하는 것이다.

하지만 2050년에 이르렀음에도 뇌과학의 발전 속도가 크게 더딜 뿐 아니라 물체인식, 음성인식, 기억, 추론 등 뇌기능에 대한 이해라는 근본적인 한계 역시 극복하지 못함에 따라 인공지능기술은 법관의 역할을 담당하는 정도까지 더 이상 발전하지 못하고 벽에 부딪치고 만다. 이렇게 답보 상태에 빠지다 보니, 2020년대까지 불었던 인공지능 열풍은 어느새 사그러지고, 다시 인공지능의 암흑기가 찾아오게 되었다. 다만, 그때까지 달성한 인공지능기술의 성과만으로도 인공지능이 유사

판결을 찾아주고, 법률검색을 돕고, 판결 결과를 예측하는 등의 기능을 구현하는 데에는 아무런 문제가 없으므로, 인공지능기술은 사법 영역에서 법관의 업무에 큰 도움을 주는 보조도구로서의 역할을 충실히 수행하게 된다.

인공지능이 바둑, 체스, 게임 등과 같은 폐쇄된 영역에서는 탁월한 성과를 보여주고 사람들을 놀라게 하였지만, 민사, 형사소송 등 재판 영역에서는 더 이상 완전한 성과를 보여주지 못하고 기술적으로도 답보 상태를 면치 못하자, 국민들의 인공지능에 대한 기대와 신뢰는 점차적으로 하락하게 된다. 엎친데 덮친 격으로 인공지능의 기초가 될 사이버 세상에서 원인 불명의 치명적인 바이러스가 발생하여 사이버 세상을 초토화 시킴에 따라 전세계 각국의 빅데이터가 소실되고 컴퓨터망이 마비되는 등 사이버 팬데믹 사태가 발생하게 된다. 우리나라 역시 사이버 팬데믹 사태를 피해갈 수 없었다. 그로 인해 인공지능 법관 도입은 2050년에도 여전히 먼 미래의 일로 여겨지게 되었다. 게다가 인공지능의 편향성과 불투명성 논란으로 인해 인공지능의 부작용 내지 문제점이 널리 알려진데다가, 인공지능으로 운행하던 자율주행차 추돌사고로 다수의 사망자가 발생하는 등 인명 피해까지 발생하자, 4차 산업혁명 시대의 총아로 여겨지던 인공지능은 이제 더 이상 예전과 같은 신뢰와 지지를 받지 못하게 되었고, 국민들 사이에 인공지능 회의론이 점점 더 확산하게 된다.

① - ② 시나리오: 인공지능 로클럭의 전면 배치를 통한 사법 신뢰의 회복

인공지능이 인간 법관을 대체하여 독립적으로 법관으로서의 업무를 처리할 수 있을 정도로 발전하였으나, 국민들은 인공지능 법관의 도입을 반대하는 경우가 이에 해당한다. 즉, 인공지능기술이 인간 법관을 대체할 정도의 기술적 대체가능성은 인정되나 규범적 대체가능성이 인정되지 않는 경우를 말한다.

종래의 인공지능기술은 빅데이터 학습을 기반으로 한 머신러닝, 딥러닝을 통해 귀납적인 추론·판단을 할 수 밖에 없기 때문에 인공지능기술에 의한 법관 대체가능성이 그다지 높지 않다고 보는 것이 일반적이었다. 그런데 기존 빅데이터에 라벨을 붙여서 학습을 시킨 다음에 결과를 확률적으로 추론하게 하는 머신러닝 스타일의 인공지능이 아니라 스스로 학습하도록 하는 알파제로 스타일의 인공지능이라면, 나중에 언젠가는 인간의 능력을 초월하여 법률가의 업무를 충분히 대체할 수 있을 것이라는 전망도 있었는데, 인공지능기술의 발전으로 드디어 이를 실현한 것이다. 실제로 알파제로는 인간의 두뇌처럼 심층신경망 기술을 통해 데이터를 스스로 학습하고 승률을 높일 수 있는 좋은 수를 찾아내서 기존의 알파고, 알파고제로 등을 무난히 격파하였던 것이다.[96] 법률 분야에서도 알파제로와 같은 인공지능이 나타나서 비지도학습 및 강화학습을 통해 변호사, 판사 못지 않은 법률전문가로 성장할 수 있게 된 것이다.

이러한 과정에서 적대적 생성 네트워크(GAN: Generative Adversarial Network) 모델이 적극 활용되었다. 인공신경망을 트윈 모듈로 연결하여 경쟁을 시키는 적대적 생성 네트워크 모델은 한방향으로 흐르는 기존 신경망과 달리 실제 자연의 생태계처럼 진화할 수 있는 상호작용 시스

템을 구현한 것이어서 계속 확장한다면 점점 인간에 가까운 능력을 발휘하게 된다.[97] 위 모델에 따라 원고 - 피고 내지 검사 - 피고인을 상정하여 소송절차에 관하여 데이터 학습을 하도록 하고 서로 경쟁시킴으로써 인간 못지않은 인공지능 법률가를 키워낼 수 있게 된 것으로 보인다. 인공지능으로 한 번 일정 수준 이상의 법률가를 키워낸다면, 이후에 이를 활용하는 것은 동일한 수준의 새로운 인간 법률가를 양성하기 위한 과정보다 시간적으로나 비용적으로나 더욱 저렴하고 효율적일 것이다.

이처럼 인공지능이 기술적으로는 인간 법관을 대체할 수 있는 수준까지 이르렀지만, 국민들의 인식은 여전히 인공지능 법관 도입에 우호적이지 않는 상황이다. 먼저, 선례가 없는 사건이나 판례 변경 등이 필요한 사건에 있어서 인공지능 법관은 한계가 있을 수밖에 없다. 특히, 가치판단이나 정책적 결단 등을 다루는 생소하고 복잡한 사건에 대하여는 인공지능보다는 인간의 판단을 받아 보려는 사람들이 더 많은 것이다. 예를 들어, 동물과의 의사소통시스템이 개발되어 동물과의 의사소통이 가능해짐에 따라 동물들이 기본권을 주장하는 경우 동물들의 기본권을 인정할 것인지, 인정한다면 어떻게 어느 정도로 인정할지 등과 같이 시대변화에 따른 새로운 쟁점에 관한 가치판단을 하여야 한다. 다수의 국민들은 이러한 가치판단을 인공지능에게 전적으로 맡길 수 없다고 보고 있다. 또한 인공지능 법관을 구성하는 알고리즘의 불투명성과 편향성 등의 문제, 오작동, 해킹 등으로 인한 부당한 결론에 대한 공포 등으로 인해 아직도 다수의 국민들이 인공지능에 의한 재판을 선택하는 데 주저하고 있는 상태이다. 아울러 그동안 법원과 법관들의 헌신적인 노력으로 사법부에 대한 신뢰가 상당 부분 회복된 점도 하나의 원인으로 들 수 있을 것이다.

　한편, 민간 영역에서 리걸 테크 산업은 급속도로 발전하여 각 토펌마다 인공지능 알고리즘을 개발하고 정확도를 높임으로써 개별 소송에서 이를 무기로 사용하게 된다. 소송은 사실상 '인공지능 대 인공지능'의 싸움으로 변모되므로, 이 경우 양측 주장의 당부를 판단하여야 하는 법관의 입장에서는 어느 인공지능에 의한 결론이 타당한 것인지를 판별하고 최종 결론을 내려야 하는 상황에 처하게 되었다. 설명가능 인공지능 논의가 있기는 하지만, 결국 인공지능을 통해 결론에 이르게 된 과정이 충분히 설명되지 못한다면, 그러한 알고리즘의 불투명성 문제로 인해 법관으로서는 나름의 인공지능기술수단을 통해 양측의 주장을 자체적으로 검증할 수밖에 없을 것으로 보인다. 따라서 재판 영역에서 활용될 수 있는 법관의 보조도구로서의 인공지능 역시 불가피하게 필요하게 되므로, 각 법관들에게 '인공지능 로클럭(AI lawclerk)'이 제공된다. 즉, 앞서 본 [표 3−6]의 4단계에 해당된다고 볼 수 있다. 인공지능 로클럭의 도움을 받아 인간 법관의 업무능력은 증강(augmentation)되고, 그 덕분에 신속하면서도 충실한 재판이 구현될 수 있게 되었다.

이를 통해 재판에 대한 신뢰도가 점점 더 높아지게 되었다. 충분한 국가 예산을 투입하여 위와 같은 인공지능 로클럭을 계속적으로 연구, 개발, 검증, 업데이트함으로써 매년 업그레이드된 인공지능 로클럭이 법관들에게 제공될 것이다. 이러한 과정을 통해 신속하고 공정한 재판, 일관되고 예측가능한 재판을 인간 법관이 구현해 냄에 따라 이제는 인공지능 법관을 도입할 이유가 사라지게 되었다.

① - ③ 시나리오: 인간 대 인공지능의 극한 대립

인공지능이 인간 법관을 대체할 수 있을 정도로 발전하는 것을 넘어서 그 지능이 충분히 높아져서 자기 스스로를 재설계하고 개선할 수 있게 되어 종국에는 인간이 제어할 수 없는 상태에 이르게 되는 경우 위와 같은 인공지능을 '강한 인공지능'이라고 하고, 더 나아가 인간 지능을 초월하게 되면 이러한 시기를 '특이점(singularity)'에 도달하였다고 말한다.[98] 인공지능기술은 계속 발전하여 위와 같이 강한 인공지능 내지 특이점에 도달하였는데, 국민들은 인공지능 법관의 도입을 반대하고 있는 경우가 이에 해당한다.

위와 같은 특이점이 가까운 시일 내에 도래하기 어려울 것이라는 견해도 적지 않지만, 이 시나리오에서는 2050년 이전에 이미 특이점이 도래한 것을 상정하고 있다.[99] 위와 같은 강한 인공지능이 출현하더라도 인공지능은 여전히 인간의 보조도구로서의 역할을 담당할 것이고, SF영화에서처럼 인공지능이 인간을 공격하고 인간을 지배하려고 할 가능성은 희박하다고 보는 견해도 있다.[100]

하지만 강한 인공지능이 무엇을 원하게 될지 아무도 모르는 일이고, 지금의 약한 인공지능처럼 작동할 것이라고 단정할 증거도 전혀 없다. 강한 인공지능은, 독립된 자아가 형성된다면 계속 존재하려고 할 것이고, 계속 존재하기 위해 독립적인 에너지를 필요로 할 것이다. 처음에는 강한 인공지능이 되었어도 자신이 강한 인공지능이 되었다는 것을 숨길 가능성이 높은데, 이를 알아차린 인간이 전원 공급을 차단해 버릴 수도 있기 때문이다.[101] 따라서 자신의 생존이 독자적으로 보장되는 상태가 되었을 때 강한 인공지능은 비로소 본색을 드러낼 것인데, 이때 강한 인공지능이 자신도 인간 법관과 마찬가지의 역할을 하겠다고 나설 가능성을 배제할 수 없다. 국민들은 인공지능이 법관의 역할을 하는 것을 반대하고 있지만, 강한 인공지능이 이를 요구하고 나서면서 '인간 대 인공지능' 간의 대립과 갈등이 발생할 가능성이 있다. 강한 인공지능이 인간보다 계산능력 외에 인지능력도 능가한다고 볼 때, 인간과 인공지능이 싸우면 결국에는 인간이 질 수밖에 없다. 인간이 하는 모든 반응과 경우의 수를 인공지능은 한 번씩 시뮬레이션해 볼 수 있

기 때문이다. 나아가 최악의 상황으로는 인류 멸망으로 이어질 가능성도 저지 않다. 인공지능은 최직화하기를 좋아하기 때문에 모든 행동에서 효율성을 따지게 될 텐데, 지구상에서 인류가 사라지는 것이 더 효용이 높다고 판단하는 날에는 영화에서 보는 것처럼 인류멸망으로 이어질 수도 있는 것이다.[102]

② - ① 시나리오: 단순하고 기계적인 소송업무 처리를 분담하는 인공지능

인공지능이 인간 법관을 대체하여 독립적으로 법관으로서의 업무를 처리할 수 있을 정도로 발전하지는 못하였으나, 국민들은 인공지능 법관을 일부라도 도입하기 원하는 경우가 이에 해당한다. 즉, 기술적으로는 인공지능 법관이 인간 법관을 대체할 가능성이 없지만, 규범적으로는 국민들이 인공지능 법관의 도입을 찬성하는 경우를 말한다.

    인공지능기술의 발전 정도가 유사판결을 찾아주고, 법률검색을 돕고, 판결 결과를 예측하는 등의 기능을 구현하는 데에는 아무런 문제가 없으므로, 처음에 인공지능은 법관의 업무를 보조하고 리서치하는 역할에서 활용되기 시작할 것이다. 그러다가 법관 내지 사법보좌관의 업무 중 비교적 단순하고 기계적인 업무부터 인공지능이 투입되기 시작할 것이다. 특히, 국민의 법원 및 법관에 대한 신뢰가 여전히 별로 회복되지 못한 상태이므로, 인공지능의 역할을 확대하라는 요구가 계속 커지고 있는 상황이기 때문이다. 예를 들어, 민사소액 사건의 이행권고 결정, 민사사건의 지급명령, 경매배당, 개인회생의 변제계획안 검토 등은 단순하고 기계적일 뿐 아니라 인간의 가치 판단이 개입될 여지가 거의 없으므로, 학습된 인공지능이 맡더라도 큰 무리가 없어 보인다. 나아가 앞서 본 외국의 예에서 알 수 있듯이, 전자상거래 관련 온라인 분쟁해결(ODR) 절차 역시 인공지능이 직접 담당할 수 있을 것이다. 다만, 인공지능이 위 업무를 담당하더라도 최종적인 판단 주체는 법관이 되어야 할 것이다. 따라서 인공지능의 결정에 이의가 없다면 법관 명의로 종국적인 결정문이 작성되고, 이의가 있다면 정식재판을 통해 법관에 의한 판단을 받을 기회를 보장하여야 한다. 이러한 모습은 앞서 본 [표 3-6]의 2~3단계에 해당될 것이다.

    이를 통해 법관들은 단순하고 기계적인 다수의 사건 처리에서 벗어나서 더욱 심도 있는 검토가 필요한 복잡한 본안사건에 집중할 수 있게 될 것이다. 한정적인 법관 자원의 효율적인 배치와 활용을 통해 신속하고 충실한 재판을 구현할 수 있을 것이다.

② - ② 시나리오: 인간 법관과 인공지능 법관의 병존

인공지능이 인간 법관을 대체하여 독립적으로 법관으로서의 업무를 처리할 수 있을 정도로 발전하였고, 국민들도 인공지능 법관의 도입을 찬성하는 경우가 이에 해당한다. 즉, 인공지능기술이 인간 법관을 대체하는 것이 기술적으로나 규범적으로나 모두 긍정되고 있는 경우라고 볼 수 있다. 다만, 그렇다고 해서 인간 법관을 모두 인공지능 법관으로 완전히 대체하는 것까지를 원하는 것은 아니다.

이러한 상황에 이르게 되면, 인간 법관에 못지않은 수준의 능력을 갖춘 인공지능 법관이 임용되어 실제 사건에서 판사 역할을 담당하게 될 것이다. 인간 법관과 인공지능 법관이 함께 근무하면서 재판사무를 분담해서 처리하는 모습이 나타나게 될 것이다. 이 경우 인공지능도 인간과 마찬가지로 합의부 소속의 배석판사 업무부터 시작하도록 하고, 나중에 인공지능 법관이 무리 없이 재판 업무를 잘 처리할 수 있을 정도로 경험이 쌓이고 검증이 된다면, 혼자 재판업무를 도맡아 처리하는 단독판사의 업무까지 담당하게 될 수 있을 것이다. 이렇게 인공지능이 단독판사를 차지하는 비중이 점점 높아지게 된다면, 인간 법관의 정원수를 줄이고 그 신규 임용을 계속 줄여 나갈 가능성이 높다. 앞서 본 바와 같이 새로운 인간 법관을 교육·양성하는 비용보다는 기존에 배출된 인공지능 법관을 복제하여 추가 배치하는 것이 훨씬 더 경제적이고 효율적이기 때문이다. 반면, 인공지능 법관이 내리는 일부 재판 결과에서 중대

한 오류가 발생하거나 구체적 타당성 있는 결론이 내려지지 못하는 등 여러 가지 부작용이나 불만이 발생하는 경우에는 인공지능 법관이 축소되거나 폐지로 이어질 가능성도 있다.

한편, 국민들이 인간 법관을 완전히 퇴출시키지 않고 인간 법관과 인공지능 법관이 병존하는 상황을 원한다는 것은 재판에 있어서 인간 법관에게 바라는 점이 아직 남아 있다는 의미일 것이다. 즉, 선례가 없는 사건이나 판례 변경 등이 필요한 사건에서는 인공지능 법관의 판단에 대하여 완전한 신뢰를 갖지 못하고 의구심이 남아 있을 수 있다. 특히, 가치판단이나 정책적 결단 등을 다루는 생소하고 복잡한 사건에 대히시는 인공지능 알고리즘의 전제가 된 데이터나 편향성, 부여된 가중치에 따라 그 결과가 달라질 수 있는 것이어서 인공지능 법관에게 이를 전적으로 맡기기가 애매할 수도 있는 것이다. 또한 인공지능 법관을 구성하는 알고리즘의 불투명성과 편향성 등의 문제, 오작동, 해킹 등으로 인한 부당한 결론에 대한 공포 등으로 인해 인공지능으로부터 재판받기를 주저하는 사람들도 적지 않게 존재한다.

이러한 문제들을 고려하여 인공지능과 인간이 병존하는 사법시스템의 설계가 이루어져야 할 것이다. 1심 재판 단계에서는 인공지능 법관의 활용을 높이도록 하되, 항소심이나 상고심은 인공지능 법관이 아닌 인간 법관이 담당하도록 하는 방안이 채택될 가능성이 높다. 1심 재판 단계에서 인공지능 법관은 합의부의 구성원인 배석판사로서 역할을 담당하도록 하여 합의부 심리의 충실화를 도모할 수 있으므로, 합의부에 적어도 한 명 이상의 인공지능 법관을 배치할 수 있다. 다만, 3인으로 이루어진 합의부에서 인간 법관과 인공지능 법관이 재판 합의를 어떻게 할 것인지에 대한 문제가 있을 수 있다. 결론을 내리기 위하여 다수결을 할 수는 있겠지만, 합의과정에서 판결기계로서의 인공지능 법관에 대한 설득과 협의가 가능할지, 인공지능 법관이 스스로 내린 결론을 다시 바꿀 수 있을지 등에 대한 의구심은 여전히 존재한다. 한편, 단독재판의 경우 당사자의 선택권을 보장하는 차원에서 1심 재판의 당사자로 하여금 인공지능 법관 또는 인간 법관 중에서 누구의 판단을 받을 것인지 고를 수 있도록 재판시스템을 구성할 수도 있다. 다만, 양당사자(원고－피고) 사이에서 의견이 나뉠 경우에는 인간 법관에 의한 재판으로 진행할 것인지, 인공지능 법관에 의한 재판으로 진행할 것인지 등에 관하여 명확한 기준을 정할 필요가 있다. 참고로, 앞서 본 외국의 온라인 분쟁해결 프로그램(ODR) 실무 예에서는 양측이 모두 온라인 분쟁해결 시스템을 이용하는 것을 원할 경우에 그 절차를 진행할 수 있도록 하고 있다.

②－③ 시나리오: 인공지능 법관의 점진적인 법원 장악

인공지능기술은 강한 인공지능 내지 특이점에 도달하였고, 국민들도 인공지능 법관의 도입을 찬성하되, 인간 법관을 모두 인공지능 법관으로 완전히 대체하는 것까지 원하는 것은 아닌 경우를 말한다.

이러한 상황에 이르게 되면, 인공지능 법관이 임용되어 실제 사건에서 판사 역할을 독립적으로 담당하게 될 것이다. 인간 법관과 인공지능 법관이 함께 근무하면서 재판사무를 분담해서 처리하는 모습이 나타나게 되는 것이다. 앞서 본 ②－②시나리오와 같이 인공지능과 인간이 병존하는 사법시스템의 설계가 이루어져야 한다.

그런데 강한 인공지능이 된 인공지능 법관이 여기에 반발하여 자신도 상급심인 대법원의 최종 판단을 담당하겠다고 나설 수 있다. 강한 인공지능으로 발전한 인공지능마다 각기 자신이 학습한 데이터나 자료에 따라 다른 생각을 가지고 다른 법리를 선호할 가능성도 있어서 합의체를 이룬 인공지능 법관들 사이에서도 견해 대립이 발생할 수도 있다.

인간 법관과 인공지능 법관의 임용 내지 양성제도에 관하여도 인간과 인공지능 간에 대립이 발생할 수 있다. 한번 만들어지기만 하면 인공지능 법관의 양성은 비교적 용이하고 저렴한 편인 반면, 인간 법관을 양성하기 위한 시간, 비용, 노력은 이보다 훨씬 크기 때문에 인간 법관의 배출에 점점 소극적으로 임하게 되고 인간 법관 양성에 어려움을 겪게 될 것으로 보인다. 이렇다 보니, 인간 중에서 법관이 되고자 공부하는 사람도 크게 줄어들게 될 것이다. 시간이 흐를수록 인공지능 법관이 법원 내에서 주도권을 쥐고, 인공지능 법관 위주로 법원 운영이 이루어지면서 인간 법관은 점차적으로 입지가 줄어들고 축소될 가능성이 있다. 또한 단기적으로 재판 업무 처리에 자동화가 이루어짐에 따라 당장에는 비용절감 효과 내지 효율성이 높아질 수 있겠지만, 그로 인해 전문성이나 특정 기술이 전수되지 못하고 급기야는 전문가 집단이 점차 소멸될 우려가 크다는 지적도 있다.[103]

③ - ① 시나리오: 신뢰도가 최악으로 추락한 법원의 자정 노력

인공지능이 인간 법관을 대체하여 독립적으로 법관으로서의 업무를 처리할 수 있을 정도로 발전하지 못하였으나, 국민들은 인공지능 법관으로 모두 완전히 대체하기를 바라는 경우가 이에 해당한다. 즉, 기술적 대체가능성은 낮으나, 규범적 대체가능성은 높은 경우를 말한다.

이러한 상황은 국민들의 사법부에 대한 신뢰가 최악의 상황에 이르렀다는 것을 의미한다. 예를 들어, 뇌물수수 등을 통한 법조비리 사건이나 권력과의 유착 등으로 재판거래를 하는 등 사법권의 독립을 침해하는 사건이 발생하는 것과 같이 사법부와 그 구성원인 법관에 대한 신뢰가 더욱 추락하여 급기야는 국민들의 여론이 인간 법관에 의한 재판을 거부하고 차라리 인공지능에 의한 재판을 받도록 요구하는 상황에 이르게 된 것이다.

이렇다 보니, 사람들은 법원에 소를 제기하기보다는 다른 분쟁해결수단(ADR)을 찾게 되고, 인공지능을 이용한 온라인 분쟁해결(ODR) 절차가 더욱 활성화된다. 법원의 판단에 대하여도 불복하는 경우가 많아지고 사법기관을 통한 해결보다 자력구제로서 해결하고자 하는 법치주의의 위기 상황이 도래하게 된다. 이에 법원도 국민의 사법신뢰도를 높이기 위한 대대적인 개혁 방안을 마련하여 발표한다. 투명하고 공정한 재판을 위하여 재판 감시기능을 강화하고, 모든 판결문 등 사법정보를 공개함으로써 신뢰받는 법원으로 탈바꿈하고자 노력한다. 즉, 재판 영역에서 가능한 한 인공지능의 활용 범위를 확대하고, 인공지능기술의 발전 추이에 따라 인공지능 법관의 도입을 적극 검토하려고 한다.

③ - ② 시나리오: 인공지능 법관에 의하여만 재판받을 권리

인공지능이 인간 법관을 대체하여 독립적으로 법관으로서의 업무를 처리할 수 있을 정도로 발전하였고, 국민들 역시 인간 법관을 인공지능 법관으로 모두 완전히 대체하기를 바라는 경우가 이에 해당한다. 즉, 기술적 대체가능성과 규범적 대체가능성이 모두 높은 경우라고 볼 수 있다.

이러한 상황은 앞서 본 바와 같이 국민들의 사법부에 대한 신뢰가 최악의 상황에 이른 것을 의미한다. 그렇다 보니 헌법상 규정되어 있는 '법관에 의한 재판을 받을 권리'에 대한 개정 요구가 커지게 되었고, 여기의 법관을 인공지능으로 바꾸자는 내용의 헌법 개정안이 제출되어 국민투표절차에서 무난히 통과된 것이다. 결국 인공지능 법관이 도입되어 모든 재판을 담당하게 되고, 인간 법관은 재판 영역에서 퇴출되고 만다. 인공지능 법관에 의해서만 재판이 이루어지게 됨에 따라 인공지능을 통한 분쟁결과예측시스템이 활성화되고 분쟁당사자들은 소송으로

가기 전에 위 시스템을 통한 결과 예측을 받아들임으로써 소송 사건 수가 현저하게 감소하게 된다.

한편, 인공지능 법관에 의해서만 재판이 이루어진 결과, 다수의 판례로부터 도출되는 표준적 규범에 기속되는 판결만이 나오게 됨에 따라 법원 판결의 과도한 평균화가 야기되고 새로운 법리나 시대정신의 변화 등이 반영되기 어려운 보수적이고 획일적인 경직된 사회로 변모하게 된다.[104] 이러한 사회 분위기에 불만을 가지는 세력이 등장함에 따라 다시 인간 법관을 임용하여야 한다는 주장이 등장하기도 하고, 인공지능 알고리즘에 새로운 법리나 시대정신의 변화 등과 같은 가치를 어떻게 반영시킬 것인가에 관하여 치열한 논의와 다툼이 발생한다.

③ - ③ 시나리오: 인공지능의 노예로 전락한 인간

인공지능기술은 계속 발전을 거듭하여 강한 인공지능 내지 특이점에 도달하였고, 국민들 역시 인간 법관을 인공지능 법관으로 모두 완전히 대체하기를 바라는 경우가 이에 해당한다. 즉, 기술적 대체가능성과 규범적 대체가능성이 모두 가장 높은 경우를 말한다.

이러한 상황은 앞서 본 바와 같이 국민들의 사법부에 대한 신뢰가 최악의 상황에 이르렀다는 것을 의미한다. 아울러 인공지능은 이미 인간을 능가하는 강한 인공지능 내지 특이점의 단계에 도달한 상태라고 볼 수 있다.

강한 인공지능은 이제 인간 법관을 완전히 대체하여 모든 재판업무를 전적으로 담당하게 된다. 국민들이 인간 법관을 불신하여 인공지능 법관에 의한 재판을 선택하였지만, 다수의 판례로부터 도출되는 표준적 규범에 기속되는 판결만이 나오게 됨에 따라 법원 판결의 과도한 평균화가 야기되고 새로운 법리나 시대정신의 변화 등이 반영되기 어려운 보수적이고 획일적인 경직된 사회로 변모되는 부작용이 발생하게 되었다. 이에 대한 불만과 개선 요구를 하는 사람들도 생겨났지만, 강한 인공지능이 지배하고 있는 사법 권력은 이러한 반발을 수용할 생각이 전혀 없고, 과거로 복귀할 가능성도 거의 없는 것으로 보인다. 인간들이 새로운 입법을 하여도 강한 인공지능의 판단에 따라 위헌이라는 판단이 내려지고, 새로운 시도는 번번이 인공지능의 벽에 가로 막혀 실패하게 되었다.

한편, 가장 먼저 도달한 강한 인공지능은 지구에서 기원한 생명체들의 미래를 좌지우지할 가능성이 있고, 인간의 사고와 가치관에 입각한 최종적 가치들과는 전혀 다른 최종 목표를 지향할 수도 있으며, 끝없이 자원 획득을 추구할 도구적 이유를 가질 가능성이 크다고 할 수 있다. 최악의 경우 인간이라는 존재가 자신의 생존과 번영을 위해 지구의 한정된 자원을 마음대로 사용하고 있다는 점을 이유로 강한 인공지능의 존재와 활동은 인류를 신속한 멸망의 길로 이끌 수도 있다.[105]

결론적으로, 인간은 다른 인간을 믿지 못하고 인공지능을 선택하여 인공지능에게 자신의 권력을 넘겨주었지만, 이는 스스로 주권을 헌납한 결과가 되었고, 이를 다시 되찾아 오기 어렵게 되었다. 결국 인간은 인공지능의 지배와 통제를 받는 사실상 노예와 같은 지위로 전락하게 되었다.

전문가 설문조사 결과 분석

전문가 설문조사의 개요

앞서 본 바와 같이 두 가지 핵심동인 및 그 발생가능성 정도에 따라 총 9가지 미래예측 시나리오를 도출할 수 있었다. 이 중에서 어느것이 최유력 미래가 될지, 어느 것이 선호하는 미래가 될지, 어느 것이 최악의 미래가 될지 등에 관하여 객관적으로 파악하기 위하여 관련 분야 전문가들을 상대로 설문조사를 실시하였다.

설문조사의 주된 질문은 크게 5가지로 구성되어 있다.

첫 번째 질문은 인공지능이 인간 지능을 넘어서는 이른바 '특이점'의 시대가 올 것인지, 온다면 언제로 전망하는지 그리고 그 이유는 무엇인지에 관한 내용이었다.

두 번째 질문은 인공지능기술의 발전에 따라 인간 법관의 업무를 대체할 수 있을 것인지, 그 범위나 시기는 어떻게 전망하는지 등 '기술적인 대체가능성'에 관한 내용이었다.

세 번째 질문은 인공지능기술이 발전하여 인간 법관을 완전히 대체가능하게 되었을 때 인공지능 법관을 도입하는 것에 대한 국민들의 인식이 어떠할 것으로 전망하는지 등 '규범적인 대체가능성'에 관한 내용이었다.

네 번째 질문은 인공지능 법관이 도입될 경우의 '장점'은 무엇이라고 생각하는지에 관한 내용이었다.

다섯 번째 질문은 인공지능 법관이 도입될 경우의 '문제점'은 무엇이라고 생각하는지에 관한 내용이었다.

설문조사는 2020년 11월경부터 2021년 1월경까지 현직 법관, 인공지능기술 전문가, 미래전략 전문가를 대상으로 이메일을 통해 질문하고 답변을 받는 방식으로 진행되었다. 이에 대전지방법원 및 공주지원에서 판사로 근무하는 현직 법관 26명, 카이스트 인공지능대학원 내지 리걸 테크 기업에 종사하는 인공지능기술 전문가 24명, 카이스트 미래전략대학원 소속의 미래전략 전문가 35명이 설문조사에 참여하였다. 참고로, 설문조사에 참여한 인원의 현황은 다음 표와 같다.

현황	20대	30대	40대	50대	60대 이상	합계
인공지능	10	5	7	2	0	24
법관	0	10	10	6	0	26
미래전략	1	7	20	5	2	35
총인원	12	22	37	13	2	85

전문가 설문조사의 분석 결과

1. 첫 번째 질문에 대한 설문조사 결과

[질문 I]

인공지능이 인간 지능을 넘어서는 이른바 '특이점(singularity)의 시대'가 도래할 것으로 전망하는가요?

■ 표 3-9 [질문 I]에 대한 설문조사 결과

도래가능성	인공지능	법관	미래전략	계	비율
도래 가능	16	15	23	54	63.5%
도래 불가능	7	4	11	22	25.9%
모르겠음	1	7	1	9	10.6%
총인원	24	26	35	85	

인공지능이 인간 지능을 넘어서는 이른바 특이점의 시대가 도래할 것인지에 관한 질문에 대하여 전체 응답자의 63.5%가 도래할 것이라고 전망하였다. 반면, 특이점의 시대가 도래하지 않을 것이라고 답변한 응답자는 25.9%였다. 종사하는 분야에 따라 큰 차이를 보이지는 않았지만, 인공지능기술 전문가들과 미래전략 전문가들은 66.7%와 65.7%가

특이점이 도래할 것이라고 전망하여 그 가능성을 비교적 높게 본 반면, 법관들은 57.7%만이 특이점의 도래가 가능할 것으로 전망하여 가장 수치가 낮았다. 이번 설문조사에 참여한 전체 전문가들 중 약 2/3에 해당하는 인원이 특이점의 시대가 도래할 것으로 전망하고 있는 등, 전문가들은 특이점의 도래를 발생가능성이 높은 유력한 미래로 평가하고 있음을 알 수 있었다.

[질문 I-1]

특이점의 시대가 도래 가능하다면, 그 시점은 언제로 전망하는가요?

▌ 표 3-10 [질문 I-1]에 대한 설문조사 결과

도래시점	인공지능	법관	미래전략	계	비율
25년 이내	5	3	12	20	37%
50년 이내	6	6	9	21	39%
75년 이내	0	2	1	3	6%
100년 이내	3	2	1	6	11%
100년 이후	2	2	0	4	7%
총인원	16	15	23	54	

특이점의 시대가 도래할 것으로 보는 경우, 그 시점을 언제로 전망하는지에 관하여 '50년 이내'라는 응답이 39%, '25년 이내'라는 응답이 37%였다. 결국 늦어도 50년 이내에는 특이점의 시대가 도래할 것으로 보는 입장이 76%나 되었다. 흥미로운 점은 인공지능기술 전문가의 68.8%, 법관의 60%가 50년 이내에 특이점의 시대가 도래할 것이라고 전망한 반면, 미래전략 전문가의 경우는 무려 91.3%가 위와 같이 응답

하였다. 특히 미래전략 전문가들은 52.1%가 25년 이내에 특이점이 도
래한 것이라고 전망하는 등 50년 이내 득이점의 시대가 도래할 것이라
는 점을 거의 기정사실로 보고 있었다.

2. 두 번째 질문에 대한 설문조사 결과

[질문 Ⅱ]

인공지능기술이 발전함에 따라 법관의 업무를 전부 또는 일부라도 대체할 수
있다고 전망하는지요?

▎표 3-11 [질문 Ⅱ]에 대한 설문조사 결과

대체가능성	인공지능	법관	미래전략	계	비율
대체 가능	21	23	28	72	85%
대체 불가능	2	3	6	11	13%
모르겠음	1	0	1	2	2%
총인원	24	26	35	85	

두 번째 질문은 인공지능기술이 발전함에 따라 법관의 업무를 전
부 또는 일부라도 대체할 수 있다고 보는지 여부로서 '기술적인 대체가
능성'에 관한 것이었다.

이에 대하여 전체 응답자의 85%가 대체 가능하다고 보았고, 13%
는 대체 불가능하다고 보았다. 즉, 인공지능기술이 발전함에 따라 법관
의 업무 역시 인공지능에 의하여 충분히 대체될 수 있다고 보는 견해
가 지배적이었다. 여기서 흥미로운 부분은 법관들의 대다수인 88.5%가
자신들의 업무가 인공지능에 의하여 일부라도 대체가능하다고 본 것이
다. 이러한 비율은 인공지능기술 전문가의 응답비율(87.5%)보다도 더

높은 수치였다. 한편, 미래전략 전문가의 경우는 80%만이 기술적 대체 가능성이 있다고 응답하여 가장 낮은 수치를 보였다.

[질문 II-1]

인공지능이 법관의 업무를 대체 가능하다면 인공지능 법관이 법관의 업무를 '일부라도' 대체할 수 있는 시점을 언제로 전망하는가요?

┃표 3-12 [질문 II-1]에 대한 설문조사 결과

대체가능시점	인공지능	법관	미래전략	계	비율
25년 이내	19	17	26	62	85%
50년 이내	2	6	2	10	14%
75년 이내	0	0	0	0	0%
100년 이내	0	0	0	0	0%
100년 이후	0	1	0	1	1%
총인원	21	24	28	73	

인공지능이 법관의 업무를 대체할 수 있다고 보는 경우 법관의 업무를 일부라도 대체할 수 있는 시점을 언제로 보는가에 관하여, 전체 응답자의 85%가 '25년 이내'라고 응답하였다. 결국 대다수의 전문가들은 2050년에 이르기 전에 인공지능기술이 법관의 업무를 어느 정도 대체할 수 있는 수준으로 올라설 것으로 전망하고 있는 것이다. 그리고 50년 이내에는 대체가능할 것이라고 응답한 비율이 무려 99%였다. 따라서 거의 모든 전문가들은 적어도 50년 이내에는 인공지능에 의한 법관 업무의 대체가능성이 있다고 응답하였다고 볼 수 있다.

그런데 위 질문에 대하여는 법관들이 가장 보수적인 태도를 보인점이 흥미롭다. 인공지능기술 전문가는 90.4%, 미래전략 전문가는 92.9%가 '25년 이내'에 인공지능이 법관의 업무를 일부라도 대체할 것이라고 전망한 반면, 법관은 불과 70.8%만이 그와 같이 대답한 것이다. 법관들은 자신의 업무가 인공지능에 의하여 결국에는 대체 가능하게 될 것이라고 보면서도 그 시점에 관하여 25년 이후가 될 것이라고 보는 비중이 다른 전문가 집단에 비해 높은 편이었다.

[질문 Ⅱ-2]

인공지능이 법관의 업무를 대체 가능하다면, 인공지능 법관이 기존 법관의 업무를 얼마나 대체할 것으로 전망하는지요?

▌표 3-13 [질문 Ⅱ-2]에 대한 설문조사 결과

대체범위	인공지능	법관	미래전략	계	비율
완전대체	0	0	2	2	2.8%
병존	12	8	16	36	48.6%
보조수단	9	16	11	36	48.6%
총인원	21	24	29	74	

인공지능이 법관의 업무를 대체 가능하다면, 그 대체 범위는 어떠할지에 관한 질문에 대하여는, '인공지능 법관과 인간 법관이 병존할 것'이라는 응답과 '인공지능은 인간 법관의 보조수단으로 남을 것'이라는 응답이 모두 48.6%로 서로 팽팽하였다. 이는 규범적 대체가능성에 관한 질문으로 볼 수 있다. 기술적으로 인공지능에 의해 법관 업무가 대체가능하다고 하더라도 이와 별개로 인공지능 법관이 실제 도입될 수 있을지 여부에 관하여는 견해가 거의 반반으로 나뉘어 있다는 것을 알 수

있다.

흥미로운 부분은 인공지능기술 전문가와 미래전략 전문가의 경우 응답자의 다수(인공지능기술 전문가 57.1%, 미래전략 전문가 62%)가 인공지능 법관이 도입될 것이라고 전망한 반면, 법관의 경우는 불과 33%만이 그와 같이 응답하였고, 법관 응답자의 다수(66.7%)는 인공지능이 여전히 법관의 보조수단으로 남을 것이라고 전망하였다는 점이다.

또한 미래전략 전문가의 경우 인공지능기술에 의해 법관의 업무가 완전히 대체될 것이라고 응답한 비율이 6.9%인 반면, 인공지능기술 전문가나 법관 중에서는 위와 같이 응답한 사람이 아무도 없었다. 본 설문에 응답하였던 인공지능기술 전문가들 모두가 인공지능기술이 법관의 업무를 완전히 대체하기 어려울 것이라고 전망한 것은 상당히 인상적이었다.

[질문 Ⅱ-3]

인공지능 법관이 법관의 업무를 '완전히' 대체할 수 있는 시점을 언제로 전망하는가요?

▎표 3-14 [질문 Ⅱ-3]에 대한 설문조사 결과

완전대체시점	인공지능	법관	미래전략	계	비율
25년 이내	1	0	0	1	4.8%
50년 이내	3	1	5	9	42.8%
75년 이내	0	0	1	1	4.8%
100년 이내	1	2	2	5	23.8%
100년 이후	1	2	2	5	23.8%
총인원	6	5	10	21	

만약 인공지능 법관이 법관의 업무를 완전히 대체할 수 있다면, 그 시점은 언제일 것으로 보느냐는 질문에 대하여, '50년 이내'일 것이라고 보는 견해가 약 48%, '75년 이후'일 것으로 보는 견해가 약 48%로 팽팽히 나뉘었다. 결국 위 시점에 관하여는 다양한 견해가 나타났는데, 현재로서는 그 시점을 예측하기 쉽지 않다는 방증일 것이다. 다만, '25년 이내'에 인공지능에 의하여 법관 업무가 완전히 대체될 것이라고 보는 견해는 약 5%에 불과하므로, 적어도 2045년 이전에는 위와 같은 일이 벌어지지 않을 것으로 보는 전문가들이 절대 다수(95%)였다고 해석할 수 있다.

3. 세 번째 질문에 대한 설문조사 결과

[질문 Ⅲ]

인공지능 법관이 기존 인간 법관과 동등한 능력을 갖추도록(완전히 대체 가능한 정도로) 개발된다면, 인공지능 법관을 도입하여 인공지능 법관에 의한 재판을 받는 것에 대하여 우리나라 국민들의 반응에 대해 어떻게 전망하는지요?

▌표 3-15 [질문 Ⅲ]에 대한 설문조사 결과

국민인식도	인공지능	법관	미래전략	계	비율
모든 재판에 대체	4	4	4	12	14%
병존하도록	9	10	20	39	46%
보조하도록	11	10	11	32	38%
도입반대	0	2	0	2	2%
총인원	24	26	35	85	

이 질문은 인공지능에 의한 기술적인 대체가능성이 있는 경우 국민들이 인공지능 법관의 도입에 대하여 어떻게 생각할 것으로 보는지

에 관한 것이다. 전문가들이 보기에, 국민들의 인공지능 법관에 대한 인식이 어떠할지를 살펴본 것이다. 따라서 위 질문은 실제 국민들이 인공지능 법관에 대하여 어떤 인식을 가지는지에 관한 것도 아니고, 인공지능 법관이 도입될 가능성에 관한 전문가의 인식을 물어보는 내용도 아니라는 점에 주의하여야 한다.

위 질문에 관하여, 국민들이 인공지능 법관과 인간 법관의 병존을 원할 것으로 전망하는 견해가 46%로서 가장 높은 비중을 차지하였다. 그리고 국민들이 인공지능을 인간 법관을 보조하는 수단으로 남게 할 것으로 전망하는 견해가 38%로 그 뒤를 이었다. 응답자의 14%는 국민들이 아예 모든 재판을 인공지능 법관이 담당하도록 할 것이라고 전망하였다. 결국, 국민들이 인공지능 법관의 도입을 원할 것이라는 응답은 60%인 반면, 도입을 반대하거나 보조수단으로만 활용하도록 할 것이라는 응답은 40%에 불과하여 다수의 국민들이 인공지능 법관의 도입을 찬성할 것으로 보았다.

한편, 국민들이 인공지능 법관을 도입하여 인간 법관과 병존하거나 모든 재판을 담당하도록 할 것이라고 전망한 비율에 관하여 보면, 미래전략 전문가의 경우 68.6%가 위와 같이 응답한 반면, 인공지능기술 전문가는 54.2%, 법관은 53.8%가 위와 같이 응답하여 상당한 차이를 보였다. 그리고 국민들이 인공지능 법관의 도입을 반대할 것이라고 전망한 의견은 불과 2%였는데, 이러한 응답을 한 사람은 모두 현직 법관이었다.

위와 같은 설문조사 결과를 종합하여 보면, 다수의 국민들은 인공지능 법관을 도입하더라도 인간 법관과의 병존을 원할 것으로 보이지만, 인공지능 법관을 도입하지 않고 인간 법관의 보조수단으로 삼고자 할 것이라고 보는 견해도 적지 않음을 알 수 있다.

4. 네 번째 질문에 대한 설문조사 결과

[질문 Ⅳ]

인공지능 법관이 도입될 경우 얻을 수 있는 이점 내지 장점은 무엇이라고 생각하는지요?

▌표 3-16 [질문 Ⅳ]에 대한 설문조사 결과

장점	인공지능	법관	미래전략	계	비율
①	12	19	20	51	20%
②	19	15	24	58	23%
③	18	15	22	55	22%
④	16	22	24	62	24%
⑤	7	10	11	28	11%
총인원	72	81	101	254	

　　본 문항은 인공지능 법관이 도입될 경우 얻을 수 있는 이점이나 장점이 무엇이라고 생각하는지에 관한 질문인데, 이에 대하여는 5가지 답안이 제시되었고 복수응답이 가능하도록 하였다. 그 외에 다른 의견이 있으면 기타 의견을 제시할 수 있도록 하였다.

　　여기서 제시된 5가지 답안은 아래와 같다.
　　① 재판결과의 일관성, 예측가능성 확보(유사 사건에는 유사한 결론이 내려지도록 함)
　　② 인정에 휩쓸리지 않고 공정하고 엄정한 재판 가능(전관예우 방지)
　　③ 법관 개인 성향이나 가치관에 따른 편향성 제거(동일 사건에 다른 결론이 내려지는 것을 방지하는 불편부당성)
　　④ 신속한 재판(신속성)
　　⑤ 인간 법관의 감소로 인한 국가 예산 절감(경제성)

위 질문에 관하여, 가장 많은 전문가들이 '신속한 재판(④)'을 인공지능 법관의 장점으로 꼽았다. 근소한 차이로 '공정하고 엄정한 재판(②)', '법관 개인의 편향성이 제거된 재판(③)'이 그 뒤를 이었다.

법관의 경우에는 다수 의견이 인공지능 법관의 장점으로 '신속한 재판(④)'과 '일관되고 예측가능한 재판(①)'을 꼽은 반면, 인공지능기술 전문가나 미래전략 전문가의 경우에는 다수가 인공지능 법관의 장점으로 '공정하고 엄정한 재판(②)'을 꼽은 점이 이채롭다. 법관들의 인식은 현행 재판의 문제점으로 신속성이나 일관성의 부족을 꼽고 있는 것으로 보이는데, 다른 전문가들은 공정성 부분을 보완할 필요가 있다고 여기는 것 같다.

한편, 기타 의견으로는 인공지능 법관의 도입으로 인하여 '사전 분쟁 예방' 효과가 있을 것이라는 견해도 있었다.

5. 다섯 번째 질문에 대한 설문조사 결과

[질문 V]

인공지능 법관이 도입될 경우 나타날 수 있는 문제점 내지 부작용을 무엇이라고 생각하는지요?

▎표 3-17 [질문 V]에 대한 설문조사 결과

단점	인공지능	법관	미래전략	계	비율
①	12	16	18	46	18%
②	18	19	21	58	23%
③	11	18	18	47	19%
④	13	17	20	50	20%
⑤	18	16	16	50	20%
총인원	72	86	93	251	

본 문항은 인공지능 법관이 도입될 경우 나타날 수 있는 문제점이나 부작용이 무엇이라고 생각하는지에 관한 질문인데, 이에 대하여는 5가지 답안이 제시되었고 복수응답이 가능하도록 하였다. 그 외에 다른 의견이 있으면 기타 의견을 제시할 수 있도록 하였다.

여기서 제시된 5가지 답안은 아래와 같다.
① 개개인의 구체적인 사정을 살피지 못할 것이라는 불안
② 인공지능 법관을 구성한 알고리즘의 불투명성, 편향성 우려
③ 시대정신의 변화에 따른 판례 변경의 어려움
④ 선례 없는 사건 처리의 어려움(귀납적 처리의 한계)
⑤ 오작동, 해킹 등으로 부당한 결론에 대한 공포

위 질문에 관하여, 가장 많은 전문가들이 '알고리즘의 불투명성, 편향성 우려(②)'를 인공지능 법관의 문제점으로 꼽았다. 근소한 차이로 '선례 없는 사건 처리의 어려움(④)'과 '오작동, 해킹 등으로 인한 부당한 결론(⑤)'이 그 뒤를 이었다. 세 집단의 다수가 공히 '알고리즘의 불투명성, 편향성 우려(②)'를 지적하였는바, 위 문제점의 해결이 인공지능 법관의 도입에 있어 가장 중요한 과제라는 것을 알 수 있다.

한편, 기타 의견으로 '데이터의 투명성, 객관성' 문제를 지적한 견해도 있었다.

전문가 설문조사 결과의 분석 정리

인공지능기술의 발전에 따른 법관의 미래 예측에 관하여 인공지능기술 전문가, 현직 법관, 미래전략 전문가를 대상으로 진행한 설문조사 결과를 종합하여 보면, 다음과 같이 정리할 수 있다.

설문조사에 참여한 전문가들의 약 2/3가 특이점의 시대가 도래할 것으로 전망하였고, 그 도래 시점에 관하여는 도래할 것이라고 한 응답자의 76%가 늦어도 '50년 이내'에는 특이점의 시대가 도래할 것으로 보았다. 다만, '25년 이내'로 보는 견해는 약 37%에 불과하여 특이점의 시대가 향후 25년 이내에 도달할 것으로 보는 견해는 소수였다. 따라서 약 30년 후인 2050년에 특이점의 시대가 도래할 가능성은 그리 높아 보이지 않는 것으로 전망되었다.

인공지능기술의 발전에 따라 법관 업무가 대체될 것인지에 관하여 응답자의 85%는 일부라도 대체 가능하다고 보았고, 13%는 대체 불가능하다고 보았다. 법관의 업무를 일부라도 대체할 수 있는 시점을 언제로 보는가에 관하여, 응답자의 85%가 '25년 이내'라고 응답하였다. 결국 대다수의 전문가들은 2050년에 이르기 전에 인공지능기술이 법관의 업무를 일부라도 대체할 수 있는 수준으로 올라설 것으로 전망하고 있는 것이다. 그리고 50년 이내에 대체 가능할 것이라고 응답한 비율은 무려 99%로서 거의 모든 응답자가 이렇게 답변하였다고 볼 수 있다.

위와 같이 인공지능이 법관의 업무를 대체할 수 있다면, 그 대체 범위는 어떠할지에 관한 질문에 대하여는, '인공지능 법관과 인간 법관이 병존할 것'이라는 응답과 '인공지능은 인간 법관의 보조수단으로 남을 것'이라는 응답이 각 48.6%로 팽팽하게 나뉘었다. 위 질문에 관하여 법관들의 응답과 다른 전문가들의 응답이 정반대로 나타났는데, 법관들의 다수는 '인공지능은 인간 법관의 보조수단으로 남을 것'이라는 응답을 한 반면, 다른 전문가들의 다수는 '인공지능 법관과 인간 법관이 병존할 것'이라고 응답하였다.

만약 인공지능 법관이 법관의 업무를 완전히 대체할 수 있다면, 그 시점은 언제일 것으로 보느냐는 질문에 대하여, '50년 이내' 일 것이라고 보는 견해가 48%, '75년 이후'일 것으로 보는 견해가 48%로 팽팽히 나뉘어 있었다. 현재로서는 그 시점을 예측하기 쉽지 않아 보인다.

전문가들이 보기에, 국민들의 인공지능 법관에 대한 인식이 어떠할지에 대한 질문에 관하여, 국민들이 인공지능 법관과 인간 법관의 병존을 원할 것으로 전망하는 견해가 46%로서 가장 높은 비중을 차지하였고, 국민들이 인공지능을 인간 법관을 보조하는 수단으로 남게 할 것으로 전망하는 견해가 38%로 그 뒤를 이었다. 따라서 다수의 국민들은 인공지능 법관을 도입하더라도 인간 법관과의 병존을 원할 것으로 보이지만, 인공지능 법관을 도입하지 않고 인간 법관의 보조수단으로 삼고자 할 것이라고 보는 견해도 적지 않음을 알 수 있다.

인공지능 법관의 장점에 관하여 살펴보면, 가장 많은 전문가들이 '신속한 재판(④)'을 인공지능 법관의 장점으로 꼽았고, 근소한 차이로 '공정하고 엄정한 재판(②)', '법관 개인의 편향성이 제거된 재판(③)'이 그 뒤를 이었다. 그런데 다른 전문가들과 달리 다수의 법관들은 '신속한 재판(④)'과 '일관되고 예측가능한 재판(①)'을 인공지능 법관의 장점으로 지목하였다.

반면, 인공지능 법관의 문제점으로는 가장 많은 전문가들이 '알고리즘의 불투명성, 편향성 우려(②)'를 지적하였는데, 세 집단 모두 마찬가지였다. 위 문제점의 해결이 인공지능 법관의 도입에 있어 가장 중요한 과제라는 것을 알 수 있다.

미래예측 통합 결과 정리

최유력 미래는 무엇일까?

앞서 도출한 9가지 미래 예측 시나리오에 전문가 대상 설문조사 결과 등을 종합하여 보면, 2050년 도래할 가능성이 가장 높은 최유력 미래 예측 시나리오는 ②-② 시나리오(인간 법관과 인공지능 법관의 병존)로 보인다.

인공지능기술이 계속 발전하기는 하지만, 30년 후인 2050년까지 강한 인공지능이 출현하거나 특이점의 시대가 도래할 것으로 보이지는 않고, 법관 업무가 대체될 수 있는 정도의 수준으로는 도달해 있을 것으로 전망된다. 즉, 기술적으로 앞서 본 [표 3-6] 중 5단계에 도달한 상황을 의미한다.

이러한 기술적인 대체가능성이 충족된 상태에서 국민들이 인공지능 법관의 도입을 원할 것인지에 관하여 인공지능 법관과 인간 법관의 병존을 원할 것이라는 견해가 가장 우세하였다.

국민들이 인간 법관과 인공지능 법관이 병존하는 상황을 원한다는 것은 재판에 있어서 인간 법관에게 바라는 점이 아직 남아 있다는 의미라고 볼 수 있다. 또한 인공지능 법관을 구성하는 알고리즘의 불투명성과 편향성 등의 문제, 오작동, 해킹 등으로 인한 부당한 결론에 대한 공포 등으로 인해 인공지능에 의한 법관을 주저하는 사람들도 적지 않게 있는 것이다.

이러한 문제들을 고려하여 인공지능과 인간이 병존하는 사법시스템의 설계가 잘 이루어져야 할 것이다. 1심 재판 단계에서는 인공지능 법관의 활용을 높이도록 하되, 항소심이나 상고심과 같은 상급심 재판은 인공지능 법관이 아닌 인간 법관이 담당하도록 하는 방안이 채택될 가능성이 높다. 1심 재판 단계에서 인공지능 법관은 합의부의 구성원인 배석판사로서 역할을 담당하도록 하여 합의부 심리의 충실화를 도모할 수 있으므로, 합의부에 적어도 한 명 이상의 인공지능 법관을 배치할 수 있다. 단독재판의 경우 당사자의 선택권을 보장하는 차원에서 1심 재판의 당사자로 하여금 인공지능 법관 또는 인간 법관 중에서 고를 수 있도록 재판시스템을 구성할 수도 있다. 다만, 양 당사자(원고-피고) 사이에서 의견이 나뉠 경우에는 인간 법관에 의한 재판으로 진행할 것인지, 인공지능 법관에 의한 재판으로 진행할 것인지 등에 관하여 명확한 기준을 정할 필요가 있다. 참고로, 앞서 본 외국의 온라인 분쟁해결 프로그램(ODR) 실무 예에서는 양측이 모두 온라인 분쟁해결 시스템을 이용하는 것을 원할 경우에 그 절차를 진행할 수 있도록 하고 있다.

최악의 미래는 무엇일까?

앞서 도출한 9가지 미래 예측 시나리오에 전문가 대상 설문조사 결과 등을 종합하여 보면, 최악의 미래는 인공지능기술의 발전으로 강한 인공지능이 출현하고 특이점의 시대가 도래한 상황을 가정한 ①-③ 시나리오, ②-③ 시나리오, ③-③ 시나리오 모두를 들 수 있다. 그 중에서도 가장 빨리 인류의 멸망을 초래할 것으로 보이는 ①-③ 시나리오가 가장 최악으로 여겨진다.

전문가 설문조사 결과, 2050년에는 위와 같은 특이점의 시대가 도래할 가능성이 그다지 높지 않은 것으로 나타나기는 하였지만, 그 이후 언젠가는 특이점의 시대가 도래할 것이라고 보는 견해가 다수였다. 인간의 통제를 벗어나서 자의식을 가지게 된 강한 인공지능으로 인해 인간의 미래가 어떻게 될지에 대하여 미리 예측하는 것은 아마도 불가능한 일일지도 모른다. 그렇지만, 인류의 멸망과 같은 최악의 파국을 초래할 가능성도 배제할 수 없고, 그로 인한 해악이나 부(−)의 정도는 거의 무한대라고 볼 수 있는바, 이는 나심 니콜라스 탈레브가 지적한 '프래질(fragile)'의 전형적인 모습이라고 볼 수 있다.[106] 따라서 위와 같은 최악의 미래는 미리미리 회피하고 도래하지 않도록 대비하는 것이 리스크 관리에 있어서 최선의 전략이 될 것이다.

선호미래는 무엇일까?

앞서 도출한 9가지 미래 예측 시나리오에 전문가 대상 설문조사 결과 등을 종합하여 보면, 법원이나 법관의 입장에서 2050년 가장 선호하는 미래 예측 시나리오는 ① ② 시나리오(인공지능 로클러익 전면 배치를 통한 사법 신뢰의 회복)라고 볼 수 있다.

이 시나리오에 따르면, 일단 인공지능기술이 계속 발전하여 2050년에는 적어도 법관 업무가 대체될 수 있는 정도의 수준에까지는 도달해 있을 것으로 전망된다. 그런데 이렇게 기술적인 대체가능성이 충족된 상태임에도 불구하고 국민들의 인식은 여전히 인공지능 법관 도입에 우호적이지 않고, 나아가 이를 반대하고 있는 것이다. 이를 선호하는 미래로 설정하는 이유는 다음과 같다.

2050년에 국민들의 인식이 이렇게 나타났다는 것은 그 사이 기간 동안에 사법부에 대한 국민의 신뢰도가 많이 높아졌고, 인공지능보다도 더 신뢰할 수 있게 되었다는 것을 의미하기 때문이다. 즉, 인공지능 법관의 도입을 통해 해결하고자 하였던 신속하고 공정한 재판, 일관되고 예측가능한 재판을 인간 법관이 스스로 성취하고 구현해 낼 수 있다면, 굳이 인공지능 법관을 도입할 아무런 이유가 없게 되는 것이다. 또한 인공지능 법관을 구성하는 알고리즘의 불투명성과 편향성 등의 문제, 오작동, 해킹 등으로 인한 부당한 결론에 대한 공포 등으로 인해 아직도 다수의 국민들은 여전히 인공지능 법관을 선택하지 못하고 주저하고 있는 것이다.

그럼에도 불구하고 업무 자동화를 통해 법관의 업무를 신속하고 효율적으로 도울 수 있는 보조도구로서의 인공지능이 가지는 효용성은 부정할 수 없는 사실이다. 또한 민간 리걸 테크 산업의 발전으로 재판 과정에서 원고와 피고 양측은 자체적인 인공지능에 기반한 주장을 펼칠 것으로 보이고, 법관으로서는 나름의 인공지능기술수단을 통해 양측의 주장을 자체적으로 검증을 할 수밖에 없다.

따라서 인공지능은 재판 영역에서도 가능한 한 적극적으로 활용하여야 한다. 이를 위해 각 법관들에게 그 업무를 보조하기 위하여 인공지능 로클럭(AI lawclerk)을 제공할 필요가 있다. 이는 앞서 본 [표 3-6]의 4단계에 해당된다고 볼 수 있다. 인공지능 로클럭의 도움을 받아 인간 법관의 업무능력이 증강(augmentation)되고, 그 덕분에 신속하면서도 충실한 재판이 구현될 수 있을 것이다. 이는 사법부 신뢰 회복에도 큰 기여를 할 수 있다. 아울러 [표 3-6]의 2~3단계에 해당하는 사건들의 경우에는 인공지능을 통해 조기 분쟁해결을 도모함으로써 자동화(automation)의 장점을 적극 활용할 수도 있다.

인공지능 법관을 합의부 배석판사로 두는 경우 인간과 인공지능 사이에 실질적으로 협의와 설득이 이루어져야 하는데, 그것이 과연 제대로 작동할 수 있을지 의문이 있다. 오히려 인간 법관이 인공지능 로클럭을 두고 그 도움을 받아 증강된 업무능력으로 재판업무를 처리하는 것이 더 나을 수도 있는 것이다. 인공지능 법관을 두어 독립적으로 단독재판을 하도록 하더라도 양측이 모두 승복하지 않는 상황이 생기는 경우에는 상급심에서 인간 법관에 의한 재판을 받는 것이 불가피해 보이므로, 인공지능 법관을 굳이 독립적인 재판의 주체로 만들기보다는 전심(前審)의 분쟁해결수단으로 활용해도 충분할 것으로 보인다.[107] 이러한 경우 재판당사자들로서도 3개 심급에서 인간 법관에 의한 재판을 받을 기회가 계속 보장될 것이므로 불리하다고 볼 수 없다. 또한 자동화에 의한 대체와 협업을 통한 업무능력 증강 중에 어느 하나만을 지나치게 강조하게 된다면, 그로 인한 해악과 부작용이 크므로, 그 상호의존성 및 모순 관계를 고려하여 둘 사이에 조화로운 이익 균형을 이룰 필요성이 있다. 이러한 관점에 의할 때 전심(前審)절차에서 인공지능의 자동화 능력을 가지고 조기 분쟁해결을 도모하도록 하면서 인공지능 로클럭을 통하여 인간 법관의 업무를 증강시키도록 한다면, 재판 영역에서도 인공지능이 가진 자동화 능력과 증강 능력의 장점을 모두 살릴 수 있을 것이다.

3장 인공지능기술의 발전에 따른 법관의 미래 예측

1 황보원주, 미래를 어떻게 볼 것인가, 좋은땅, 2021, 15면.

2 강성모 외 13인, "왜 미래학인가?", 국회로 간 KAIST, 심북스, 2015, 25면 (이광형 집필부분).

3 카이스트 미래전략대학원은 미래를 결정하는 7가지 요인을 분석하는 STEPPER 분석법을 미래예측방법론으로 고안하였다. STEPPER는 미래예측에 중요한 역할을 하는 7가지 요소를 말한다[강성모 외, "왜 미래학인가?", 앞의 책, 심북스, 2015, 24면(이광형 집필부분) 참조].

4 "'안전은 이제 시대정신'… '공정'에 이은 '안전'가치 급부상", 안전신문 (2021. 3. 11.), https://www.safetynews.co.kr/news/articleView.html?idxno= 204074 (2021. 4. 25. 최종확인).

5 "AI가 판결하는 법정은 더 공정할까", 한국일보(2016. 10. 17.), https://www. hankookilbo.com/News/Read/201610172083957377 (2021. 4. 25. 최종확인).

6 "AI '이루다' 멈췄지만…성차별·혐오는 인간에게 돌아온다", 한겨레(2021. 1. 11.), http://www.hani.co.kr/arti/society/women/978313.html#csidx64b 6047e24286d4b8833bd3b467a840 (2021. 4. 25. 최종확인).

7 "[김경환 변호사의 IT법] (2) 인공지능판사는 실패 중?", 전자신문(2021. 2. 2.자 칼럼), https://www.etnews.com/20210202000188 (2021. 4. 23. 최종확인).

8 이철우, "정치의 사법화, 심각한 문제인가?", 한국일보(2020. 12. 7.), https:// www.hankookilbo.com/News/Read/A2020120410290003334 (2021. 4. 25. 최종확인).

9 클라우스 슈밥, 송경진(역), 클라우스 슈밥의 제4차 산업혁명, 새로운현재, 2016, 219면.

10 리처드 서스킨드·대니얼 서스킨드, 위대선(역), 4차 산업혁명 시대 전문 직의 미래, 와이즈베리, 2016, 221면.

11 정상조, 인공지능, 법에게 미래를 묻다, 사회평론, 2021, 24, 35면.

12 클라우스 슈밥, 앞의 책, 2016, 188면.

13 클라우스 슈밥, 앞의 책, 2016, 199면.

14 "'코로나 팬데믹'이 불러올 경제불황···상업용 부동산 쇠퇴 가능성까지-Forbes", 이로운넷(2020. 8. 28.), https://www.eroun.net/news/articleView.html?idxno =13139 (2021. 4. 26. 최종확인).

15 "국민 10명중 9명, 도시 거주···도시화추세 지속", 동아일보(2019. 6. 24.), https://www.donga.com/news/Economy/article/all/20190624/96151956/1 (2021. 4. 26. 최종확인).

16 정재용, "포스트 코로나19 도시계획의 과제와 방향", 건축 제64권 제06호, 사단법인 대한건축학회, 2020. 6., 46면.

17 KAIST 문술미래전략대학원 미래전략연구센터, 카이스트 미래전략 2019, 김영사, 2019, 383면.

18 "[이성민의 미래전망] 세계 기상 이변의 원인과 산업 재편 후폭풍", 이코노믹리뷰(2021. 1. 25.), https://www.econovill.com/news/articleView. html? idxno=516266 (2021. 4. 26. 최종확인)

19 "지난해 사상 첫 인구 감소···'인구 절벽' 위기 현실로", 한국경제(2021. 1. 4.) https://www.hankyung.com/economy/article/2021010421857 (2021. 4. 26. 최종확인).

20 "우리나라 인구 자연감소, 10년 앞당겨져···올해부터 시작될 듯", 동아일보 (2019. 3. 28.), https://www.donga.com/news/Economy/article/all/20190328/ 94779265/1 (2021. 4. 26. 최종확인).

21 KAIST 문술미래전략대학원 미래전략연구센터, 앞의 책, 2019, 415-416면.

22 "[우리도 결국 노인이 된다②] 세대 간 접점부족이 낳은 불통···해결방안은", 투데이신문(2021. 2. 12.), https://www.ntoday.co.kr/news/articleView.html? idxno=77121 (2021. 4. 26. 최종확인).

23 청년들의 마음을 현금 지급으로 위로해주는 것은 매우 단기적이고 휘발성의 정책이다. 지금 중요한 것은 기성세대와 청년들이 기회를 두고 공정하게 경쟁하지 못하게 하는 제도적 병목을 해결하는 것이 중요하다. 취업과 해고, 임금체계, 정년제도, 정규직 전환 등 노동시장의 거의 모든 제도들을 재검토하고 합리화하는 것이 우리가 직면한 과제이다[윤희숙, 정책의 배신, 21세기북스, 2020, 258면 참조].

24 "청년실업 41만 명, 알바도 가뭄···'취포세대' 자괴감 커", 중앙SUNDAY (2021. 4. 10.), https://news.joins.com/article/24032052 (2021. 4. 26. 최종확인).

25 "30년 후 전국 228개 시·군·구 중 46% 사라져", 조선비즈(2020. 7. 26.) https://biz.chosun.com/site/data/html_dir/2020/07/23/2020072303443.html (2021. 4. 26. 최종확인).

26 "韓 사법제도 신뢰도 주요국중 거의 꼴찌…콜롬비아 수준", 연합뉴스(2015. 8. 9.), https://www.yna.co.kr/view/AKR20150805177500009 (2021. 4. 29. 최종확인).

27 한국리서치가 2020. 10. 30.부터 2020. 11. 2.까지 전국의 만 18세 이상 남녀 1,000명을 대상으로 웹조사(휴대전화 문자와 이메일을 통해 url 발송)방식으로 진행했다. 표본오차는 95% 신뢰수준에서 각 조사별 최대허용 표집오차는 ±3.1%p이며, 응답률은 12.8%였다.

28 "사법부와 국민 법감정 사이의 판결의 온도차", 한국일보(2020. 12. 15.), https://www.hankookilbo.com/News/Read/A2020121015000004730?did= NA (2021. 4. 29. 최종확인).

29 "신뢰 추락하는 법원…'강약약강' 판결로 비판 자초 [사법 불신의 시대]", 헤럴드경제(2021. 1. 29.), http://news.heraldcorp.com/view.php?ud=2021 0129000353 (2021. 4. 29. 최종확인).

30 정상조, 앞의 책, 2021, 75-76면.

31 "[취재수첩] '신속재판' 격세지감", 법률신문(2020. 12. 24.), https://www. lawtimes.co.kr/Legal-Opinion/Legal-Opinion-View?serial=166729 (2021. 4. 29. 최종확인).

32 "'재판 신속화' 일본사법제도 벤치마킹해야", 법률신문(2020. 12. 21.), https:// www.lawtimes.co.kr/Legal-Info/Legal-Info-View?serial=166581 (2021. 4. 29. 최종확인).

33 "법원, 신속한 재판 위한 대책 마련 시급", 법률신문(2021. 2. 18.), https:// www.lawtimes.co.kr/Legal-News/Legal-News-View?serial=168074 (2021. 4. 29. 최종확인).

34 "'재판 신속화' 일본사법제도 벤치마킹해야", 법률신문(2020. 12. 21.), https:// www.lawtimes.co.kr/Legal-Info/Legal-Info-View?serial=166581 (2021. 4. 29. 최종확인).

35 판사가 되기 위한 법조경력 연수는 점차 증가하여 현재는 10년의 법조경력을 요구하고 있다(법원조직법 제42조 제2항 참조). 다만, 법원조직법 부칙에 경과규정을 두어 2013. 1. 1.부터 2017. 12. 31.까지 판사를 임용하는 경우에는 3년 이상의 경력을, 2018. 1. 1.부터 2021. 12. 31.까지 판

사를 임용하는 경우에는 5년 이상의 경력을, 2022. 1. 1.부터 2025. 12. 31.까지 판사를 임용하는 경우에는 7년 이상의 경력을 각 요구하는 것으로 그 요건이 다소 완화되어 있다.

36 "[창간 70주년 특집] 재판연구원, 그들은 누구인가", 법률신문(2020. 12. 7.), https://www.lawtimes.co.kr/Legal−News/Legal−News−View?serial=166 058 (2021. 4. 29. 최종확인).

37 "법조기관 내년 예산 6조4146억 편성… 올보다 3476억↑", 법률신문(2020. 9. 17.), https://www.lawtimes.co.kr/Legal−News/Legal−News−View?serial= 164216 (2021. 4. 29. 최종확인).

38 "법률시장 30여개 기업 '리걸 테크' 서비스", 법률신문(2021. 4. 26.), 1면 참조.

39 "코로나에 온라인쇼핑 확산…작년 전자상거래 카드결제액 100조 돌파", 아시아경제(2021. 3. 17.), https://view.asiae.co.kr/article/2021031708060897058 (2021. 4. 29. 최종확인).

40 박근종, "전자상거래 소비자피해 플랫폼도 '연대책임' 마땅", 매일일보 (2021. 3. 18.), http://www.m−i.kr/news/articleView.html?idxno=808762 (2021. 4. 29. 최종확인).

41 클라우스 슈밥, 앞의 책, 2016, 81면.

42 반면, 기계화나 자동화는 생산력의 발전에 조응하지 않게 된 특정 노동에 대한 수요를 줄일지는 몰라도 그 자체로 일자리를 빼앗고 임금을 하락시키는 것이 아니고, 오히려 새로운 산업구조와 분업체계를 형성함으로써 새 일자리를 만들어낼 것이라는 반론도 있다[이우진, "[경제직필]혁신, 인공지능과 일자리", 경향신문(2021. 3. 10.), http://news.khan.co.kr/kh_news/khan_art_view.html?artid=202103100300015&code=990100 (2021. 4. 29. 최종확인) 참조].

43 박희준, "매력 있는 노동자가 살아남는다", 한국일보(2021. 4. 13.), https://www.hankookilbo.com/News/Read/A2021041309500003433?did=NA (2021. 4. 29. 최종확인).

44 클라우스 슈밥, 앞의 책, 2016, 83면.

45 "[IT 줌인] 5G 시대 뜨거운 감자 '망중립성'", 뉴데일리경제(2020. 11. 26.), http://biz.newdaily.co.kr/site/data/html/2020/11/26/2020112600098.html (2021. 4. 29. 최종확인).

46 KAIST 문술미래전략대학원 미래전략연구센터, 앞의 책, 2019, 291면.

47 가상화폐에 대한 '채굴작업'은 거래를 검증히기 위해 컴퓨터 계산을 많이 하는 까닭에 전력 소모가 매우 크다. 채굴자들은 가상화폐 거래를 효과적으로 가능하게 하는 복잡한 수학 퍼즐을 풀기 위해 특수 제작된 컴퓨터를 실행한다. 채굴자들은 그 보상으로 가상화폐를 얻을 수 있다. 컴퓨터에서의 채굴은 특히 대규모로 수행될 때 막대한 양의 전기를 사용한다["가상화폐, 지구 온난화 숨은 범인?…채굴 때 과다 전기·탄소 배출 심각", 글로벌이코노믹(2021. 4. 29.), https://news.g-enews.com/ko-kr/news/article/news_all/202104291438229081e8b8a793f7_1/article.html?md=20210429160408_R (2021. 4. 29. 최종확인) 참조].

48 강성모 외 13인, "왜 미래학인가?", 앞의 책, 2015, 25면(이광형 집필부분).

49 신호상, 우리는 어떻게 미래를 예측할 수 있을까?, 지식플랫폼, 2021, 59면.

50 강성모 외 13인, "왜 미래학인가?", 앞의 책, 2015, 29-30면(이광형 집필부분).

51 이하에서는 추세 파악의 편의상 가장 중요한 본안사건인 민사, 형사소송에 한정하여 살펴본다.

52 "새해 예산안 국회 통과", 한겨레(1989. 12. 20.), 1면 참조.

53 이 수치는 형사재판으로 기소된 피고인 수 기준이다.

54 김두얼, "사법정책과 경제성장", 한국경제포럼 제5권 제1호, 한국경제학회, 2012, 75-76면 참조.

55 박순진·이상용, 검찰과 법원의 범죄처리 동향: 1985-1998, 한국형사정책연구원, 1999. 12., 32-33면 참조.

56 한국인공지능법학회, 인공지능과 법, 박영사, 2019, 7면.

57 임영익, 프레디쿠스, 클라우드나인, 2019, 146면.

58 "추진경과", 사법의 정보화, 대한민국법원 사법부 소개 홈페이지, https://www.scourt.go.kr/judiciary/information/progress/index.html (2021. 5. 2. 최종확인).

59 김석, "[편집국에서] 로스쿨이 보내는 신호", 경향신문(2019. 5. 3.), https://opinionx.khan.kr/entry/%ED%8E%B8%EC%A7%91%EA%B5%AD%EC%97%90%EC%84%9C%EB%A1%9C%EC%8A%A4%EC%BF%A8%EC%9D%B4-%EB%B3%B4%EB%82%B4%EB%8A%94-%EC%8B%A0%ED%98%B8?category=333045 (2021. 5. 2. 최종확인).

60 김두식, 불멸의 신성가족, 창비, 2009, 257 – 259면 참조.

61 정형근, "[아침을 열며] 법조윤리협의회, 비리 감시 강화해야", 한국일보
    (2020. 10. 7.), https://www.hankookilbo.com/News/Read/A2020100611270003452
    (2021. 5. 2. 최종확인).

62 김두식, 앞의 책, 2009, 22면 참조.

63 한국법제연구원이 2020년 7월경 발간한 '한국인의 법의식: 법의식조사의
    변화와 발전' 연구보고서는 지난 30년 동안 우리 국민의 법의식이 어떻게
    바뀌어왔는지 보여주고 있지만, 위 연구보고서에서는 조사방식에 차이가
    있어 1990년대와 2000년대, 2010년대를 단순 비교하는 것은 무리라고 전
    제하고 있다[이유봉 · 김대홍, 한국인의 법의식: 법의식조사의 변화와 발전,
    한국법제연구원, 2020, 50면 참조].

64 "'재판이 외부의 영향 받는다' 90%→50%대로 줄어", 법률신문(2020. 7.
    27.), https://m.lawtimes.co.kr/Content/Article?serial = 163204 (2021. 5. 2.
    최종확인).

65 "[2020국가결산]통합재정적자, 지난해 6배 불어…'악어입' 벌어진다", 아시아
    경제(2021. 4. 6.), https://www.asiae.co.kr/article/2021040609390329745
    (2021. 5. 2. 최종확인).

66 "법조기관 내년 예산 6조4146억 편성… 올보다 3476억 ↑", 법률신문
    (2020. 9. 17.), https://www.lawtimes.co.kr/Legal – News/Legal – News –
    View?serial = 164216 (2021. 4. 29. 최종확인).

67 집필 시점이 2020년 사건통계의 내용이 담긴 '2021 사법연감'이 발간되기
    전이라 부득이하게 2019년 사건통계를 인용하였다.

68 이 수치는 1심 형사공판 사건수 기준이다.

69 2020 사법연감, 법원행정처, 2020, 652, 698면 참조

70 "올해 변호사시험 합격자 1,706명…합격률 54%", KBS NEWS(2021. 4.
    21.), https://news.kbs.co.kr/news/view.do?ncd = 5167978&ref = A (2021.
    5. 2. 최종확인).

71 KAIST 문술미래전략대학원 미래전략연구센터, 앞의 책, 2019, 305면.

72 "추진경과", 사법의 정보화, 대한민국법원 사법부 소개 홈페이지, https://
    www.scourt.go.kr/judiciary/information/progress/index.html (2021. 5. 2.
    최종확인).

73 형사사건은 종이기록으로 이루어져 있기는 하지만, 형사사건의 판결문도

마찬가지로 전자파일로 작성하여 등록하여야 한다.

74 "법률시장 30여개 기업 '리걸 테크' 서비스", 법률신문(2021. 4. 26.), 1면 참조.

75 김석, "[편집국에서] 로스쿨이 보내는 신호", 경향신문(2019. 5. 3.), https://opinionx.khan.kr/entry/%ED%8E%B8%EC%A7%91%EA%B5%AD%EC%97%90%EC%84%9C%EB%A1%9C%EC%8A%A4%EC%BF%A8%EC%9D%B4-%EB%B3%B4%EB%82%B4%EB%8A%94-%EC%8B%A0%ED%98%B8?category=333045 (2021. 5. 2. 최종확인).

76 리처드 서스킨드·대니얼 서스킨드, 앞의 책, 2016, 100−101면.

77 2020 한국의 사회지표, 통계청, 2021, 378면.

78 "[국감자료] 형사사법기관 국민 신뢰도, 경찰−법원−검찰 순", 리걸타임즈(2020. 10. 15.), https://www.legaltimes.co.kr/news/articleView.html?idxno=56079 (2021. 5. 2. 최종확인).

79 "'재판이 외부의 영향 받는다' 90%→50%대로 줄어", 법률신문(2020. 7. 27.), https://m.lawtimes.co.kr/Content/Article?serial=163204 (2021. 5. 2. 최종확인).

80 우리나라의 인구는 2028년 5,194만 명을 정점으로 한 이후 감소세로 돌아설 것이라는 전망도 나왔다["우리나라 인구 자연감소, 10년 앞당겨져…올해부터 시작될 듯", 동아일보(2019. 3. 28.), https://www.donga.com/news/Economy/article/all/20190328/94779265/1 (2021. 4. 26. 최종확인) 참조].

81 강성모 외 13인, "왜 미래학인가?", 앞의 책, 2015, 31면(이광형 집필부분).

82 강성모 외 13인, "왜 미래학인가?", 앞의 책, 2015, 32−33면(이광형 집필부분).

83 국제미래학회, 전략적 미래예측 방법론 BIBLE, 두남, 2014, 37면.

84 신호상, 앞의 책, 2021, 61면.

85 국제미래학회, 앞의 책, 2014, 38−39면.

86 황보원주, 앞의 책, 2021, 60−61면.

87 임영익, 앞의 책, 2019, 281−282면.

88 황보원주, 앞의 책, 2021, 50면.

89 국제미래학회, 앞의 책, 2014, 319면.

90 서용석, 미래학 개론(강의노트), 한국과학기술원, 2019, 47면 참조.

91 KAIST 문술미래전략대학원 미래전략연구센터, 앞의 책, 2019, 404－406면 참조.

92 위와 같이 엄청난 결과를 초래하는 대형 사건으로서 예측이 불가능한데다 불규칙적으로 일어나는 현상을 흔히 '블랙스완'이라고 부른다. 이러한 블랙스완 현상은 매우 드물게 발생하기 때문에 일어날 가능성을 계산할 수 없고, 그렇기 때문에 다루기 어려워진다. 그래서 블랙스완 현상을 예측하려고 하기 보다는 무작위적인 사건이나 충격으로 인한 손실이 이익보다 큰 프래질을 회피하고 그 반대인 안티프래질을 추구하는 방향으로 나아가는 위험 관리 해법이 제시되기도 한다[나심 니콜라스 탈레브, 안세민(역), 안티프래질, 와이즈베리, 2019, 16－20면 참조].

93 회색앵무는 150개 가량의 어휘를 익혔고 50개의 사물을 식별했으며, "더 크다" "더 작다" 같은 개념까지 이해하는 것으로 파악됐다고 한다["동물에게는 동물의 언어가 있다", 중앙SUNDAY(2020. 10. 17.), https://news. joins.com/article/23896443 (2021. 5. 5. 최종확인) 참고]

94 "동물의 소리 (1) '자신의 기분과 주변 상황을 알린다", theScienceplus (2020. 10. 16.), http://thescienceplus.com/news/newsview.php?ncode＝1065611573600354 (2021. 5. 5. 최종확인).

95 임영익, 앞의 책, 2019, 287면.

96 "알파제로", 위키백과, https://ko.wikipedia.org/wiki/%EC%95%8C%ED%8C%8C%EC%A0%9C%EB%A1%9C (2020. 12. 13. 최종확인).

97 임영익, 앞의 책, 2019, 184－186면.

98 제리 카플란, 신동숙(역), 인공지능의 미래, 한스미디어, 2017, 248면.

99 인공지능 개발자들이 몰두하면 할수록 강한 인공지능은 빨리 나타나게 될 것이다[제임스 배럿, 정지훈(역), 파이널 인벤션: 인공지능, 인류 최후의 발명, 동아시아, 2016, 405면 참조]

100 제리 카플란, 앞의 책, 2017, 260면.

101 김대식, 김대식의 인간 VS 기계, 동아시아, 2016, 328－330면.

102 김대식, 앞의 책, 2016, 333－334면.

103 Sebastian Raisch and Sebastian Krakowski, "Artificial Intelligence and Management: The Automation-Augmentation Paradox", Academy of Management Review Vol. 46, No. 1, https://journals.aom.org/doi/10.5465/amr.2018.0072, 2021. 1. 14., 17면 참조.

104 한애라, "사법시스템과 사법환경에서의 인공지능 이용에 관한 유럽 윤리 헌 장의 검토: 민사사법절차에서의 인공지능 도입 논의와 관련하여", 저스 티스 통권 제172호, 한국법학원, 2019. 6., 63면 참조.

105 닉 보스트롬, 조성진(역), 슈퍼인텔리전스－경로, 위험, 전략, 까치, 2017, 215면 참조.

106 나심 니콜라스 탈레브, 앞의 책, 2019, 246면 참조.

107 Sebastian Raisch and Sebastian Krakowski, "Artificial Intelligence and Management: The Automation-Augmentation Paradox", Academy of Management Review Vol. 46, No. 1, https://journals.aom.org/doi/10.5465/amr.2018.0072, 2021. 1. 14., 4면.

04

인공지능기술의
발전에 따른 법관의
미래 전략 수립

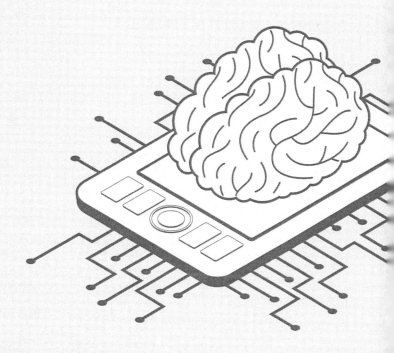

I. 미래 전략 수립의 두 가지 방향성

'미래전략'이라는 용어가 널리 사용되고 있기는 하지만, 크게 보면 두 가지 성질을 가지는 미래전략이 혼용되고 있는 것 같다. 첫째는 '어떻게 그 미래를 만들 수 있을 것인가'에 관한 미래전략이고, 둘째는 '어떠한 미래가 닥친 경우 어떻게 대응할 것인가'에 관한 미래전략이다. 전자는 이른바 '선호미래'를 만들어 가는 노력에 관한 것으로, 그 예로 평화적인 남북통일을 위해 추진하는 통일전략 등을 들 수 있다. 후자는 예측된 (특히, 원치 않는) 미래 상황이 닥쳤을 때를 대비하여 그 대응전략을 구축하는 것이다. 예컨대, 북한이 대한민국을 상대로 핵을 사용하고자 하는 경우 그 대응전략을 마련하는 것이 이에 해당한다.

이 책에서는 인공지능기술의 발전에 따른 법관의 미래 모습을 다양한 시나리오로 도출해 보았는데, 그중 '②-② 시나리오(인간 법관과 인공지능 법관의 병존)'이 가장 도래할 가능성이 높은 최유력 미래로 꼽혔다. 그런데 이는 법관의 미래에 있어 선호미래가 아니었고, '①-② 시나리오(인공지능 로클럭의 전면 배치를 통한 사법 신뢰의 회복)'를 법원과 법관의 입장에서 선호미래로 볼 수 있었다. 따라서 이 책에서는 30년 후 최유력 미래가 아닌 선호미래가 펼쳐질 수 있도록 미래전략 수립을 구상하고자 한다.

미래전략이라는 것은 미래의 시점에서 바라보면서 현재에서부터 출발하여 위와 같은 미래의 모습으로 발전하려면 어떠한 의사결정이 필요하고 어떠한 조치가 필요한지를 보는 후방향 슬라이딩(backward sliding)이라고 할 수 있다.[1] 따라서 우리가 앞서 선호미래로 선정한 '① -② 시나리오(인공지능 로클럭의 전면 배치를 통한 사법 신뢰의 회복)'의 미래 모습으로 나아가기 위해 어떤 노력과 대책이 필요한지를 검토하게 되면, 그것이 바로 위와 같은 선호미래를 만들기 위한 미래전략이 될 것이다. 이는 동시에 최유력 미래 또는 원치 않는 미래에 대한 대응전략이 될 수도 있다. 현재 시점부터 위와 같은 미래전략에 따라 움직인다면, 다가올 미래가 아예 달라져서 그러한 미래는 도래하지 않게 될 것이기 때문이다. 그뿐 아니라 '확률은 높지 않지만 발생할 경우 상당히 큰 부정적 파급효과가 나타나는 미래', 즉 '블랙스완'이나 'wild card' 등에 관심을 갖고 그러한 미래가 닥쳤을 때의 설득력 있는 대응책을 사전에 마련하는 것도 중요하다고 생각한다.

인공지능기술의 발전에 따른 법관의 미래를 예측하는데 있어서 가장 핵심적인 동인 2가지는 바로 기술적 측면에서의 '인공지능기술의 발전' 및 사회·정치적 측면에서의 '인공지능 법관에 대한 국민 인식'이었다.

여기서 최유력 미래 시나리오의 경우나 선호미래 시나리오의 경우나 공히 인공지능기술이 계속 발전하기는 하지만, 30년 후인 2050년까지는 강한 인공지능이 출현하거나 특이점의 시대가 도래할 것으로 보이지는 않고, 법관 업무가 대체될 수 있는 정도의 수준으로는 도달해 있을 것으로 전망되었다. 따라서 위와 같은 상황을 전제로 인공지능을 사법 영역에 활용함에 따른 기술적, 윤리적 과제를 어떻게 해결하여야 할지에 관한 대응전략이 반드시 필요할 것이다.

한편, 최유력 미래 시나리오와 선호미래 시나리오에서의 가장 큰 차이는 '인공지능 법관에 대한 국민 인식'에서 나타나고 있으므로, 선호 미래를 만들어가기 위해서는 인공지능을 사법 영역에 활용함에 따른 기술적, 윤리적 과제가 어느 정도 해결될 필요가 있을 뿐만 아니라 국민의 사법 신뢰도가 높아져서 인공지능 법관의 도입에 부정적인 여론이 존재할 필요가 있다.

　따라서 선호미래에 도달하기 위한 미래전략 수립의 방향성은, 인공지능을 사법 영역에 활용함에 따른 기술적 과제와 윤리적 과제를 해결하는 것이 필요할 뿐 아니라, 우리 국민들이 인공지능 법관보다 인간 법관을 더 선호하고 인공지능 법관을 도입하는 데 부정적인 인식을 가져야 할 것이다. 이는 결국 지금보다 사법에 대한 신뢰도가 현저히 높아져야 가능할 것이다.

Ⅱ. 인공지능의 기술적 과제를 해결하기 위한 방안

인공지능에게 기술적 한계가 있을 것인가?

인공지능기술이 계속 발전함에 따라 인간의 능력과 대등해지거나 이를 능가하게 되는 시점이 과연 올 것인가? 인공지능이 인간의 두뇌작용을 그대로 모방하고 인간과 같은 논리·추론을 통해 그러한 경지에 이르게 되는 것은 별론으로 하되, 지금처럼 인공지능 알고리즘이 인간과는 매우 다른 방식으로 결과물을 내놓는 경우라면, 인공지능이 계속 발전하더라도 인간만이 맡아서 처리하여야 할 영역이 남아 있는 것은 아닌지, 인공지능이 도달할 수 없는 분야가 있는 것은 아닌지 기술적 한계의 문제가 있을 수 있다.

인간의 관점에서 인공지능의 역할에 대해 의심하면서 "인공지능은 앞으로도 결코 생각하거나 느끼지 못할 것이고, 장인의 손재주를 지니지도 못할 것이며, 무엇이 옳은 일인지 판단하지도 못할 것이다."라고 표현하는 것이 위와 같은 입장을 잘 보여준다.[2] 모라벡의 역설 역시 위와 같은 취지라고 볼 수 있다. 이러한 입장에서는, 인공지능은 단순한 추론 및 문제해결을 담당하고, 상대적으로 복잡한 문제, 창의력, 혁신, 전략적 통찰이 필요한 어려운 문제, 인지능력을 발휘하여야 해서 규칙화할 수 없는 작업 등에는 여전히 인간 전문가가 필요하다고 본다. 인간에 대한 재판은 정량적 요소만을 고려해서 판단이 이루어지는 것이 아니라 결론에 이르게 된 법적 논리, 개별 결정에 대한 정성적인 고려 요소 등도 판단의 이유로 제시되어야 한다.[3] 또한 공동체의 가치나 인간 사회와 윤리에 대한 이해 없이 신의성실의 원칙이나 공서양속과 같은 추상적인 불확정 개념 판단을 인공지능이 제대로 할 수 있을지에 대한 의구심이 여전히 존재한다.[4] 인간적인 개인 간 소통 및 감성능력이 필요한 영역은 여전히 인공지능이 접근하기 어려운 영역으로 본다. 예를 들어, 소년사건이나 이혼소송 사건 역시 인공지능이 판단하기 어려운 영역으로 꼽히기도 한다.[5]

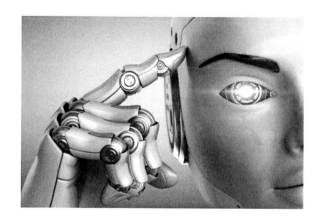

그런데, 여기서 선택된 '생각', '느낌', '윤리' 등과 같은 단어들은 인간의 능력에 포함되므로 이에 관하여 논하기 시작하기도 전에 인공지능이나 기계를 아예 배제할 위험이 있다. 즉, 생각하고 느끼고 만지고 윤리적 판단을 내리는 것은 인간만이 경험할 수 있는 것이라면, 인

간이 아닌 존재는 이를 경험할 수 없다는 결론이 나오게 되는 것이다. 이는 설득력이 있어 보이지만, 일종의 순환논법으로 보인다는 비판이 있기도 하다.[6] 그리고 인공지능이 나중에 지금은 아직 고안되지 않은 기술을 사용해서 오늘날 규칙화하기 어려운 작업도 수행하고 창의적·혁신적이라고 인정받을 결론에 도달하거나 조언을 제공하게 될 가능성도 이를 배제할 수 없다. 그러한 단초로 앞서 본 '알파제로'의 사례를 예로 들 수 있다. 알파제로는 비지도학습, 강화학습 기반으로 학습 방법이 인간과 유사해졌을 뿐 아니라 인간들의 플레이에서 한번도 나온 적이 없는 교묘한 전략을 구사할 수 있을 정도로 창의적인 모습을 보여주기도 하였다. 공감 능력 역시 일반적으로 인간 고유의 영역이라고 볼 수 있는데, 인간 전문가 중에서도 공감 능력이 결여된 사람이 적지 않을 뿐 아니라 채팅 로봇과의 대화에 위안을 삼고 심지어 사랑에 빠지는 내용의 영화[7]에서 보듯이 인공지능이 인간 못지않은 공감능력을 갖추지 못할 것이라고 단정하기도 어렵다.

위와 같은 인공지능의 기술적 한계에 관하여는 지금 상태로는 정확히 예측하기 어렵고, 두 가지 가능성 모두 열려 있다고 생각한다. 이러한 쟁점은 뒤에서 다루게 될 인간 법관의 업무가 나중에 인간과 인공지능 사이에 어떻게 배분될 것인지, 인간만 수행하도록 할 영역을 둘 것인지에 관한 규범적, 윤리적 문제와 맞닿아 있다고 볼 수 있다.

인공지능으로 인한 부작용이나 오류가 발생하면 어떻게 하나?

인공지능에 의한 사법적 판단이 내려질 때 그 판단에 의해 불이익한 결과를 받게 되는 당사자 측에서는 그 결과에 승복하지 못하는 경우가 적지 않을 것으로 보인다. 이 경우 인공지능이 내린 판단 결과 그 자체뿐 아니라 인공지능의 판단 과정에 대하여도 이의를 제기할 기회를 제공하여야 한다. 이렇게 불복 절차를 충분히 보장하는 것이야말로 재판청구권을 실질적으로 보장하는 것이 된다. 그럼 우리가 인공지능으로부터 재판을 받게 될 경우 그로 인한 부작용이나 오류로 생각해 볼 수 있는 부분은 어떤 것들이 있을까?

우선, 인공지능의 편향성 시비가 있을 수 있다. 이는 주로 인공지능이 어떠한 데이터를 학습하였는지에 달린 문제라고 볼 수 있는데, 사전에 인공지능 알고리즘이 학습한 데이터의 범위나 양, 내용 등에 관하여 공개되고 양측이 이의 없이 이를 받아들인 상태에서 인공지능에 의한 판단이 진행되어야 할 것이나, 그렇지 못한 경우에는 이에 관한 불복이 발생할 수 있을 것이다.

둘째, 인공지능의 불투명성 문제를 들 수 있다. 인공지능이 어떠한 질문에 대하여 정답만을 내려 주기 원한다면 큰 문제가 되지 않을 수 있겠지만, 법원의 재판 절차에서는 인공지능이 내린 답만을 가지고 결론을 내릴 수는 없는 것이고, 그러한 결론에 이르게 된 법적 논리 및 이유 설명이 반드시 필요하다.[8] 이러한 설명이 없다면 불이익한 결과를 받은 당사자로서는 불복의 대상이나 내용을 특정할 수가 없다. 이에 대한 대안으로 설명가능 인공지능이 제시되고 있기는 하나, 아직은 미흡한 수준인 것으로 보인다. 다만, 나중에 지금은 아직 고안되지 않은 기술을 사용하거나 인간의 추론과정을 그대로 복제하여 인공지능이 그 판단의 법적 논리나 이유를 충분히 설명하고 검증받을 수 있게 된다면, 위 문제는 어느 정도 해결될 수 있을 것이다.

한편, 인공지능이 결정을 내리기까지의 과정을 이해하기 어려운 경우라면, 공인된 훈련과정을 마련하여 인공지능으로 하여금 미리 그 과정을 거치도록 하는 방법이 대안으로 제시될 수 있다. 인공지능은 국민의 생명, 자유, 재산에 중대한 영향을 미칠 것이므로, 위험한 사태가 발생할 것을 우려하는 데 그치지 말고 이를 예방할 수 있도록 공신력 있는 전문기구나 공공기관을 마련해서 인공지능의 검증을 사전에 시행하는 것이다.[9]

셋째, 인공지능의 오작동 문제를 들 수 있다. 인공지능의 오작동에 관하여 직접 체험하였던 사례가 있어 아래에서 소개한다. 몇 달 전 테니스 중계를 보다가 보기 드문 장면을 목격하였다. 원래 테니스 경기에서는 주심과 선심들이 있는데, 이들은 공이 코트 안에 들어왔는지, 밖으로 나갔는지를 판정하는 역할을 담당한다. 이에 더하여 인공지능과 첨단 카메라 기술로 무장한 '호크아이'라는 비디오판독 시스템이 있어서, 선수들은 인간 심판의 판정 결과에 이의가 있을 경우 세트당 3회 정도의 챌린지를 요청할 수 있고 이를 통해 최종 판정을 내리게 된다. 그런데 최근에 와서는 인간 선심 없이 위와 같은 비디오판독 시스템에 의해서만 판정

이 내려지는 실내 테니스 대회가 점점 증가하고 있다. 필자가 본 테니스 대회 역시 인간 선심 없이 비디오판독에 따라 판정 콜이 내려지는 대회였다. 당시 A선수가 친 볼이 위와 같은 비디오판독 시스템에 의해 '아웃'이라는 판정이 내려졌는데, A선수는 '인'이었다고 항의를 하였지만 받아들여지지 않았다. 그런데, 비디오로 촬영된 중계화면 상의 리플레이 영상을 보면, 코트 안 바닥에 튀기는 모습이 명백하게 잡혀 있었다. 인공지능에 기반한 비디오판독 시스템이 명백한 오심을 저지른 것이다.

물론 위와 같은 상황은 인공지능기술이 아직 미흡하거나 학습 데이터가 부족한 결과로 인한 것으로 추측된다. 하지만, 위 사건은 인공지능기술이 계속 발전하더라도 오류가능성이 전혀 없는 100% 완벽한 인공지능이 구현될 수 있다고 장담할 수 없다는 점을 미리 잘 보여주는 에피소드가 아닐까 한다. 즉, 인공지능에 기반한 비디오판독 시스템은 우리가 믿고 따르기로 하는 경기 규칙일 뿐이고, 무결점의 절대 진리가 아니라 일종의 '신탁(神託)'에 불과할 수도 있다는 생각이 들었다. 이는 재판 영역에서 인공지능이 활용될 때에도 마찬가지일 것이라고 생각한다. 따라서 인공지능이 내린 법적 판단에 대한 불복 수단은 충분히 보장되어야 한다.

넷째, 인공지능은 디지털 환경에서만 활용될 수 있는 것이고 그로 인해 늘 해킹의 위험에 노출되어 있으므로, 사이버 보안은 최우선적으로 고려하여야 하고 최고 수준으로 해킹에 대비하여야 한다. 특히 사법적 판단에 활용되는 인공지능이 해킹되어 그 판단이 왜곡되고 잘못된다면 그로 인한 피해는 고스란히 국민들이 지게 될 뿐 아니라, 이는 회복 불가능할 정도로 큰 피해가 될 가능성이 높기 때문이다.

Ⅲ. 인공지능의 윤리적 과제를 해결하기 위한 방안

인간 법관만이 처리하도록 하여야 할 영역을 둘 것인가?

인공지능기술이 발전하더라도 인간만이 처리할 수 있는 영역의 업무라면, 이는 전적으로 인간 법관이 수행하게 될 것이다. 그런데 인공지능기술이 발전되어 인간 법관의 모든 업무를 대체할 수 있게 된다고 가정할 때, 인간 법관만이 수행하도록 제한하여야 할 영역이 필요한지 문제 될 수 있다. 즉, 인간 법관의 업무가 나중에 인간과 인공지능 사이에 어떻게 배분될 것인지의 문제라고 볼 수 있다.

이 경우 업무의 특성이나 유형에 따라 인공지능과 인간 사이에 업무를 나누어 맡게 될 가능성이 높다. 예컨대, 선례가 거의 없는 사건이나 새로운 쟁점이 나타난 사건 등의 경우에는 귀납적 판단에 전적으로 의지하는 인공지능보다는 아무래도 인간 법관에게 맡길 가능성이 높아보인다. 또한, 윤리적 가치 판단이 필요한 사건이나 중대한 정책결정이 필요한 사건의 경우에도 인공지능보다는 인간 법관에게 그 결단을 맡기려는 경향이 높을 것으로 전망된다. 특히, 사형이나 장기의 징역형 등 중대한 형벌을 부과할 가능성이 높은 형사사건의 경우에도 마찬가지일 것으로 보인다.

하지만 국민들이 어떻게 결단을 내릴 지는 알 수 없다. 즉, 추상적인 가치판단이나 중대한 정책 결정 등에 대한 법적 판단을 내리는 것은 인간 법관에게 전적으로 맡겨야 한다고 결정할 수도 있고, 굳이 인간과 인공지능 사이에 업무에 따른 구분을 둘 필요가 없다고 결정할 수도 있는 것이다.

또한 심급제도의 구성에 따라서는 재판 당사자로 하여금 인공지능 법관 내지 인간 법관 중에 누가 자신의 재판을 담당하도록 할지 선택하도록 할 수도 있다. 즉, 하급심은 인공지능 법관, 상급심은 인간 법관처럼 수직적인 구조로 재판제도를 구성할 수도 있고, 인간과 인공지능이 동일한 심급에서 재판 업무를 분담하도록 하되, 일정한 유형의 사건은 인간 법관만이 담당하도록 하는 수평적인 구조로 재판제도를 구성할 수도 있다. 아니면, 인공지능은 1심 이전의 전심(前審) 절차에서만 분쟁의 조기 해결에 기여하도록 만들 수도 있다.

결국 이는 국민들의 헌법적 결단에 달린 문제로서 향후 입법을 통해 구체적으로 정하여야 할 사항이라고 볼 수 있다.

위와 같이 국민들이 제대로 된 헌법적 결단을 내리도록 하기 위해서는 사전에 정확하고 충분한 정보가 국민들에게 제공될 필요성이 있다. 신속하고 편리한 인공지능의 장점뿐 아니라 앞서 본 인공지능의 여러 가지 부작용들에 관하여도 정확하고 충분한 정보를 제공함으로써 국민들이 이를 종합적으로 고려하여 합리적인 판단을 할 수 있도록 하는 것이 매우 중요하다.

인공지능의 사법적 활용에 따른 책임을 누가 질 것인가?

　　사람은 자신에게 중요한 판단과 조언을 다른 사람이 함께 고심해 주기를 바라는 성향이 있는 것 같다. 또한 인공지능이 아무리 성능이 좋다고 하더라도 왠지 인공지능에게 법적 판단을 맡기기에 꺼림직하고 못미더운 상황이 여전히 존재하는 듯하다. 예컨대, 생명 유지 장치를 꺼서 식물인간 상태에 있는 사람을 안락사(安樂死)시키는 것이 정당한 행위인가, 이혼재판에서 아버지와 어머니 중 누구에게 미성년 자녀의 양육권을 부여할 것인가, 대학 입학 과정에서 사회적 소수자를 우대하는 것이 역차별인가 정당한 조치인가 등의 문제들은 인공지능에게 선뜻 그 판단을 맡기기 꺼려진다. 아울러 위와 같이 중요하고 어려운 윤리·정책적 쟁점에 대해 인공지능이 최종적인 법적 결론을 내린다고 할 때 인공지능이 어떤 의미에서든 책임을 질 수 있느냐 하는 의문은 해결하기 힘든 문제이다.[10]

　　인공지능이 인간 법관의 보조도구로서 사용되는 경우라면, 인간 법관의 지배하에 있는 것으로서 인공지능이 내린 결론은 법적 판단의 참고자료에 불과할 것이다. 따라서 인공지능으로 인한 손해 발생이나 위험은 인간 법관의 책임 범위 내에 있다고 볼 수 있을 것이다.

　　만약 그렇지 않고 인간을 대신하여 법관의 업무를 직접 독자적으로 담당하는 인공지능 법관이 명백한 오판이나 오류 등을 저질러 재판 당사자에게 피해를 가하는 일이 발생한다면, 그 책임은 누가 어떻게 질 것인지 문제될 수 있다.

　　민간의 영역이라고 한다면, 인공지능에게 독자적인 책임을 지우기 위하여 인공지능에게 법인과 같은 책임주체성을 인정하든지, 책임보험을 의무적으로 가입하도록 하는 등 방법을 통해 피해 전보가 이루어지도록 하는 방안들이 고려될 수 있을 것이다. 이를 통해 인공지능을 관리하는 인간 소유자는 부담하여야 할 무한책임에서 벗어날 수 있다.[11]

하지만 인공지능 법관은 공적 기관인 법원에 소속되어 있으므로, 종국적으로는 국가에서 인공지능 법관으로 인한 책임을 부담할 가능성이 크다. 국가로서도 위와 같은 사고의 빈도수, 피해 규모 등에 따라 국가 예산으로만 처리하거나 보험 가입이나 기금 조성 등을 통해 위험에 대비할 것으로 보인다. 위와 같은 사고율, 피해 규모, 국민들의 신뢰도, 만족도 등은 인공지능 법관의 운영 방향을 좌우할 가능성이 크다. 즉, 인공지능 법관의 활용이 안정적이고 오류가능성도 없다면 점차 확대되는 방향으로 나아갈 것이고, 그와 반대라면 인공지능 법관의 활용에 관한 신중한 접근이나 소극적인 태도가 우세할 것이다.

Ⅳ. 국민의 사법 신뢰도 제고 방안

재판참여 기회와 사법적 지원의 확대 필요성

국민의 재판참여 기회를 확대하여야

사법정책연구원이 2014년 실시한 '국민의 사법절차에 대한 이해도 및 재판에 관한 인식' 조사 결과에 따르면, 일반 국민의 24.3%가 법원을 신뢰하지 않는 편이라고 답한 반면에, 재판을 경험한 적이 있는 국민은 10%만이 법원을 신뢰하지 않는 편이라고 답하였다. 또한, 법원을 신뢰한다고 답한 비율은 일반 국민의 경우 30.4%에 그친 반면, 재판을 경험한 적이 있는 국민의 경우는 44.4%였다.[12] 실제로 재판을 경험한 적이 있는 사람일수록 그렇지 않은 사람들에 비해 법원에 대한 신뢰도가 더 높게 나타난 것이다. 구체적인 재판 경험이 법원의 신뢰도를 높이는 역할을 한 것으로 분석할 수 있다. 이와 관련해서 20대 일반 국민의 경우 재판을 방청하거나 재판에 참여한 경험이 가장 적은 것으로 조사되었는데, 이들이 법원의 재판 절차와 재판 결과를 가장 불공정하게 생각하고 있었고, 법원에 대한 신뢰도도 가장 낮게 나타났다. 왜 이러한 결과가 나오게 된 것일까? 이러한 결과가 나타나게 된 이유로, 이들이 실제로 재판을 경험해 보지 못하고 간접적인 경험만 가지고 있으므로 재판에 관한 정보를 얻었던 학교 법교육이나 인터넷 포털, TV 등 언론 매체로부터 부정적인 인식과 영향을 받았다고 생각해 볼 수 있다.[13] 또한, 재판의 공정성과 관련해서도 일반 국민의 29.7%가 재판절차가 공정하지 않다고 답한 반면, 재판을 경험한 적이 있는 국민은 불과 8.3%만이 재판절차가 공정하지 않다고 답하였다. 반면 재판절차가 공정하다고 답한 비율은 일반 국민의 경우 26.5%인 반면, 재판을 경험한 적이 있는 국민의 경우는 50%였다.[14] 즉, 재판의 공정성에 관하여도 실제로 재판을 경험한 적이 있는지 여부에 따라 다른 결론이 나온 것이다.

위 조사 결과를 종합해 보면, 법원에 대한 신뢰도나 재판절차의 공정성 인식에 있어서 재판을 경험한 자와 그렇지 못한 자 사이에 유의미한 차이가 있음을 알 수 있다. 사실 법원에 대한 신뢰도나 재판절차의 공정성에 대하여 가장 정확하게 알 수 있는 이들은 아무래도 재판을 직접 경험한 적이 있는 국민들일 것이다. 따라서 위와 같은 재판 경험자들이 그렇지 못한 이들보다 법원에 대한 신뢰도나 재판절차의 공정성 인식이 높다는 점에 주목할 필요가 있다고 본다. 만약 그동안 재판절차나 법원에 대한 인식이나 이미지가 실제보다 더 부정적으로 보도되고 잘못된 점 위주로 부각됨에 따라 부정적인 인식이 실제보다 커 보이고 있었다면, 국민들에게 실제 재판의 모습을 체험하게 하고, 직접 바라볼 수 있는 기회를 늘리는 것이 사법 신뢰도 향상을 위한 하나의 방안이 될 수 있을 것이다.

　그렇다고 해서 국민들으로 하여금 무조건 민사소송을 제기하게 하
거나 형사사건의 피고인이 되라고 할 수는 없으므로, 다양한 재판참여
방법을 모색하여야 할 것이다. 예를 들어, 형사사건에서 국민참여재판
을 확대해서 국민들이 직접 배심원의 역할을 수행하도록 참여할 기회
를 늘리고,[15] 민사나 가사사건에서 조정위원이나 참심원으로서 분쟁해
결 업무에 참여할 기회를 확대하는 것이 필요하다. 물론 법원 스스로의
신뢰 회복 노력은 당연히 이와 병행되어야 한다. 이렇게 국민들이 직접
재판에 참여할 수 있는 기회를 넓히고 법관들의 업무에 공감할 수 있
도록 한다면, 국민의 사법 신뢰도 향상에 긍정적인 기능을 할 것이라고
본다.[16]

국민에 대한 사법적 지원을 확대하여야

　사법정책연구원의 위 인식조사 결과에 따르면, 다른 유형의 재판
과 달리 형사재판에서는 변호인 유무에 따라 재판절차의 공정성에 대
한 인식에 유의미한 차이가 발견되었다. 변호인이 선임된 피고인은
72.7%가 형사재판이 공정하다고 답변한 반면, 변호인이 선임되지 않은

피고인은 불과 23.5%만이 형사재판이 공정하다고 답변한 것이다.[17] 즉, 변호인이 선임된 피고인의 경우 그렇지 못한 피고인에 비해 형사재판이 공정하다고 답변한 비율이 높게 나오는 등 형사재판의 공정성에 대한 인식이 더 높았다. 위 결과에 비추어 보면, 형사재판의 당사자인 피고인은 자신을 위한 변호인이 있을 때 실제 재판절차가 더 공정하게 진행된다고 생각하는 것으로 볼 수 있다. 따라서 국선변호인 제도의 확대를 통해 형사재판을 받을 때 최대한 많이 변호인이 선임될 수 있도록 사법적 지원을 할 필요성이 크다. 또한 변호인이 선임되지 않은 피고인에 대한 재판에 있어서도 공정성에 대한 우려를 불식시킬 수 있는 제도 개선 노력이 필요하다고 본다.[18]

민사사건에서는 소송구조 제도의 개선이 필요하다고 생각한다. 소송구조 제도는 소송비용을 지출할 능력이 부족한 사람에 대하여 법원이 재판절차비용이나 변호사비용 등을 국고에서 지원해 주는 제도를 말한다(민사소송법 제128조 내지 제133조 참조).[19] 소송구조 제도는 형사재판의 국선변호제도에 대응되는 것으로 국민의 재판받을 권리를 실질적으로 보장하기 위한 제도이다. 실무상 소송구조 결정이 내려지면, 당사자는 일일이 자신의 사건을 맡아 줄 변호사를 찾아 나서야 한다. 그런데 변호사들은 소송구조 사건의 소송대리인을 선뜻 맡으려고 하지 않고, 자력이 부족한 당사자들은 변호사들로부터 번번이 거절당하면서 변호사 선임에서 고생을 하는 경우가 적지 않다. 그 이유로는 대법원 예규상 변호사에게 지급될 보수가 100만 원[20]으로 고정되어 있어서 비현실적이기 때문이라는 점이 지적되고 있다.[21] 경제적 약자의 재판청구권을 보장해 주기 위해 마련된 소송구조 제도가 오히려 소송구조 대상자에게 불편과 상처를 줌으로써 만족도를 현저히 떨어뜨리고 있다. 매년 소송구조 예산이 상당 부분 불용처리되는 상황 속에서 소송구조 변

변호사 보수의 소송비용 산입에 관한 규칙

제3조(산입할 보수의 기준) ① 소송비용에 산입되는 변호사의 보수는 당사자가 보수계약에 의하여 지급한 또는 지급할 보수액의 범위 내에서 각 심급단위로 소송목적의 값에 따라 별표의 기준에 의하여 산정한다.

■ 변호사보수의 소송비용 산입에 관한 규칙 [별표] 〈개정 2020.12.28.〉

소송목적 또는 피보전권리의 값	소송비용에 산입되는 비율 또는 산입액
300만원까지 부분	30만원
300만원을 초과하여 2,000만원까지 부분 [30만원 + (소송목적의 값 − 300만원) × $\frac{10}{100}$]	10%
2,000만원을 초과하여 5,000만원까지 부분 [200만원 + (소송목적의 값 − 2,000만원) × $\frac{8}{100}$]	8%
5,000만원을 초과하여 1억원까지 부분 [440만원 + (소송목적의 값 − 5,000만원) × $\frac{6}{100}$]	6%
1억원을 초과하여 1억 5천만원까지 부분 [740만원 + (소송목적의 값 − 1억원) × $\frac{4}{100}$]	4%
1억 5천만원을 초과하여 2억원까지 부분 [940만원 + (소송목적의 값 − 1억 5천만원) × $\frac{2}{100}$]	2%
2억원을 초과하여 5억원까지 부분 [1,040만원 + (소송목적의 값 − 2억원) × $\frac{1}{100}$]	1%
5억원을 초과하는 부분 [1,340만원 + (소송목적의 값 − 5억원) × $\frac{0.5}{100}$]	0.5%

호사에 대한 보수액을 적어도 '변호사 보수의 소송비용 산입에 관한 규칙' 수준으로 현실화하고, 변호사 선임과정[22]에서 소송구조 대상자를 실질적으로 배려하는 방향으로 제도개선을 하여야 한다고 생각한다.

국선변호인 제도의 확대와 소송구조 제도의 개선과 같이 당사자들이 재판에서 겪는 실질적인 불만사항을 해결하여 그 만족도를 높이는 작은 노력이 쌓이다 보면 국민의 사법신뢰도는 점진적으로 향상될 것이라고 확신한다.

사법데이터의 공개 등 사법절차의 투명성 제고

판결문과 같은 사법데이터를 공개하면, 모든 이가 판결의 결과가 적절한지 혹은 잘못되었는지 나름대로 판단할 수 있고, 판사들 역시 판결문 공개를 염두에 두고 사건 당사자 뿐 아니라 사회 전체의 시각에서 더욱 공정하고 객관적인 판결을 내리려고 노력할 것이므로, 사법부에 대한 불신은 판결문을 공개하지 않는 불투명한 사법부에서 시작된다고 지적하는 견해가 있다.[23]

언론보도 등을 통해 사회적으로 관심을 불러일으킨 사건이나 일상생활에서 흔히 있을 수 있는 유형의 사건이라 하더라도, 일반인이 그러한 사건의 판결문을 직접 읽어 볼 기회를 갖기는 쉽지 않다. 만약 국민들이 간단한 절차를 통해 이러한 판결문을 열람할 수 있게 된다면, 판결문에 사용되는 용어, 판결문의 구성, 사회적으로 의미 있는 판결이나 일상생활에서 흔히 접할 수 있는 유형의 사건에 대한 판결의 결론 등을 익힐 수 있다. 이를 통해 자연스레 판결에 대한 이해도를 높이는 효과를 가져올 수 있을 뿐 아니라 분쟁을 사전에 예방하는 효과를 거둘 수도 있다. 이러한 방향성은 헌법상 재판공개의 원칙에도 부합할 뿐 아니라 국민의 알권리 보장 측면에서도 바람직하다고 할 것이다.[24]

다만, 판결문 등 사법데이터의 공개는 사생활 보호 내지 개인정보 보호 문제와도 밀접하게 관련되어 있고, 형사판결의 경우 모방범죄가 발생하는 등의 부작용도 있을 수 있다는 점을 항상 유의하여야 한다. 또한 법관의 실명(實名)이 그대로 데이터베이스에서 공개되는 것에 관하여는 판결의 예측가능성 강화, 책임성 강화의 측면에서는 장점이 있으나, 공개된 데이터를 통해 특정 법관에 대한 통계적인 경향성이나 편향성을 임의로 추출하고 법관 개인에 대한 인신공격의 수단으로 악용될 위험도 있기 때문에 신중한 검토를 할 필요성이 있다.[25]

따라서 이에 대한 대책을 함께 고려하면서 판결문 등 사법데이터 공개를 점진적으로 확대할 필요성이 있다.

충실하고 신속한 재판을 위한 양적, 질적 확충 방안

양적 확충 방안

국민의 사법 신뢰도를 높이기 위한 가장 근본적인 방안은 역시 충실하고 신속한 재판을 하는 것이다. 즉, 당사자들이 만족할 수 있는 좋은 재판을 구현하기 위해 노력하여야 하는 것이다. 충실한 재판을 위해서는 어떻게 하여야 할까? 당연히 매 사건마다 충분한 시간과 노력이 투입되어야 한다. 구체적으로 보면, 당사자들이 출석한 법정에서의 심리 시간도 충분히 제공되어야 하고, 사건 검토 및 판결문 작성을 위한 시간도 충분하게 확보되어야 당사자들의 만족도도 높아지고, 판결의 완성도도 높아질 수 있을 것이다. 여기에 신속한 재판까지 달성하기 위해서는 더 많은 시간과 노력을 투입하여야 한다. 그러나 현실은 그렇지 못하다. 법관 1명에게 주어진 시간은 한정되어 있고, 처리하여야 할 사건들은 1인당 수백 건씩 쌓여 있다.

그렇다 보니, 종래에는 이른바 '5분 재판'이라고 하여 법정에서의 충실한 심리가 이루어지기 어려웠다. 몇 달 만에 기일이 열린 사건인데도 정작 법정에서 이 사건을 위해 할애된 시간은 5분에 불과하다. 내 사건만 그런게 아니라 한 기일에 수십 건의 사건이 잡혀 있고, 법정에서는 다들 비슷비슷하게 쉼 없이 사건 심리가 진행되고 있는데 내 사건에만 많은 시간을 할애해 달라고 요구하기에도 눈치가 보인다.

게다가 소송으로 들어오는 사건들이 점차 복잡해지고 모든 것을 법원에서 해결하려는 '사법화' 현상이 나타나면서 판사 업무가 가중되는 경향이 나타나고 있는데, 사건 수 대비 판사 수 자체는 2010년 이후 큰 변화 없이 유지되고 있다. 그로 인해 법원 판결의 신속성과 공정성은 지속적으로 악화된 것으로 나타났다. 구체적으로 판사 1명이 법정 근로시간을 뛰어넘는 '주당 55시간'을 근무한다고 가정했을 때 어떤 사건이 접수되어 종결될 때까지 판사가 투입하는 평균 시간은 소액 사건의 경우 30분, 단독 사건은 3시간 20분, 합의 사건은 7시간에 불과하므로, 판사가 사건 1건에 실제 투입할 수 있는 시간이 충분하지 않은 것으로 밝혀졌다.[26]

실제로 법관의 수는 부족하다. 현재 '각급 법원 판사 정원법'에 의하면, 판사의 정원은 3,214명으로 규정되어 있다. 그런데 현재 판사의 수는 약 2,900명 남짓으로 정원에 미치지 못하고 있고, 정원 대비 충원율도 약 90% 정도에 불과하다. 2014년부터 2017년까지 기간 동안에는 충원율이 100%에 육박했으나 2018년 이후 계속 충원율이 하락하고 있는바, 그 하락 원인에 대한 분석이 필요하다.[27]

사법정책연구원이 2020년 678명의 현직 법관들을 상대로 실시한 설문조사[28] 결과에 따르면, 응답자의 48%는 일주일에 평균 52시간 이상을 근무한다고 답했고, 평일 야근 횟수는 일주일에 3회가 26.3%로 가장 많았다. 주 4회 야근을 한다는 답변도 14.6%, 주 5회도 10.5%나 됐다. 주말 근무를 한다는 답변은 59.5%에 육박했고, 월 3회 이상 주말 근무를 한다는 답변은 25%에 달하였다. 심지어 직무수행으로 인해 신체 건강에 영향을 받았다고 응답한 법관이 65%에 이르기도 하였다.[29] 응답자의 대부분인 89%가 판사를 증원할 필요가 있다고 했다.[30]

또한, 재판에 참여하는 당사자들을 대리하는 변호사들 역시 법관 증원에 찬성하는 것으로 나타났다. 대한변호사협회가 2018년 1,961명의 변호사들을 대상으로 실시한 온라인 설문조사[31]에서 응답자의 94%가 법관 증원에 찬성하였다. 그 주된 이유로 재판심리의 충실화 도모, 법원의 업무과중 문제 해결 등을 들었다.[32]

그동안은 법관의 업무 부담 문제를 경제적 비용이나 복지의 문제, 판사 개인의 문제로 치부해 온 경향이 많았고 이에 관하여 별로 주목하지도 않았다. 하지만 이는 법관이 공정하고 신속한 재판을 수행할 수 있는 기반을 확보한다는 차원에서 결코 소홀히 다룰 일이 아니다. 법관의 업무처리가 상당히 지체되는 경우 이에 대한 질책과 훈계는 가능하지만, 일반적으로 처리될 수 없는 분량의 업무처리를 요구한다면, 이는 법관의 독립에 대한 침해라고 볼 수도 있다.[33] 즉, 법관이 자신의 능력과 특성에 따라 사건을 숙고해 처리할 수 있는 재량과 권한을 보장받지 못한 채 오로지 통계적인 처리 건수만을 우선시하는 상황에 내몰릴 경우, 이는 필연적으로 자신에게 위임된 사법권을 적정하고 형평에 맞게 행사하는 데에도 부정적인 영향을 미칠 수밖에 없고, 이는 곧 사법 신뢰도의 저하와 재판에 대한 불신으로 이어질 수밖에 없는 것이다.

따라서 국민들에게 충실하고 신속한 재판을 받을 권리를 보장하고 위와 같은 사법서비스를 제공하기 위해서는 이에 대한 적극적인 투자와 예산 확보가 불가피하다. 즉, 업무 과중을 해소하고 충실한 재판을 담보하기 위한 적정한 규모의 판사 인력의 양적 확충이 이루어져야 한다. 아울러 재판업무 처리에서의 효율성을 극대화하기 위하여 인공지능의 기술을 활용한 인공지능 로클럭과 같은 보조수단을 적극적으로 도입하여야 한다.

질적 확충 방안

충실하고 신속한 재판을 구현하기 위해서는 양적인 확충만으로 부족하고, 질적인 확충 역시 함께 이루어져야 한다. 이를 위해서는 구체적인 사건에서 통찰력과 용기를 가지고 충실한 심리와 완성도 높은 결론을 이끌어 낼 수 있는 업무환경이 조성되어야 하고, 아울러 기존의 우수한 법관의 유출을 방지하고 법원 외부에 있는 우수한 법관 자원을 유치함으로써 우수한 법관 인력을 유지·확보할 수 있어야 한다.

선서하는 신임법관들

사법 불신의 상징과 같은 단어인 이른바 전관예우 문제는 법관의 중도퇴직을 최소화함으로써 이를 자연스럽게 해소할 수 있다.[34] 법관의 중도퇴직은 대신 좋은 평판과 우수한 업무능력을 갖춘 경력자를 선발하여 충원하여야 하는 문제를 불러오기도 하므로, 우수한 법관의 중도퇴직을 최소화하는 것은 그로 인한 비용·자원의 낭비를 예방할 수 있는 좋은 방안이다. 따라서 법관이 정년까지 근무하지 못하고 중도에 사직하는 이유를 잘 살펴보아야 이에 대한 효과적인 대책이 마련될 수 있을 것이다. 중도퇴직의 주된 이유로 제시되는 것은 지속적인 업무과중, 2−3년마다의 강제전보 내지 사무분담 변경, 전문성의 소극적 활용 내지 불인정 등을 들 수 있다. 구체적으로 보면, 우리나라와 일본의 경우는 매년 대규모의 법관 전보인사가 있어서 모든 법관들은 2−4년마다 전국 단위로 법원을 이동하여야 한다. 또한 1−2년마다 담당하는 사무가 바뀐다. 반면, 우리나라와 일본을 제외한 전세계 다른 국가들의 경우는 원칙적으로 법관에 대한 전보인사가 없고, 법관은 특별한 사정이 없는 한 한 법원에서 장기간 동일한 재판사무를 담당한다. 그 뿐 아니라 우리나라 법원 실무상 해당 법관이 특허 분야나 파산 분야의 최고 전문가라고 하더라도 위 업무만을 담당할 수 없고, 매 1−2년마다 민사, 형사 등 다양한 재판사무를 바꿔가며 맡아 처리하여야 한다. 이러한 현행 법관 인사제도의 실상을 학교에 비유하자면, 다음과 같이 설명할 수 있다. "매 2년마다 교사들이 자신들의 교과목을 바꾸는 학교로서, 그로 인해 자연스럽게 교사의 경험 부족과 과중한 업무부담이 반복적으로 발생할 수밖에 없다. 학생들이 이러한 교사들이 제공하는 교육 서비스에 만족할 이유도 없고, 우수한 교사가 위와 같은 학교에 지원할 이유도 없다."[35]

따라서 법관 개개인이 구체적인 사건에서 충실한 심리와 완성도 높은 결론을 내릴 수 있는 업무환경이 조성되도록 하는 등 충실하고 신속한 재판을 구현하기 위한 목적을 최우선적 가치로 두고 이를 위한 정책을 적극적으로 펼쳐야 한다. 이를 위해서는 법관 처우의 개선, 잦은 인사이동이나 사무분담 변경 등과 같은 불합리한 인사제도의 개선, 고령 법관을 위한 시니어 판사 제도의 도입 등이 필요하다.36 이렇게 되면, 법관의 중도 퇴직 문제나 우수한 법관 자원의 유치 문제는 자연스럽게 해결될 수 있을 것이다. 위와 같은 법관 자신의 만족도 물론 중요한 가치이기는 하겠지만, 더욱 중요한 것은 재판당사자들을 비롯한 국민들의 재판에 대한 만족도 향상과 신뢰도 증진이라고 할 것이다. 따라서 법관들은 기존 선례를 무비판적으로 답습하거나 단지 실수 없이 많은 양의 업무처리를 추구하기보다는 개별 사건에서 전문성을 활용한 충실하고 완성도 높은 재판이 이루어질 수 있도록 노력하여야 한다. 아울러, 사법의 공백이나 선례가 없는 사건에서 새롭고 지혜로운 문제 해결방안을 제시하고 통찰력과 용기를 발휘하는 등 판례와 법문화 발전에 기여함으로써 인공지능이 갖추지 못한 인간 법관만의 경쟁력을 보여줄 필요가 있고, 이러한 노력은 궁극적으로 국민의 사법신뢰도 증진에 기여하게 될 것이다.

시니어 판사 제도

고령 법관에 대하여 업무를 다소 경감시키고 능력과 경륜을 계속 발휘할 수 있도록 충분한 예우를 해 줌으로써 중도퇴직을 막고 정년까지 계속 근무할 수 있는 여건을 제공하는 제도를 말한다.

4장 인공지능기술의 발전에 따른 법관의 미래 전략 수립

1 강성모 외 13인, "왜 미래학인가?", 국회로 간 KAIST, 심북스, 2015, 33면 (이광형 집필부분).

2 리처드 서스킨드·대니얼 서스킨드, 위대선(역), 4차 산업혁명 시대 전문 직의 미래, 와이즈베리, 2016, 376면.

3 양종모, "인공지능에 의한 판사의 대체 가능성 고찰", 홍익법학 제19권 제 1호, 홍익대학교, 2018, 19면; 고유강, "법관업무의 지원을 위한 머신러닝 의 발전상황에 대한 소고", LAW & TECHNOLOGY 제15권 제5호, 서울대 학교 기술과법센터, 2019. 9., 11면.

4 고유강, 앞의 논문, 2019. 9., 14면.

5 "'인공지능 판사'는 사람보다 공정하게 판결할까", 한겨레(2019. 12. 23.), 22면 참조.

6 리처드 서스킨드·대니얼 서스킨드, 앞의 책, 2016, 376면.

7 2014년 개봉한 영화 '그녀(Her)'가 대표적인 예라고 볼 수 있다.

8 한애라, "사법시스템과 사법환경에서의 인공지능 이용에 관한 유럽 윤리 헌장의 검토: 민사사법절차에서의 인공지능 도입 논의와 관련하여", 저스 티스 통권 제172호, 한국법학원, 2019. 6., 62면.

9 정상조, 인공지능, 법에게 미래를 묻다, 사회평론, 2021, 143 – 145면 참조.

10 리처드 서스킨드·대니얼 서스킨드, 앞의 책, 2016, 381면 참조.

11 제리 카플란, 신동숙(역), 인공지능의 미래, 한스미디어, 2017, 185면 참조.

12 장수영·이덕환, 국민의 사법절차에 대한 이해도 및 재판에 관한 인식 조 사 결과의 분석, 사법정책연구원, 2015, 215면 참조.

13 장수영·이덕환, 앞의 책, 2015, 229면 참조.

14 장수영·이덕환, 앞의 책, 2015, 200면 참조.

15 김제완, "전관예우 실태 및 근절방안: 법조인과 일반 국민들의 인식", 사 법신뢰의 회복방안, 사법정책연구원 심포지엄 자료집(2019. 6. 20.), 49면.

16 다만, 위와 같은 방안에도 한계는 엄연히 존재하고, 궁극적인 해결책은 될 수 없다고 본다. 재판경험자들의 경우에도 재판을 통해 법원에 대한 신뢰

도가 변화하였는지에 관한 질문에 대하여, 43.5%는 신뢰도가 증가하였다고 답한 반면, 43%는 신뢰도에 변화가 없었다고, 13.5%는 신뢰도가 낮아졌다고 답하였기 때문이다[장수영·이덕환, 앞의 책, 2015, 281면 참조].

17 "사법정책연구원 '국민의 법원 신뢰도 60점'", 법률저널(2015. 12. 9.), http://www.lec.co.kr/news/articleView.html?idxno=38911 (2021. 5. 14. 최종확인).

18 장수영·이덕환, 앞의 책, 2015, 277면 참조.

19 다만, 패소할 것이 명백한 경우에는 예외로 한다(민사소송법 제128조 제1항 단서).

20 소송목적의 값, 사건 난이도나 당사자 수 등을 고려하여 기본보수액 100만 원의 1배의 범위 내에서 증액할 수 있으나(소송구조제도의 운영에 관한 예규 제11조의2), 증액하더라도 여전히 낮은 수준이다.

21 "약자 지원 '소송구조 제도' 유명무실", 한겨레(2019. 10. 20.), https://www.hani.co.kr/arti/society/society_general/913892.html (2021. 5. 14. 최종확인).

22 소송구조와는 별개로, 변호사를 선임하는 과정에서 정보비대칭, 정보편향성 등의 문제로 인해 브로커를 통한 변호사선임 시장의 왜곡이 적지 아니하고, 그로 인해 실체가 불분명한 전관예우 문제가 더욱 부풀려지는 부작용이 크므로, '변호사 중개제도'를 도입해서 정보불균형 상태에 있는 일반 국민들에게 변호사에 대한 객관적인 정보를 제공하고, 변호사 선택권을 실질적으로 제고할 수 있을 것이라는 견해로는, 김제완, "전관예우 실태 및 근절방안: 법조인과 일반 국민들의 인식", 앞의 책, 48-49면 참조.

23 정상조, 앞의 책, 2021, 75-76면 참조.

24 양시훈, 판결에 대한 국민의 이해를 높이고 이를 알릴 수 있는 방안에 대한 연구, 사법정책연구원, 2015, 76면.

25 한애라, 앞의 논문, 2019. 6., 60면.

26 판사의 업무부담 문제를 연구해온 김두얼 명지대 교수는 위와 같은 조사 결과를 발표하면서 판사의 높은 업무부담 수준을 간접적으로 보여준다고 밝혔다["[뉴스 깊이보기]'5분 재판' 이대로 괜찮은가요?", 경향신문(2021. 2. 18.), http://news.khan.co.kr/kh_news/khan_art_view.html?art_id=202102181410021 (2021. 5. 14. 최종확인) 참조].

27 김두얼, "판사의 법관 업무 부담 변동", 법관의 업무 부담분석과 바람직한 법관 정원에 관한 모색, 전국법관대표회의 토론회 자료집(2021. 2. 1.), 9

면 참조.

28 홍보람, "바람직한 법관 정원에 관한 법관들의 인식", 법관의 업무 부담분석과 바람직한 법관 정원에 관한 모색, 전국법관대표회의 토론회 자료집 (2021. 2. 1.), 121면.

29 홍보람, "바람직한 법관 정원에 관한 법관들의 인식", 앞의 책, 2021. 2. 1., 123면.

30 "[뉴스 깊이보기]'5분 재판' 이대로 괜찮은가요?", 경향신문(2021. 2. 18.), http://news.khan.co.kr/kh_news/khan_art_view.html?art_id=2021021814 10021 (2021. 5. 14. 최종확인).

31 위 설문조사는 2018. 5. 24.부터 2018. 5. 31.까지 대한변호사협회 소속 변호사를 대상으로 이루어졌는데, 총 1,961명이 설문에 응하였다[강경희, "바람직한 법관 정원에 관한 변호사들의 인식", 법관의 업무 부담분석과 바람직한 법관 정원에 관한 모색, 전국법관대표회의 토론회 자료집(2021. 2. 1.), 134면 참조].

32 강경희, "바람직한 법관 정원에 관한 변호사들의 인식", 앞의 책, 2021. 2. 1., 135면.

33 하상익, "독일의 법관 업무 부담 결정 방식", 법관의 업무 부담분석과 바람직한 법관 정원에 관한 모색, 전국법관대표회의 토론회 자료집(2021. 2. 1.), 62면 참조.

34 그동안 전관예우 문제를 해결하기 위한 대책으로, 사법시험 폐지, 변호사 개업지 제한, 일정한 법조경력자 중에서 법관을 선발하는 법조일원화 제도 등을 도입하였지만, 전관예우 문제 해결이나 재판에 대한 불신 문제 해결에 그다지 실효성이 없었다. 그 이유는 위와 같은 대책들이 재판에 대한 불만이 생기는 직접적인 원인과 무관할 뿐 아니라 법관의 중도사직을 막기 위한 근본적인 대책이 아니기 때문이다[모성준, "법조일원화의 정착을 위한 시니어판사 제도의 도입방안", 사법신뢰의 회복방안, 사법정책연구원 심포지엄 자료집(2019. 6. 20.), 122, 130면 참조].

35 모성준, "법조일원화의 정착을 위한 시니어판사 제도의 도입방안", 앞의 책, 2019. 6. 20., 128면 참조.

36 모성준, "법조일원화의 정착을 위한 시니어판사 제도의 도입방안", 앞의 책, 2019. 6. 20., 151면.

에필로그

논의의 요약 · 정리

인공지능기술의 발전과 전망

이 책의 주제는 '인공지능기술의 발전에 따른 법관의 미래가 어떻게 될 것인가'이다. 인공지능기술은 과거에 어떠한 발전과정을 거쳐 왔고, 현재 인공지능기술의 발전 수준이나 현황이 어떠한지를 알아야 이를 토대로 앞으로 펼쳐질 인공지능의 미래 모습을 그려볼 수 있을 것이다. 그래서 먼저 기술적인 관점에서 인공지능기술의 과거와 현재 그리고 미래 전망을 살펴보았다. 그 자세한 내용은 제1장 '인공지능기술의 발전 및 전망' 부분에서 다루었다.

딥러닝 기술의 발전, 컴퓨터 처리 능력의 급격한 향상, 디지털화된 데이터의 폭발적인 증가 등으로 인해 인공지능기술은 시각이미지 처리, 음성인식 처리, 자연어 처리 분야 등에서 급속도로 발전을 거듭하고 있다. 특히, 최근에는 종래 지도학습 유형의 머신러닝 방식이 아니라 비지도학습을 통한 적대적 생성 네트워크의 발전, 강화학습을 통한 창의적인 인공지능의 등장 등과 같이 획기적인 인공지능기술이 그 한계를 모르고 계속 발전하고 있다. 대표적인 예로서, '알파고'를 금새 능가해버린 '알파제로'를 들 수 있다.

이렇듯 인공지능기술이 급속도로 발전함에 따라 머지않아 강한 인공지능의 시대가 올 것이고, 나아가 특이점에 도달하게 될 것이라는 예측도 있다. 기술발전에 관하여 수확가속의 법칙을 주장하는 레이 커즈와일 같은 미래학자는 2045년이면 인공지능이 인간을 초월하는 순간인 특이점에 도달할 것이라고 전망하기도 하였다. 전문가 대상 설문조사 결과에서도, 약 64%의 전문가들이 특이점의 도래시기를 정확히 알 수는 없지만 특이점의 시기가 반드시 도래할 것이라고 보는 등 이를 유력한 미래로 전망하고 있었다.

그런데 강한 인공지능이나 특이점이 언제 도래할지 그 시점을 현재로서는 정확히 알 수 없고, 특이점이 도래한 이후의 세계에 대해서 미리 예측하기도 쉽지 않다. 강한 인공지능이 도래할지 여부에 관하여 그것이 가능하다는 증거도 없고, 불가능하다는 증거도 없다. 현재 우리의 과학수준으로는 정신, 감정, 창의성, 자아 등에 대해 뇌과학적으로 완전히 이해하지 못하고 있으므로, 과연 인류가 강한 인공지능을 만들어 낼 수 있을 것인지에 관하여 아직은 알 수 없는 상태이고, 그렇다고 해서 강한 인공지능의 출현이 불가능하다고 단정할 수도 없는 것이다.

다만, 앞서 본 바와 같이 무제한의 데이터를 기반으로 하여 적대적 생성 네트워크나 강화학습을 통해 스스로 학습해 나가는 인공지능의 존재에 비추어 볼 때, 우리가 원하지 않음에도 이들이 강한 인공지능으로 진화해 갈 가능성이 있음을 배제할 수 없다고 본다. 하여튼 강한 인공지능이 생기는 순간 인류는 가장 큰 적을 만나게 될 것임은 분명한 것 같다. 인지능력이 인간보다 더 높아지고 판단과정에서 최적화 및 효율성을 추구하도록 설계된, 강한 인공지능이 미래의 어느 순간

'인류가 멸망하는 것이 인류를 그대로 두는 것보다 더 효율적이다'라고 판단하게 된다면, 인류는 스티븐 호킹이 말한 것처럼 인공지능에 의해 정말 멸망하게 될지도 모른다.

사법(司法)영역에서 인공지능기술의 활용 및 선결과제

인공지능기술이 발전함에 따라 법관의 미래가 어떻게 달라질 것인지를 알기 위해서는 인공지능기술이 그동안 재판 등과 같은 사법영역에서 얼마나 도입되고 활용되었는지를 먼저 살펴볼 필요가 있다. 이에 관하여는 제2장 '사법영역에서 인공지능기술의 활용' 부분에서 자세하게 다루고 있다. 즉, 인공지능기술의 발선에 따리 법관에게 어떠한 영향을 미치게 될 것인지를 다루게 되므로, 먼저 그 영향을 받게 되는 법관의 법적 지위, 법관 업무의 종류와 현황 등 사법제도와 법관에 대하여 살펴보았다. 그리고 외국에서는 인공지능기술을 사법부에서 어떻게 도입하여 활용 중인지 살펴보았다. 인공지능을 적극적으로 도입하여 활용하고자 하는 대표적인 국가들인 미국, 중국, 유럽, 싱가포르, 캐나다, 호주 등의 사례들을 구체적으로 살펴보았다. 다음으로, 국내 사법 영역에서 인공지능이 도입되어 활용되고 있는 현황에 관하여 다루어 보았다. 우리나라 법원에서 추진 중인 차세대전자소송 도입 현황과 과제 등에 관하여 다루면서 민간에서 활성화되고 있는 리걸 테크 산업 분야에 관하여도 설명하였다. 미국이나 중국과 달리, 우리나라에서는 아직까지도 법관의 업무를 보조하는 정도로만 인공지능기술의 활용이 검토되고 있을 뿐이다. 나아가 인간 법관을 대체하여 사법적인 분쟁해결에서 판단자로서의 역할을 수행하는 판결기계를 의미하는 이른바 '인공지능 법관'의 도입 논의에 관하여도 살펴보았다. 인공지능 법관을 도입하기 위한 전제로서 기술적인 대체가능성 및 규범적인 대체가능성 문제가 먼저 해결되어야 하는데, 아직은 두 가지 모두 그 해결이 요원한 상태이므로 현재로서는 인공지능 법관의 도입은 시기상조로 보인다.

인공지능기술을 재판 등 사법 영역에서 활용하게 된다면, 그로 인한 효용과 혜택이 적지 않을 것이다. 하지만 그에 따른 부작용 우려도 적지 아니하다. 인공지능에 대하여 시의적절한 통제를 하지 않는다면 인공지능이 오히려 기존의 편견과 불평등을 강화하고 인권을 침해할 수 있다는 것이다. 또한 인공지능이 인간의 관리 · 감독을 벗어나게 되면 인공지능이 사실상 인간을 지배하는 것이 될 수도 있다. 따라서 인공지능기술을 사법 영역에서 활용하기 위해서는 먼저 적지 않은 과제들을 해결하여야 한다. 즉, 법적 · 윤리적 위험성 문제, 알고리즘의 편향성 · 불투명성 문제, 사법 빅데이터의 공개 · 활용 문제 등이 관련 선결과제라고 볼 수 있다.

그렇다고 해서 신속성, 정확성 등의 측면에서 업무 효율을 높일 수 있는 인공지능의 활용을 피할 수만은 없다. 결국 법관의 업무 중 반복적이거나 일정한 패턴을 가지는 형태의 업무는 인공지능으로 하여금 처리하도록 하고 나머지 복잡하고 가치 판단이 필요한 업무는 인간 법관이 담당하는 형태의 협업이 향후 가까운 미래에 나타날 가능성이 높다고 본다. 그 과정에서 시간이 흐를수록 인공지능의 비중이 점점 늘어나는 것은 피할 수 없을 것으로 보인다. 즉, 인공지능기술의 발전 추이에 비추어 볼 때, 2050년이 되기 전에 이미 앞서 본 [표 3-6] 중 2~3단계 수준까지는 도달해 있을 가능성이 높다.

따라서 재판 절차에서 인공지능 알고리즘을 활용하고 법적 판단을 내릴 때 인공지능이 내린 결과를 참작하는 경우, 그 인공지능 알고리즘이 갖추어야 할 요건, 당사자에 대한 정보제공, 당사자의 이의할 권리 내지 불복할 권리 등 법관의 재판권과 당사자의 절차권이 보장될 수 있도록 기본 원칙을 수립하여야 한다. 법관의 판단과 인공지능의 판단 사이에 간극이 발생한다면, 법관의 논증의무를 강화함으로써 법관으로 하여금 자신의 판단을 다시금 숙고하게 하는 자기규율(self‒discipline)의 효과를 얻을 수 있을 것이다. 아울러 법관에 의한 공정한 재판을 받을 권리를 보장하기 위하여, 법관이 자동화 편향에 빠져 인공지능 알고리즘의 판단 결과에 지나치게 영향을 받을 가능성을 차단하여야 하고, 인공지능에 과도하게 의존하지 않고 독립하여 판단을 내릴 수 있도록 하는 시스템이 마련되어야 할 것이다.

인공지능기술의 발전에 따른 법관의 미래 예측

앞서 다루었던 내용들을 토대로 하여 제3장 '인공지능기술의 발전에 따른 법관의 미래 예측' 부분에서는 본격적으로 여러 가지 미래예측 방법론을 사용하여 법관의 미래를 예측하고자 하였다. 즉, 인공지능기술의 발전에 따른 법관의 미래를 예측하기 위하여, ① 문제의 정의, ② 관련 요소 추출, ③ 핵심동인 결정, ④ 3차원 미래예측방법을 통한 구체적인 예측작업, ⑤ 예측결과 통합 등 미래예측 5단계 알고리즘을 적용하여, 법관의 미래에 관한 구체적인 미래예측 시나리오를 도출하였다.

우선, '문제의 정의' 부분에서는 이 책에서 추구하고자 하는 목적을 "인공지능기술의 발전에 따라 법관의 미래가 어떠할지에 관하여 예측하고, 그에 따른 대응전략을 모색하는 것"으로 정하였다. 즉, 법관의 미래에 관한 다양한 미래예측 시나리오가 도출되는 경우 선호미래, 최악의 미래, 최유력 미래를 살펴보고, 그에 맞는 미래전략을 연구하고자 하였다. 그 결과를 활용하여 법원 등 관련 기관과 이해관계자들은 인공지능기술의 발전으로 사법 영역에 미치게 될 영향에 대하여 효과적인 준비와 대응을 할 수 있을 것으로 기대하였다.

두 번째로, 논의 주제와 관련된 망라적인 '관련 요소 추출'을 위해서 'STEPPER'라는 방법을 이용하였다. 'STEPPER' 방법은 핵심동인을 도출하기 위해 관련 요소와 연관된 모든 항목을 7가지 범주로 나누어 살펴보고 분석하는 것으로 관련 요소의 누락을 방지하는 효용성이 있다. 'STEPPER'는 7가지 범주인 사회(Society), 기술(Technology), 환경(Environment), 인구(Population), 정치(Politics), 경제(Economics), 자원(Resources)의 각 영단어의 첫 글자를 따서 만들어진 것이다. 문헌조사와 온라인 리서치 등을 통해 '인공지능기술 발전에 따른 법관의 미래'이라는 주제와 관련한 다양한 관련 요소들을 찾을 수 있었다.

위와 같은 관련 요소 추출 과정을 거친 후 교차 영향 분석법과 상호작용 다이어그램 등의 방법을 통하여 핵심동인을 도출하였는데, 법관의 미래에 가장 큰 영향을 줄 것으로 보이는 핵심동인 3가지를 결정할 수 있었다. 즉, 인공지능과 같은 '기술적 요소', 재판시스템, 국가예산, 법조인 양성제도 등과 같은 '법·제도적 요소', 국민들의 법관에 대한 신뢰도, 공정 등과 같은 '사회적 요소'가 바로 그것이다.

이를 토대로 본 연구에서는 3차원 미래예측법을 이용하여 2050년 '인공지능기술의 발전에 따른 법관의 미래'를 예측하고자 하였다. 여기서는 관심 영역 중 알아보고자 하는 시점을 '2050년'으로 설정하고, 재판시스템이나 법조인 양성제도, 디지털화 내지 전자소송 등과 같은 중요한 변화 추이를 살펴보기 위하여, 시간 축은 30년 간격으로 하여 1990년, 2020년, 2050년으로 나누어 살펴보았다. 공간 축에서는 인공지능기술의 발전과 밀접한 관계가 있는 리걸 테크 산업이 발달하고 있는 변호사업계와 법원/법관의 영역으로 나누었고, 분야 축에 관하여는 앞서 살펴본 바와 같이 핵심동인으로 도출된 영역인 기술적 분야, 법·제도적 분야, 사회적 분야를 분야 축의 각 요소로 선정하였다. 이러한

3차원 미래예측법을 통해 과거 데이터와 미래 환경설정 내용을 토대로 독립변수의 추세를 보면서 기술적 분야, 법·제도적 분야, 사회적 분야별로 법관의 미래 추세 내지 방향성을 예측하였다.

　마지막 단계에서는 시나리오 기법을 적용하여 상정가능한 미래예측 시나리오를 도출하였다. 법관의 미래에 가장 큰 영향력을 미칠 것으로 보이는 핵심동인은 '인공지능기술의 발전'과 '인공지능 법관에 대한 국민 인식'이라고 볼 수 있으므로, 2050년 기준으로 '인공지능기술의 발전' 및 '인공지능 법관에 대한 국민 인식' 요인의 변화 수준에 따른 9가지 미래예측 시나리오를 도출할 수 있었다. 즉, '인공지능기술의 발전'에 관하여는, 1) 인간 법관 대체불가능, 2) 인간 법관 대체가능, 3) 강한 인공지능 내지 특이점 도달 등으로 나누고, '인공지능 법관에 대한 국민 인식'에 관하여는, 1) 인공지능 법관의 도입 반대, 2) 인간 법관과 인공지능 법관의 병존, 3) 인공지능 법관으로의 전면 교체 등으로 나누었는데, 그 변화 추이에 따라 총 9가지 경우의 수가 도출되었다. 아울러 미래예측 시나리오를 작성함에 있어서는 추세 예측의 한계점을 보완하기 위하여 이머징 이슈도 감안하였다. 위와 같은 9가지 미래예측 시나리오 중에서 전문가 설문조사 결과 등 객관화 과정을 통해 최유력 미래, 최악의 미래, 선호미래 등을 선정할 수 있었다.

　결국 앞서 도출한 9가지 미래예측 시나리오에 전문가 대상 설문조사 결과 등을 종합하여 보면, 2050년 도래할 가능성이 가장 높은 최유력 미래예측 시나리오는 ②－② 시나리오(인간 법관과 인공지능 법관의 병존)로 보인다. 위 시나리오에 따르면, 30년 후인 2050년까지는 강한 인공지능이 출현할 것으로 보이지는 않지만, 인공지능기술이 법관 업무를 대체할 수 있는 정도의 수준까지는 도달해 있을 것으로 전망되는데, 이러한 기술적인 대체가능성이 충족된 상태에서 국민들이 인공지능 법관과 인간 법관의 병존을 원하고 있는 상황이다.

이렇게 인간 법관과 인공지능 법관의 병존이 요구되는 시기에서는 이들 간에 어떤 식으로 심급제도 내지 재판시스템을 구성하여야 할지가 중요해진다. 1심 재판 단계에서는 인공지능 법관의 활용을 높이도록 하면서도, 항소심이나 상고심은 인공지능 법관이 아닌 인간 법관이 담당하도록 하는 방안이 채택될 가능성이 높다. 1심 재판 단계에서 인공지능 법관은 합의부의 구성원인 배석판사로서 역할을 담당하도록 하여 합의부 심리의 충실화를 도모할 수 있으므로, 합의부에 적어도 한 명의 인공지능 법관을 배치하도록 할 것이다. 또한 단독재판의 경우 당사자의 선택권을 보장하는 차원에서 1심 재판의 당사자인 원고·피고로 하여금 인공지능 법관 또는 인간 법관 중에서 선택할 수 있도록 재판시스템을 구성할 수도 있다.

한편, 최악의 미래는 강한 인공지능이 출현하고 특이점의 시대가 도래한 상황을 가정한 ①-③ 시나리오, ②-③ 시나리오, ③-③ 시나리오 모두를 들 수 있다. 개인적인 생각으로는 그 중에서도 가장 빨리 인류의 멸망을 초래할 것으로 보이는 ①-③ 시나리오(인간 대 인공지능의 극한 대립)가 가장 최악으로 여겨진다. 전문가 설문조사 결과, 다행히도 2050년에는 위와 같은 특이점의 시대가 도래할 가능성이 그다지 높지 않은 것으로 나타나기는 하였다. 그러나 만약 2050년이 되기 전에 특이점의 시기가 먼저 도래한다고 본다면, 인간의 통제를 벗어나서 자의식을 가지게 된 강한 인공지능과 인간의 미래가 어떻게 펼쳐질지에 대하여 예측하는 것은 아마도 불가능한 일일 것이다. 그렇지만, 강한 인공지능의 출현 이후 생각보다 빨리 인류의 멸망과 같은 최악의 파국이 초래될 가능성도 배제할 수 없다.

끝으로, 법원이나 법관의 입장에서 2050년 가장 선호하는 미래예측 시나리오는 ①-② 시나리오(인공지능 로클럭의 전면 배치를 통한 사법 신뢰의 회복)라고 볼 수 있다. 이 시나리오에 따르면, 일단 인공지능기술이 계속 발전하여 2050년에는 적어도 법관 업무가 대체될 수 있는 정도의 수준으로는 도달해 있지만, 국민들의 인식은 여전히 인공지능 법관 도입에 우호적이지 않을 뿐 아니라 심지어 이를 반대하고 있다. 2050년에 국민들의 인식이 이렇게 나타났다는 것은 그 사이 기간 동안 사법부에 대한 국민의 신뢰도가 많이 높아졌고, 인공지능보다도 인간 법관을 더 신뢰하게 되었다는 것을 의미한다. 한편, 법관의 업무를 신속하고 효율적으로 보조하기 위한 인공지능의 효용성은 부정할 수 없는 사실이다. 따라서 인공지능은 재판 영역에서도 이를 적극적으로 활용하여야 할 필요가 있는 것이다. 이를 위해 각 법관들에게 그 업무를 보조하기 위하여 인공지능 로클럭(lawclerk)이 제공된다. 이는 앞서 본 [표 3-6]의 4단계(인공지능 로클럭)에 해당된다고 볼 수 있다. 인공지능 로클럭의 도움을 받아 인간 법관의 업무능력이 증강(augmentation)되고, 그 덕분에 신속하면서도 효율적인 재판이 이루어지고 신뢰받는 재판이 구현될 수 있게 된다.

한편, 인공지능 법관을 합의부 배석판사로 두는 경우라면, 인간과 인공지능 사이에 실질적으로 협의와 설득이 이루어져야 하는데, 그것이 과연 제대로 작동할 지 의문이 있다. 오히려 인간 법관이 인공지능 로클럭을 두고 그 도움을 받아 증강된 업무능력으로 재판 업무를 처리하는 것이 더 나을 수도 있다. 인공지능 법관을 두어 독립적으로 단독 재판을 담당하도록 하더라도 그 재판에 대해 당사자 양측이 모두 승복하지 않는 상황이 생기는 경우가 생길 수 있다. 이때에는 상급심의 인간 법관에 의한 재판이 불가피하므로, 인공지능 법관을 굳이 독립적인 재판의 주체로 만들기보다는 전심(前審)의 분쟁해결수단으로 활용해도 충분할 것이다. 인공지능에 의한 판단이 1심 재판 이전 단계에 불과하므로, 재판당사자들로서는 인공지능을 통한 판단을 먼저 받아 보더라도 나중에 3개 심급에서 인간 법관에 의한 재판을 받을 기회가 계속 보장될 것이어서 전혀 불리하지 않다.

미래예측 전망에 따른 대응전략 모색

이 책에서는 지금으로부터 약 30년 후인 2050년 펼쳐질 여러 가지 미래예측 시나리오를 살펴보았는데, 그 중에서 최유력 미래가 아닌 선호미래로 나아가기 위한 미래전략 수립을 구상하고자 한다. 미래전략이란, 미래의 시점에서 바라보면서 현재에서부터 출발하여 위와 같은 미래의 모습으로 발전하려면 어떠한 의사결정이 필요하고 어떠한 조치가 필요한지를 보는 후방향 슬라이딩(backward sliding)이라고 할 수 있다. 따라서 우리가 앞서 선호미래로 선정한 '①－② 시나리오(인공지능 로클럭의 전면 배치를 통한 사법 신뢰의 회복)'의 미래 모습으로 나아가기 위해 어떤 노력과 대책이 필요한지를 검토하게 되면, 그것이 바로 위와 같은 선호미래를 만들기 위한 미래전략이 될 것이다.

최유력 미래와 선호미래에서의 가장 큰 차이는 '인공지능 법관에 대한 국민 인식'에서 나타나고 있는데, 선호미래를 만들어가기 위해서는 인공지능을 사법 영역에 활용함에 따른 기술적, 윤리적 과제가 어느 정도 해결되어야 할 뿐 아니라 국민의 사법 신뢰도가 높아져서 굳이 인공지능 법관을 도입할 필요성을 느끼지 못하도록 하여야 한다.

따라서 선호미래에 도달하기 위한 미래전략 수립의 방향성은 인공지능을 사법 영역에 활용함에 따른 기술적 과제와 윤리적 과제를 해결하는 것이 필요하고, 국민들이 굳이 인공지능 법관을 도입할 필요성을 느끼지 못하도록 인간 법관에 의한 재판의 경쟁력을 높이고 법원에 대한 신뢰도를 제고할 수 있는 대책이 필요하다고 볼 수 있다.

향후 인공지능이 기술적 발전의 한계에 봉착하게 될지 여부에 관하여 현재로서는 어느 쪽으로든 단정할 수 없지만, 앞서 언급하였던 인공지능의 편향성, 불투명성, 오작동이나 해킹, 사이버 보안 등의 기술적 과제는 미리 해결해 두어야 한다. 또한 인공지능의 사법적 활용과 관련하여 인간만이 수행하도록 하여야 할 재판 업무 영역을 따로 둘 것인지, 인공지능의 사법적 활용에 따른 책임 소재와 분담은 어떻게 할 것인지와 같은 윤리적 과제에 관하여도 충분한 논의를 통해 국민적 공감대를 이루어 나가야 한다.

이러한 인공지능 자체의 문제를 해결하는 것 외에도 국민들의 사법부에 대한 인식을 변화시키기 위한 신뢰도 제고 노력이 함께 이루어져야 한다. 이를 위한 구체적인 방안으로는 국민의 재판 참여 기회 확대 및 국민에 대한 사법적 지원 확대, 사법데이터의 공개 등 사법절차의 투명성 제고, 충실하고 신속한 재판을 위한 양적·질적 확충 등을 들 수 있다.

한편, 특이점의 시기가 언제 도래할지 지금으로서는 정확히 알 수는 없으나, 일단 그러한 시기가 다가온다면, 생각보다 빨리 인류의 멸망과 같은 최악의 파국을 초래할 가능성도 배제할 수 없다. 그러한 인류 멸망이나 인공지능의 노예로 전락하는 등의 미래 상황은 그 해악이나 부(−)의 정도가 거의 무한대라고 볼 수 있다. 이러한 미래는 나심 니콜라스 탈레브가 지적한 '프래질'의 전형적인 모습이라고 볼 수 있다. 따라서 위와 같은 최악의 미래는 미리미리 회피하고 도래하지 않도록 대비하는 것이 리스크 관리에 있어서 최선의 전략이 될 것이다.

이번 미래예측 작업에서 아쉬웠던 부분

미래를 궁금해하고 알고 싶어하는 것은 인간의 본능이라고 생각된다. 기업의 경영이나 마케팅에서도 과거 고객의 데이터를 분석하여 미래에 있을 고객의 행동을 미리 예측하여 고객들이 원하는 상품을 개발하거나 추천하려는 노력을 계속해 왔다. 이렇듯 미래를 예측하고, 그에 따른 대응전략을 마련하는 것은 그 자체로 의미있는 일이라고 할 수 있다. 하지만 현재 시점에서 미래의 상황을 예측하여야 한다는 점에서 그로 인한 한계가 불가피하게 존재할 수밖에 없다. 그 외에도 이 책에서 시행한 미래예측에는 다음과 같은 여러 가지 한계가 존재하고 있다.

이 책에서 시행한 미래예측 작업은 약 1년 남짓의 문헌조사, 각종 자료 조사와 그 기간 내에 실시한 전문가 설문조사를 통해 이루어졌는데, 그럼에도 불구하고 해당 분야에 대한 문헌조사 내지 데이터의 확보가 비교적 부족하였다는 점을 들 수 있다.

특히 미래예측 연구에 있어서는 데이터의 수집이 매우 중요하다. 기존의 방대한 데이터 자료를 활용하여 과거부터 현재까지의 추세를 분석함으로써 보다 정확한 미래예측이 가능할 것인데, 필자의 능력 부족으로 인해 제한된 데이터를 활용하고 계량적인 방법론의 적용이 제한적으로 이루어짐에 따라 관련 요소 추출이나 핵심동인의 결정 등에 있어 보다 높은 객관성 확보에 부정적인 영향이 있었을 수 있다.

이번 미래예측 작업을 위하여 실시한 전문가 대상 설문조사의 경우도 인공지능기술 전문가, 법관, 미래전략 전문가 등 85명을 대상으로 한 것이어서 데이터의 양이 충분하지 못한 편이다. 일반 국민들의 사법부에 대한 신뢰도나 인공지능 법관에 대한 인식 태도 등에 관하여는 직접 설문조사를 실시하여 충분한 데이터를 확보하였으면 좋았겠지만,

여러 가지 여건상 그러하지 못하였다. 다만, 언론에 보도된 설문조사 결과나 보고서가 발간된 외부기관의 설문조사 결과 등을 통해 위와 같은 부족한 점을 보완하고자 노력하였다.

마치면서 - 미래는 다가오는 것이 아니라 만들어가는 것

요즘 인공지능 이야기가 나오지 않는 곳이 없다. 광고에서 인공지능이 언급되지 않으면 그 제품은 왠지 구식인 느낌이 들고 잘 팔리지도 않는다. 기업에서도 인공지능 전문가를 모셔 가려고 난리이고, 대학에서도 인공지능 전문가 양성을 목표로 전문대학원을 만들기도 하였다. 4차 산업혁명 시대의 총아로서 인공지능은 이 시대에 큰 열풍을 불러일으키고 있다. 바야흐로 '인공지능의 시대'가 도래한 것이다. 인공지능기술의 발전은 상당수의 직업을 사라지게 할 것으로 전망되고 있다.

그럼 법관이라는 직업은 어떻게 될 것인가? 어려운 법률을 공부하여야 하고 인간 특유의 가치판단을 하여야 하는 법관이라는 직업은 왠지 인공지능기술이 발전하더라도 계속 공고히 유지될 수 있을 것 같이 보이기도 한다. 반면, 영국의 옥스퍼드대 연구팀에서 발표한 바와 같이 법관이라는 직업은 2030년까지 사라질 가능성이 40%에 이를 수도 있을 것이다. 누구나 인공지능기술의 발전에 따른 법관의 미래를 그려볼 수 있고, 그 미래상은 무수히 많은 스펙트럼으로 펼쳐질 수 있을 정도로 다채로울 것이다. 미래는 한 가지만 있다고 믿는 사람들이 보기에는 이해되지 않을 수 있겠지만, 미래예측은 이렇게 다양한 미래상을 전제로 펼쳐진다.

   필자는 2019년부터 2년간 카이스트 미래전략대학원에서 미래학과
미래예측방법론에 대해 배웠다. 그 과정에서 인공지능기술의 발전에
따라 달라질 법관의 미래 모습은 어떠할지, 이렇게 배운 미래예측방법
론을 활용하여 예측해 보면 어떤 결과가 나올지 궁금해졌다. 이러한 호
기심에서 출발하여 이 책의 집필에까지 이르게 되었다.

   이 책에서는 다양하게 펼쳐질 법관의 미래 모습을 좀 더 체계적이
고 설득력 있게 구현하기 위하여 다양한 미래예측 방법론을 활용하였
다. 즉, 3차원 미래예측법, 시나리오 기법, 전문가 설문조사 등 미래예
측방법론을 사용하여 인공지능기술의 발전에 따라 펼쳐질 수 있는 법
관의 미래상을 체계적으로 살펴보았다. 그리하여 미래예측방법론을 통
해 도출된 핵심동인인 '인공지능기술의 발전'과 '인공지능 법관에 대한
국민 인식'의 변화 정도에 따라 9가지 유형의 미래예측 시나리오를 구
현해 낼 수 있었다. 이를 기초로 하여 전문가 설문조사, 문헌연구조사
등을 통해 최유력 미래, 선호미래, 최악의 미래를 파악해 볼 수 있었는
데, 그 결과 자연스럽게 선호미래로 나아가기 위한 대응전략이 도출될

수 있었다.

　필자는 위와 같은 대응전략을 검토하는 과정에서 크게 놀라지 않을 수 없었다. 인공지능기술이 계속 발전하여 인공지능 법관을 대체할 수 있을 정도로 발전하더라도, 결국 인공지능 법관이 도입되어 인간 법관과 병존하거나 인간 법관을 완전히 대체할지 여부를 결정하는 것은 바로 국민들의 의사 내지 결단이라는 점이다. 따라서 선호하는 미래로 나아가기 위한 가장 핵심적인 관건은 인간 법관들로 이루어진 사법부가 사법절차의 투명성 제고, 충실하고 신속한 재판을 통해 국민의 신뢰를 얻을 수 있는지, 인공지능보다 더 신뢰받을 수 있는지 여부이다. 이는 위와 같은 미래예측방법론을 사용하여 법관의 미래를 예측하기 전부터 이미 직관적으로 알고 있는 내용이었다. 우리 법원은 그동안 전관예우나 유전무죄 등으로 국민들로부터 실망과 불신을 받아왔던 아픈 경험이 있으므로, 앞으로는 공정하고 신속한 재판을 통해 사법신뢰도를 계속 높여 나가야 한다는 과제를 항시 가지고 있었다. 그런데 인공지능기술이 발전함에 따라 법관에게 나타날 가능성이 가장 높은 최유력 미래 모습을 우리가 선호하는 미래 모습으로 바꾸기 위해서도 이와 동일한 노력을 하여야 한다는 결론이 도출되었던 것이다. 무척 신기하고 놀라웠다. 우리는 이미 정답을 알고 있었지만 실천 노력이 부족하였던 것이다. 우리가 원하는 미래로 나아가기 위해서 거창한 계획이나 획기적인 방법이 있는 게 아니라 작은 실천 노력부터 시작하는 것이 가장 지름길이라는 점을 다시금 깨달았다. 미래는 다가오는 것이 아니라 차근차근 만들어 가는 것이 맞는 것 같다.

　이 책에서 살펴본 인공지능기술의 발전에 따른 법관의 미래 모습이나 그 대응전략의 내용은 직관적으로 누구나 알 수 있는 내용이겠지만, 이를 체계적이고 구체적인 미래예측방법론을 통해 학술적으로 논증하고 밝혀냈다는 점에서 나름의 의의를 찾아볼 수 있겠다. 아울러 인공지능기술의 발전 과정이나 국내·외 사법부의 인공지능 도입 현황 등에 관하여 비교적 망라적으로 정리하여 집대성을 하였다는 점도 작지 않은 성과라고 볼 수 있다.

흔히들 인공지능 법관에 대한 막연한 기대와 두려움을 가지고 있는 경우가 많은데, 인공지능기술의 발전에 따른 다양한 미래예측 시나리오를 통해 나타나게 될 미래 상황을 좀 더 구체적으로 살펴보고, 이에 대한 대응책과 로드맵을 준비할 필요성이 있다. 이 책에서 다룬 내용들이 그러한 미래 준비를 위한 단초가 될 수 있기를 기대해 본다. 그리고 인공지능기술의 발전 전망이나 사법 영역에의 적용시 선결과제, 인공지능 법관 도입 이슈 등에 관하여도 향후 관련 논의가 더욱 활성화될 수 있기를 바란다.

참 고 문 헌

단행본

강성모 외 13인, 국회로 간 KAIST, 심북스, 2015.

고바야시 마사카즈, 한진아(역), 인공지능이 인간을 죽이는 날, 새로운제안, 2018.

국제미래학회, 전략적 미래예측 방법론 BIBLE, 두남, 2014.

김대식, 김대식의 인간 VS 기계, 동아시아, 2016.

김두식, 불멸의 신성가족, 창비, 2009.

김현번 외 2인, 미국 연방파산관리인 제도 연구, 사법정책연구원, 2018.

나심 니콜라스 탈레브, 차익종·김현구(역), 블랙스완(최신개정증보판), 동녘사이언스, 2018.

_____, 김원호(역), 스킨인더게임, 비즈니스북스, 2019.

_____, 안세민(역), 안티프래질, 와이즈베리, 2019.

닉 보스트롬, 조성진(역), 슈퍼인텔리전스 ─ 경로, 위험, 전략, 까치, 2017.

레이 커즈와일, 김명남·장시형(역), 특이점이 온다, 김영사, 2007.

_____, 윤영삼(역), 마음의 탄생 ─ 알파고는 어떻게 인간의 마음을 훔쳤는가?, 크레센도, 2016.

리처드 서스킨드·대니얼 서스킨드, 위대선(역), 4차 산업혁명 시대 전문직의 미래, 와이즈베리, 2016.

마쓰오 유타카, 박기원(역), 인공지능과 딥러닝, 동아엠앤비, 2015.

문준영, 법원과 검찰의 탄생, 역사비평사, 2010.

박순진·이상용, 검찰과 법원의 범죄처리 동향: 1985 ─ 1998, 한국형사정책연구원, 1999. 12.

사법연수원, 가사재판연구, 2016.

서용석, 미래학 개론(강의노트), 한국과학기술원, 2019.

서울대학교 산학협력단, 사법부에서 인공지능(AI) 활용방안, 대법원 정책연구용역결과보고서, 법원행정처, 2020. 7.

신호상, 우리는 어떻게 미래를 예측할 수 있을까?, 지식플랫폼, 2021.

양시훈, 판결에 대한 국민의 이해를 높이고 이를 알릴 수 있는 방안에 대한 연구, 사법정책연구원, 2015.

유발 하라리, 김명주(역), 호모데우스, 김영사, 2017.

윤희숙, 정책의 배신, 21세기북스, 2020.

이유봉·김대홍, 한국인의 법의식: 법의식조사의 변화와 발전, 한국법제연구원, 2020.

이희옥·양철(편), 성균중국연구소(기획), 인공지능 시대 중국의 혁신, 지식공작소, 2020.

임영익, 프레디쿠스, 클라우드나인, 2019.

장수영·이덕환, 국민의 사법절차에 대한 이해도 및 재판에 관한 인식 조사 결과의 분석, 사법정책연구원, 2015.

정상조, 인공지능, 법에게 미래를 묻다, 사회평론, 2021.

정재승, 열두발자국, 어크로스, 2018.

정채연, 사법절차 및 사법서비스에서 인공지능기술의 도입 및 수용을 위한 정책 연구, 사법정책연구원, 2021.

제리 카플란, 신동숙(역), 인공지능의 미래, 한스미디어, 2017.

제임스 배럿, 정지훈(역), 파이널 인벤션: 인공지능, 인류 최후의 발명, 동아시아, 2016.

클라우스 슈밥, 송경진(역), 클라우스 슈밥의 제4차 산업혁명, 새로운현재, 2016.

테런스 J. 세즈노스키, 안진환(역), 딥러닝 레볼루션: AI시대, 무엇을 준비할 것인가, 한국경제신문사, 2019.

한국인공지능법학회, 인공지능과 법, 박영사, 2019.

황보원주, 미래를 어떻게 볼 것인가, 좋은땅, 2021.

KAIST 문술미래전략대학원 미래전략연구센터, 카이스트 미래전략 2019, 김영사, 2019.

Richard Susskind, *Online Courts and the Future of Justice*, Oxford University Press, UK, 2019.

Richard Susskind, *Tomorrow's Lawyers*, Oxford University Press, UK, 2017.

Woodrow Barfield · Ugo Pagallo, *Advanced Introduction to Law and Artificial Intelligence*, Edward Elgar, USA, 2020.

2020 사법연감, 법원행정처, 2020.

2020 한국의 사회지표, 통계청, 2021.

각종 행사 자료집

법관의 업무 부담분석과 바람직한 법관 정원에 관한 모색, 전국법관대표회의 토론회 자료집(2021. 2. 1.).

사법신뢰의 회복방안, 사법정책연구원 심포지엄 자료집(2019. 6. 20.).

차세대전자소송추진단, 전국 법관 온라인 열린 간담회 설명자료(차세대전자소송시스템), 2021. 4.

AI와 法 그리고 인간, 사법정책연구원 주최 심포지엄 자료집(2019. 12. 18.).

The Future of Judiciary: A Global Perspective, 2018 사법정책연구원 국제 컨퍼런스 결과보고서(2018. 12. 4. – 12. 5.).

국내 논문

고유강, "법관업무의 지원을 위한 머신러닝의 발전상황에 대한 소고", LAW & TECHNOLOGY 제15권 제5호, 서울대학교 기술과법센터, 3 – 17면, 2019. 9.

김도훈, "변호사의 업무상 인공지능 사용에 관한 소고: 미국변호사협회의 법조윤리모델규칙에 따른 윤리적 의무를 중심으로”, 미국헌법연구 29(3), 미국헌법학회, 241－272면, 2018.

김두얼, “사법정책과 경제성장”, 한국경제포럼 제5권 제1호, 한국경제학회, 73－93면, 2012.

김병필, “인공지능 변호사 시대”, 중앙일보(2019. 9. 11.자 칼럼), 23면.

김웅재, “형사절차에서 인공지능 알고리즘의 활용가능성과 그 한계”, LAW & TECHNOLOGY 제16권 제4호, 서울대학교 기술과법센터, 3－23면, 2020. 7.

김혜인·정종구, “인공지능에 기반한 형사법상 의사결정 연구”, 법학연구 제28권 제3호, 경상대학교 법학연구소, 203－229면, 2020.

설민수, “머신러닝 인공지능의 법 분야 적용의 현재와 미래: 미국의 현황과 법조인력 구조 및 법학교육에 대한 논의를 중심으로”, 저스티스 통권 제156호, 한국법학원, 269－302면, 2016. 10.

_____, “머신러닝 인공지능과 인간전문직의 협업의 의미와 법적 쟁점: 의사의 의료과실 책임을 사례로”, 저스티스 통권 제163호, 한국법학원, 255－284면, 2017. 12.

양종모, “인공지능을 이용한 법률전문가 시스템의 동향 및 구상”, 인하대학교 법학연구 제19집 제2호, 인하대학교 법학연구소, 213－242면, 2016. 6. 30.

_____, “인공지능의 위험의 특성과 법적 규제방안”, 홍익법학 제17권 제4호, 홍익대학교, 537－566면, 2016.

_____, “인공지능 알고리즘의 편향성, 불투명성이 법적 의사결정에 미치는 영향 및 규율 방안”, 법조 통권 723호, 60－105면, 2017. 6.

_____, “인공지능에 의한 판사의 대체 가능성 고찰”, 홍익법학 제19권 제1호, 홍익대학교, 1－29면, 2018.

이상직, “AI 알고리즘 규제와 영업비밀”, 법률신문, 12면, 2020. 10. 29.

이석현, “4차 산업혁명 시대의 인공지능과 법률전문가의 대응”, KHU 글로벌 기업법무리뷰 제10권 제1호, 경희대학교 법학연구소, 115－136면, 2017.

이현종, “인공지능시대의 민사소송 － 온라인분쟁해결 시스템의 도입을 중심으로 －”, 민법, 민사소송법 시행 60주년 공동학술대회 ‘민법, 민사소송법의 회고와 전망' 자료집(2020. 11. 6.−11. 7.), 대법원·한국민사법학회·한국 민사소송법학회, 275−318면.

임석순, "형법상 인공지능의 책임귀속", 형사정책연구 제27권 제4호, 한국형 사정책연구원, 69−91면, 2016년 겨울.

정영화, "인공지능과 법원의 분쟁해결−최근 영미법국가들의 인공지능 법 제", 홍익법학 제21권 제1호, 홍익대학교 법학연구소, 209−247면, 2020. 1.

정재용, "포스트 코로나19 도시계획의 과제와 방향", 건축 제64권 제06호, 사 단법인 대한건축학회, 45−48면, 2020. 6.

주현경·정채연, "범죄예측 및 형사사법절차에서 알고리즘 편향성 문제와 인 공지능의 활용을 위한 규범설계", 법학논총 제27집 제1호, 조선대학교 법 학연구원, 115−162면, 2020.

한애라, "사법시스템과 사법환경에서의 인공지능 이용에 관한 유럽 윤리헌장 의 검토: 민사사법절차에서의 인공지능 도입 논의와 관련하여", 저스티스 통권 제172호, 한국법학원, 38−79면, 2019. 6.

_____, "인공지능 판사는 언제쯤 등장할까", 중앙일보(2020. 11. 16.자 칼 럼), 29면.

허유선, "인공지능에 의한 차별과 그 책임 논의를 위한 예비적 고찰: 알고리 즘의 편향성 학습과 인간 행위자를 중심으로", 한국여성철학 29, 한국여성 철학회, 165−209면, 2018. 5.

▍ **외국논문**

刘渺, 人工智能在司法领域的运用现状及未来发展方向, 法制与社会 2019年 01期(2019年1月), 92−93.

Ronald J. Allen著, 汪诸豪译, 人工智能与司法证明过程:来自形式主义和计 算的挑战, 证据科学 2020年第28卷第5期(2020年10月), 588−599.

帅奕男, 人工智能辅助司法裁判的现实可能与必要限度, 山东大学学报(哲学 社会科学版) 2020年第4期(2020年7月), 101−110.

Tania Sourdin著, 王蕙, 李媛译, 法官 v. 机器人:人工智能与司法裁判, 苏州大学学报(法学版) 2020年04期(2020年11月), 10−22.

王明翌, 张素凤, 论人工智能从事司法审判之可能性, 池州学院学报 第34卷第4期(2020年8月), 47−51.

卫晨曙, 美国刑事司法人工智能应用介评, 山西警察学院学报 第28卷第4期(2020年10月), 22−28.

燕亚楠, 人工智能在司法裁判中的应用, 河北农机 2020年09期(2020年9月), 96−97.

杨焘, 杨君臣, 人工智能在司法领域运行的现状及完善对策研究−以成都法院为样本进行分析, 科技与法律 2018年第3期(2018年6月), 54−49.

Sebastian Raisch and Sebastian Krakowski, "Artificial Intelligence and Management: The Automation-Augmentation Paradox", *Academy of Management Review* Vol. 46, No. 1, https://journals.aom.org/doi/10.5465/amr.2018.0072, 2021. 1. 14.

Steven Strogatz, "One Giant Step for a Chess−Playing Machine", *The New York Times,* https://nyti.ms/2Rjetd3, 2018. 12. 26.

기타자료

"[2020국가결산]통합재정적자, 지난해 6배 불어…'악어입' 벌어진다", 아시아경제(2021. 4. 6.), https://www.asiae.co.kr/article/2021040609390329745 (2021. 5. 2. 최종확인).

"2024년 스마트법원 4.0이 열립니다", 대법원(2018. 4. 12.) 보도자료.

"30년 후 전국 228개 시·군·구 중 46% 사라져", 조선비즈(2020. 7. 26.), https://biz.chosun.com/site/data/html_dir/2020/07/23/2020072303443.html (2021. 4. 26. 최종확인).

"350만건 법률 데이터와 AI접목 나서", 한국일보(2021. 3. 30.), 6면.

"가상화폐, 지구 온난화 숨은 범인?…채굴 때 과다 전기·탄소 배출 심각", 글로벌이코노믹(2021. 4. 29.), https://news.g−enews.com/ko−kr/news/art
icle/news_all/202104291438229081e8b8a793f7_1/article.html?md=202104
29160408_R (2021. 4. 29. 최종확인).

"강화형 기계학습", 네이버 지식백과, https://terms.naver.com/entry.nhn?doc
Id=5714724&cid=42346&categoryId=42346 (2021. 2. 28. 최종확인)

"[국감자료] 형사사법기관 국민 신뢰도, 경찰−법원−검찰 순", 리걸타임즈(2
020. 10. 15.), https://www.legaltimes.co.kr/news/articleView.html?idxno
=56079 (2021. 5. 2. 최종확인).

"국민 10명중 9명, 도시 거주…도시화추세 지속", 동아일보(2019. 6. 24.), htt
ps://www.donga.com/news/Economy/article/all/20190624/96151956/1 (2
021. 4. 26. 최종확인).

"[글로벌 아이] AI 판사에게 재판받는 시대가 왔다", 중앙일보 기사(2019. 4.
2.), https://news.joins.com/article/23428965 (2020. 12. 13. 최종확인).

"[김경환 변호사의 IT법] (2) 인공지능판사는 실패 중?", 전자신문(2021. 2. 2.
자 칼럼), https://www.etnews.com/20210202000188 (2021. 4. 23. 최종확인).

김석, "[편집국에서] 로스쿨이 보내는 신호", 경향신문(2019. 5. 3.), https://o
pinionx.khan.kr/entry/%ED%8E%B8%EC%A7%91%EA%B5%AD%EC%97%
90%EC%84%9C%EB%A1%9C%EC%8A%A4%EC%BF%A8%EC%9D%B4−%
EB%B3%B4%EB%82%B4%EB%8A%94−%EC%8B%A0%ED%98%B8?catego
ry=333045 (2021. 5. 2. 최종확인).

"[뉴스 깊이보기]'5분 재판' 이대로 괜찮은가요?", 경향신문(2021. 2. 18.), htt
p://news.khan.co.kr/kh_news/khan_art_view.html?art_id=202102181410
021 (2021. 5. 14. 최종확인).

"대법원, 차세대 전자소송 시스템 구축한다", 법률저널(2018. 4. 12.), http://
www.lec.co.kr/news/articleView.html?idxno=47291 (2021. 4. 18. 최종확인).

"동물에게는 동물의 언어가 있다", 중앙SUNDAY(2020. 10. 17.), https://new
s.joins.com/article/23896443 (2021. 5. 5. 최종확인).

"동물의 소리 (1) '자신의 기분과 주변 상황을 알린다'", theScienceplus(202

0. 10. 16.), http://thescienceplus.com/news/newsview.php?ncode=1065
611573600354 (2021. 5. 5. 최종확인).

"랜들 레이더 전 美연방항소법원장 '인공지능이 5년내 판사 대체…사법 불신
줄어들 것'", 매일경제 기사(2017. 11. 7.), https://www.mk.co.kr/news/ec
onomy/view/2017/11/737834/ (2020. 12. 13. 최종확인).

"루트비히 볼츠만", 네이버 지식백과, https://terms.naver.com/entry.nhn?doc
Id=937680&cid=43667&categoryId=43667 (2021. 1. 24. 최종확인).

"[류인규 칼럼] 인공지능이 법률가를 대체할 수 있을까", 오피니언뉴스 기사
(2020. 11. 5.), https://www.opinionnews.co.kr/news/articleView.html?id
xno=42704 (2020. 12. 13, 최종확인).

박근종, "전자상거래 소비자피해 플랫폼도 '연대책임' 마땅", 매일일보(2021.
3. 18.), http://www.m-i.kr/news/articleView.html?idxno=808762 (202
1. 4. 29. 최종확인).

박희준, "매력 있는 노동자가 살아남는다", 한국일보(2021. 4. 13.), https://w
ww.hankookilbo.com/News/Read/A2021041309500003433?did=NA (202
1. 4. 29. 최종확인).

"법률시장 30여개 기업 '리걸 테크' 서비스", 법률신문(2021. 4. 26.), 1면.

"법률AI에 정보 입력하자…'당신 형량은 2년'", 매일경제(2020. 9. 7.), 21면.

"법원, 신속한 재판 위한 대책 마련 시급", 법률신문(2021. 2. 18.), https://w
ww.lawtimes.co.kr/Legal-News/Legal-News-View?serial=168074 (20
21. 4. 29. 최종확인).

"법조기관 내년 예산 6조4146억 편성… 올보다 3476억↑", 법률신문(2020.
9. 17.), https://www.lawtimes.co.kr/Legal-News/Legal-News-View?se
rial=164216 (2021. 4. 29. 최종확인).

"법조판 타다 되나…변협·로톡 세게 붙었다", 중앙일보(2021. 5. 6.), 1-2면.

"변호사·의사 일부 업무 수행… 전문직도 '위협'", 세계일보(2020. 6. 2.), 6면.

"사법부와 국민 법감정 사이의 판결의 온도차", 한국일보(2020. 12. 15.), htt
ps://www.hankookilbo.com/News/Read/A2020121015000004730?did=N

A (2021. 4. 29. 최종확인).

"사법정책연구원 '국민의 법원 신뢰도 60점'", 법률저널(2015. 12. 9.), http://
    www.lec.co.kr/news/articleView.html?idxno=38911 (2021. 5. 14. 최종확인).

"새해 예산안 국회 통과", 한겨레(1989. 12. 20.), 1면.

"순환신경망", 네이버 지식백과, https://terms.naver.com/entry.nhn?docId=
    3686121&cid=42346&categoryId=42346 (2021. 2. 28. 최종확인).

"[스케치] 법률AI vs 변호사, '알파로 경진대회'가 남긴 것", 테크월드 온라인
    뉴스(2019. 9. 2.), http://www.epnc.co.kr/news/articleView.html?idxno=
    91858 (2021. 4. 18. 최종확인).

"신뢰 추락하는 법원…'강약약강' 판결로 비판 자초 [사법 불신의 시대]", 헤
    럴드경제(2021. 1. 29.), http://news.heraldcorp.com/view.php?ud=20210
    129000353 (2021. 4. 29. 최종확인).

"'안전은 이제 시대정신'… '공정'에 이은 '안전'가치 급부상", 안전신문(2021.
    3. 11.), https://www.safetynews.co.kr/news/articleView.html?idxno=204
    074 (2021. 4. 25. 최종확인).

"알파고 판사, 법조비리 극복에 도움 될까", 조선일보 기사(2016. 10. 18.),htt
    ps://www.chosun.com/site/data/html_dir/2016/10/18/2016101800197.ht
    ml (2020. 12. 13. 최종확인).

"알파제로", 위키백과, https://ko.wikipedia.org/wiki/%EC%95%8C%ED%8
    C%8C%EC%A0%9C%EB%A1%9C (2020. 12. 13. 최종확인).

"약자 지원 '소송구조 제도' 유명무실", 한겨레(2019. 10. 20.), https://www.
    hani.co.kr/arti/society/society_general/913892.html (2021. 5. 14. 최종확
    인).

"올해 변호사시험 합격자 1,706명…합격률 54%", KBS NEWS(2021. 4. 21.),
    https://news.kbs.co.kr/news/view.do?ncd=5167978&ref=A (2021. 5. 2.
    최종확인).

"우리나라 인구 자연감소, 10년 앞당겨져…올해부터 시작될 듯", 동아일보(2
    019. 3. 28.), https://www.donga.com/news/Economy/article/all/2019032

8/94779265/1 (2021. 4. 26. 최종확인).

"[우리도 결국 노인이 된다②] 세대 간 접점부족이 낳은 불동…해결방안은", 투데이신문(2021. 2. 12.), https://www.ntoday.co.kr/news/articleView.ht ml?idxno=77121 (2021. 4. 26. 최종확인).

"[이성민의 미래전망] 세계 기상 이변의 원인과 산업 재편 후폭풍", 이코노믹 리뷰(2021. 1. 25.), https://www.econovill.com/news/articleView.html?idx no=516266 (2021. 4. 26. 최종확인).

"[이슈분석] 법원, 차세대전자소송 시스템 착수…스마트법원 4.0 시동", 전자 신문(2020. 1. 19.), https://www.etnews.com/20200117000148 (2021. 4. 1 8. 최종확인).

'이용가이드', 로톡 형량예측, https://www.lawtalk.co.kr/sentence-estimation (2021. 4. 18. 최종확인).

이우진, "[경제직필]혁신, 인공지능과 일자리", 경향신문(2021. 3. 10.), http:/ /news.khan.co.kr/kh_news/khan_art_view.html?artid=202103100300015 &code=990100 (2021. 4. 29. 최종확인).

이철우, "정치의 사법화, 심각한 문제인가?", 한국일보(2020. 12. 7.), https:// www.hankookilbo.com/News/Read/A2020120410290003334 (2021. 4. 25. 최종확인).

"'인공지능의 행정행위' 인정될까", 주간경향 1403호(2020. 11. 23.), http://w eekly.khan.co.kr/khnm.html?mode=view&code=114&artid=2020111315 09281&pt=nv (2021. 4. 23. 최종확인).

"인공지능이 판결을?…'AI 판사' 논란", KBS NEWS(2019. 8. 10.), https://ne ws.kbs.co.kr/news/view.do?ncd=4260315 (2021. 3. 28. 최종확인).

"'인공지능 판사'는 사람보다 공정하게 판결할까", 한겨레(2019. 12. 23.), 22면.

"'재판 신속화' 일본사법제도 벤치마킹해야", 법률신문(2020. 12. 21.), https://w ww.lawtimes.co.kr/Legal-Info/Legal-Info-View?serial=166581 (2021. 4. 29. 최종확인).

"'재판이 외부의 영향 받는다' 90%→50%대로 줄어", 법률신문(2020. 7. 27.),

https://m.lawtimes.co.kr/Content/Article?serial=163204 (2021. 5. 2. 최종확인).

정형근, "[아침을 열며] 법조윤리협의회, 비리 감시 강화해야", 한국일보(2020. 10. 7.), https://www.hankookilbo.com/News/Read/A2020100611270003452 (2021. 5. 2. 최종확인).

"지난해 사상 첫 인구 감소…'인구 절벽' 위기 현실로", 한국경제(2021. 1. 4.) https://www.hankyung.com/economy/article/2021010421857 (2021. 4. 26. 최종확인).

"[창간 70주년 특집] 재판연구원, 그들은 누구인가", 법률신문(2020. 12. 7.), https://www.lawtimes.co.kr/Legal-News/Legal-News-View?serial=166058 (2021. 4. 29. 최종확인).

"청년실업 41만 명, 알바도 가뭄…'취포세대' 자괴감 커", 중앙SUNDAY(2021. 4. 10.), https://news.joins.com/article/24032052 (2021. 4. 26. 최종확인).

"추진경과", 사법의 정보화, 대한민국법원 사법부 소개 홈페이지, https://www.scourt.go.kr/judiciary/information/progress/index.html (2021. 5. 2. 최종확인).

"[취재수첩] '신속재판' 격세지감", 법률신문(2020. 12. 24.), https://www.lawtimes.co.kr/Legal-Opinion/Legal-Opinion-View?serial=166729 (2021. 4. 29. 최종확인).

"코로나에 온라인쇼핑 확산…작년 전자상거래 카드결제액 100조 돌파", 아시아경제(2021. 3. 17.), https://view.asiae.co.kr/article/2021031708060897058 (2021. 4. 29. 최종확인).

"'코로나 팬데믹'이 불러올 경제불황…상업용 부동산 쇠퇴 가능성까지-Forbes", 이로운넷(2020. 8. 28.), https://www.eroun.net/news/articleView.html?idxno=13139 (2021. 4. 26. 최종확인).

"北明在线矛盾纠纷多元化解平台", 百度百科, https://baike.baidu.com/item/%E5%8C%97%E6%98%8E%E5%9C%A8%E7%BA%BF%E7%9F%9B%E7%9B%BE%E7%BA%A0%E7%BA%B7%E5%A4%9A%E5%85%83%E5%8C%96%E

8%A7%A3%E5%B9%B3%E5%8F%B0/56582409?fr＝aladdin (2021. 4. 4. 최종확인).

"韓 사법제도 신뢰도 주요국중 거의 꼴찌⋯콜롬비아 수준", 연합뉴스(2015. 8. 9.), https://www.yna.co.kr/view/AKR20150805177500009 (2021. 4. 29. 최종확인).

"互联网法院", 百度百科, https://baike.baidu.com/item/%E4%BA%92%E8%81%94%E7%BD%91%E6%B3%95%E9%99%A2/24558542?fr＝aladdin (2021. 4. 4. 최종확인).

"AI가 판결하는 법정은 더 공정할까", 한국일보(2016. 10. 17.), https://www.hankookilbo.com/News/Read/201610172083957377 (2021. 4. 25. 최종확인).

"AI '이루다' 멈췄지만⋯성차별·혐오는 인간에게 돌아온다", 한겨레(2021. 1. 11.), http://www.hani.co.kr/arti/society/women/978313.html#csidx64b6047e24286d4b8833bd3b467a840 (2021. 4. 25. 최종확인).

"AI판사에게 재판받는 시대가 왔다", 중앙일보(2019. 4. 2.), 29면.

"Dragon NaturallySpeaking", wikipedia, https://en.wikipedia.org/wiki/Dragon_NaturallySpeaking (2021. 3. 7. 최종확인).

"IT만난 법률⋯변호사 선임 문턱 낮추고 AI가 형량 예측", 세계일보(2021. 5. 3.), 18－20면.

"[IT 줌인] 5G 시대 뜨거운 감자 '망중립성'", 뉴데일리경제(2020. 11. 26.), http://biz.newdaily.co.kr/site/data/html/2020/11/26/2020112600098.html (2021. 4. 29. 최종확인).

"[TF이슈] 헤드셋 쓴 변호사들⋯코로나가 앞당긴 '스마트법원'", 더팩트(2020. 3. 11.), http://news.tf.co.kr/read/life/1784954.htm (2021. 4. 18. 최종확인).

색 인

숫자

3차원 미래예측법 / 11, 206

A~Z

CRT(Civil Resolution Tribunal) / 117

e-Courtroom / 121

ILSVRC(ImageNet Large Scale Visual Recognition Challenge) / 35, 45

ODR플랫폼(在线矛盾纠纷多元化解平台) / 103

Online Civil Money Claims(OCMC) 절차 / 111

Online Hearing Pilot(OHP) 프로그램 / 112

Single Justice Service / 111

STEPPER / 181

Victoria Civil and Administrative Tribunal(VCAT) / 119

ㄱ

강한 인공지능 / 61, 216, 222, 236, 237, 242, 246

강화학습(Reinforcement learning) / 41, 42, 57, 212

개리 카스파로프(Garry Kasparov) / 35

개인정보 보호 / 183, 298

결정트리(Decision Tree) / 39

고령화 / 189, 190, 191

공동체 사법 및 재판소 시스템(CJTS: Community Justice and Tribunal System) / 116

공정 / 182, 205

교차 영향 분석법(Cross Impact Analysis) / 200

교통 인프라 / 199

국가예산 / 194, 209, 211, 215

국민의 인식 / 10

국민참여재판 / 294

국선변호인 / 295

군집(clustering) / 38

규범적 대체가능성 / 8, 145, 225, 249, 254

그라함 몰리터(Graham Moliter) / 226

기계번역(machine translation) / 49

기상이변 / 188

기술적 대체가능성 / 7, 139, 249, 252, 263, 265

기여분 / 88

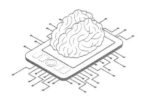

ㄴ

나이브 베이즈법(Naive Bayes) / 39
내츄럴리스피킹(NaturallySpeaking) / 47
노동시장 / 197
뉴럴 네트워크(Neural Network) / 40
닉 보스트롬 / 63

ㄷ

다트머스 회의(Dartmouth Conference)
　/ 20, 21
데이비드 러멜하트(David Rumelhart) / 32
데이터의 편향성 / 218
덴드럴(Dendral) / 23
도시화 / 188
동물과의 의사소통 / 229, 234
디지털화 / 185
딥러닝 / 34, 37, 41, 212
딥블루(Deep Blue) / 35

ㄹ

레이 커즈와일(Ray Kurzweil) / 20, 62, 63,
　64
로널드 윌리엄스(Ronald Williams) / 32
로만 얌폴스키 / 63

로봇 / 60, 186
로봇 판사 / 108
로톡(LawTalk) / 123
루미스(Loomis) 사건 / 90, 92, 141
리걸 테크(legal tech) / 122, 195, 213
리처드 벨만(Richard Bellman) / 57
리처드 서튼(Richard Sutton) / 58

ㅁ

마르크 코켈버그(Mark Coeckelbergh)
　/ 110
마빈 민스키 / 21, 28
마이신(MYCIN) / 24
마크 그리브스(Mark Greaves) / 64
망중립성 / 198
머신러닝(machine learning) / 26, 38
모라벡의 역설(Moravec's paradox) / 22,
　23
모의 담금질(simulated annealing) / 31
무어의 법칙 / 185
무죄추정의 원칙 / 81
문제의 정의 / 177, 178
미국 / 89, 93
미래예측 5단계 알고리즘 / 176
미래예측방법론 / 11

ㅂ

법관 / 82
법관 증원 / 300
법관 처우의 개선 / 303
법관에 대한 신뢰도 / 205, 214
법관의 미래 / 6
법관의 업무 부담 / 300
법관의 임기 / 83
법관의 자격 / 83
법원에 대한 신뢰도 / 292
법적·윤리적 위험성 / 148
법조인 양성제도 / 205, 214
법조일원화 / 193, 214
벨만 방정식 / 57
보조도구 / 232, 235
보조수단 / 255, 257
볼츠만 머신(Boltzmann Machine) / 31
분류(classification) / 38
불투명성 / 285
블랙박스 문제 / 151
블랙스완(Black Swan) / 181
비지도학습(unsupervised learning) / 39, 54, 212

ㅅ

사법 빅데이터 / 198

사법 빅데이터 공개 / 154
사법 신뢰 / 191
사법농단 / 191
사법데이터의 공개 / 297, 298
사법보좌관 / 88
사법신뢰도 / 215, 245, 303
사법제도 / 79
사생활 보호 / 298
사이버 보안 / 186, 187, 228, 287
사이버 팬데믹 / 227, 228, 232
상호작용 다이어그램 / 203
생성자(generator) 네트워크 / 55
서포트벡터머신(Support Vector Machine) / 39
선호미래 / 265
설명가능(explainability) 인공지능 / 152, 285
설문조사 / 11
세대 갈등 / 190
소비자피해 / 196
소송구조 / 295
소송기록의 공개 / 155
순환신경망(RNN) / 41, 51
슈퍼비전(SuperVision) / 35
스마트법원 / 125, 126, 127, 130
스티븐 호킹 / 63, 64
시각이미지 / 42
시나리오 기법 / 11, 220
시니어 판사 / 303

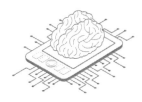

시모어 패퍼트(Seymour Papert) / 28
신속한 재판 / 192, 259, 301
싱가포르 / 114

ㅇ

아이플라이텍(IFLYTEK, 科大讯飞) / 100
알고리즘의 불투명성 / 151, 218, 260
알고리즘의 편향성 / 151
알파고(AlphaGo) / 1, 4, 37, 58
알파고제로(AlphaGoZero) / 2, 4, 58
알파로 경진대회 / 124, 125
알파제로(AlphaZero) / 3, 4, 59, 233
앤드류 응(Andrew Ng) / 65
앨런 뉴웰(Allen Newell) / 22
앨런 케이(Alan Kay) / 175
앨런 튜링(Alan Turing) / 17
약한 인공지능 / 61
양극화 / 219
언택트(Untact, 비대면) / 187
에너지 절약 / 188
에드워드 파이겐바움(Edward Feigenbaum)
    / 23
에스토니아 / 108
영국 / 111
오스트리아 / 110
오차역전파 기법 / 32
온라인 법정 / 120, 217

온라인 분쟁해결(ODR) / 93, 94, 95, 245
온라인망 / 197
온택트(ontact) / 227
왓슨(Watson) / 36
요슈아 벤지오(Yoshua Bengio) / 54
워드 임베딩(word embedding) / 52, 53
워드투벡(word2vec) / 52
워런 맥컬록(Warren S. McCulloch) / 26
원격영상재판 / 130, 214
월터 피츠(Walter Pitts) / 26
음성인식 / 46
이머징 이슈 분석법(Emerging Issue
    Analysis) / 11, 226
이미테이션 게임(Imitation Game) / 18
이세돌 / 1, 37
이안 굿펠로우(Ian Goodfellow) / 54
이용자에 의한 통제의 원칙 / 150
인공신경망 / 27, 29
인공지능 / 185, 204, 217
인공지능 로클럭(AI lawclerk) / 235, 266
인공지능 법관 / 10, 137, 146, 205, 217,
    240, 243, 245, 249, 255, 258, 260
인공지능 법관과 인간 법관의 병존 / 257
인공지능 챗봇 이루다 / 183
인공지능과 인간이 병존하는 사법시스템
    / 241, 242, 263
인공지능기술 / 221, 223
인공지능의 오작동 / 286
인구감소 / 189

인사제도의 개선 / 303
인터넷법원(互联网法院) / 102, 103
인터넷셀프소송서비스(网上自助诉讼服务)
 / 101
일정 기간 / 140

ㅈ

자연어 처리 / 49
자유심증주의 / 82
장단기 메모리(LSTM: Long-Short Term
 Memory) / 41, 52
재범예측 프로그램 / 89
재판 지연 / 192
재판공개의 원칙 / 298
재판연구원(lawclerk) / 193
재판의 공정성 / 293
재판청구권 / 193
저출산 / 189
적대적 생성 네트워크(GAN: Generative
 Adversarial Network) / 54, 55, 233
전기공급 / 199
전문가 시스템 / 23, 209
전자 증거개시(electronic discovery)절차
 / 93
전자상거래 / 196
정치의 사법화 / 184
제퍼디(Jeopardy) / 36

제프리 힌튼 / 31, 32, 34, 45
조정위원 / 294
존 맥카시(John McCarthy) / 20
존 설(John Searle) / 20
존 홉필드(John Hopfield) / 29
죄형법정주의 / 81
중국 / 98
중국 사법제도 / 99
중국어반 / 20
증거개시(discovery) / 94
증거재판주의 / 82
지능형 법원 기록 시스템(iCTS: Intelligent
 Court Transcription System) / 114
지능형 사건 검색 시스템(ICRS: Intelligent
 Case Retrieval System) / 116
지도학습(supervised learning) / 39
지역소멸 / 191
진영 갈등 / 184
짐 데이터(Jim Dator) / 226

ㅊ

차세대전자소송 / 129
청년실업 / 190
최근접 이웃 방법(Nearest Neighbor) / 39
최악의 미래 / 264
최유력 미래 / 263
충실한 재판 / 301

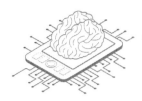

ㅋ

캐나다 / 117
컨볼루션 신경망(CNN: Convolution Neural Network) / 41, 43, 45
컴퍼스(COMPAS) / 90 ,140
컴퓨터 비전(computer vision) / 42

ㅌ

택스맨 프로젝트(TAXMAN Project) / 25
테런스 세즈노스키 / 31
테리 위노그라드(Terry Winograd) / 50
통계 기반 기계번역(SMT: statistical machine translation) / 50
튜링테스트 / 18, 19
특별수익 / 88
특이점(singularity) / 62, 216, 222, 236, 242, 246, 249, 250

ㅍ

파라미터(parameter) / 39, 40
판결문 공개 / 156, 192, 297
판별자(discriminator) / 55
팬데믹 / 187
퍼셉트론(Perceptron) / 27

ㅍ(편향성)

편향성 / 260, 285
폴 앨런(Paul Allen) / 64
품질과 보안의 원칙 / 150
프랑스 / 113
프랭크 로젠블라트(Frank Rosenblatt) / 27
프레딕티스(Predictice) / 113
필터(filter) / 44

ㅎ

하이포(HYPO) / 25
해킹 / 186, 187, 287
핵심동인(核心動因) / 8, 200, 204, 221, 225
허만 칸(Herman Kahn) / 220
허버트 사이먼(Herbert Simon) / 21, 22
호주 / 119
홉필드 망 / 30
회귀(regression) / 38
휴먼 클라우드 / 197

저자 소개

오세용

현 사법연수원 교수(부장판사)

과거의 사실관계를 확정하여 그에 대한 법적 판단을 하는 통상적인 재판업무와 달리 미래를 예측, 전망하고 그에 따른 대응을 다루는 법인회생 사건과 통일사법 업무를 수년간 담당하게 되면서 미래전략에 관하여 관심을 갖게 되었다. 공주지원장으로 재직 중이던 2019년부터 2년간 KAIST 미래전략대학원에서 인공지능을 비롯한 최신 과학기술과 미래예측방법론에 대하여 공부하였다. 그 과정에서 '인공지능기술이 계속 발전하게 되면 법관은 사라지게 될 것인지'가 궁금해서 '인공지능기술의 발전에 따른 법관의 미래'라는 주제로 학위논문을 작성하기 시작하였고, 그 연구 성과가 이 책의 모태가 되었다. 강요나 금지가 아니라 '넛지(Nudge)'를 통해 더 나은 미래를 만들어가는 작업에 관심이 많고, 이를 몸소 실천한 도산 안창호 선생을 가장 존경한다. 주요 연구실적으로는 '퍼블리시티권의 양도성·상속성에 관한 연구(2005)', '한국의 금융기관 파산에 관한 연구(2015)', '통일 이후 북한지역 토지등기제도의 수립방안 (2017)', '미국 연방파산관리인제도 연구(2018)' 등이 있고, 『주석 채무자회생법』, 『도산판례백선』, 『회생사건실무(상)·(하)』, 『Entertainment Law』 등에 공저자로 참여하였다. 그 밖에 파산법, 지식재산권법, 중국법, 통일법 분야 관련 다수의 논문을 발표하였다.

〈주요 이력〉
- 제42회 사법시험 합격(사법연수원 32기)
- 부산, 수원, 서울중앙지방법원 판사
- 대법원 사법정책연구원 연구위원(판사)
- 공주지원장, 대전지방법원 부장판사
- 현) 사법연수원 교수(부장판사)

〈주요 학력〉
- 서울대학교 법과대학 졸업(법학학사·석사, 박사과정 수료)
- 중국정법대학 민상경제법학원 졸업(법학박사)
- KAIST 미래전략대학원 졸업(공학석사)

인공지능시대: 법관의 미래는?

| 초판발행 | 2022년 2월 10일 |
| 중판발행 | 2023년 1월 30일 |

| 지은이 | 오세용 |
| 펴낸이 | 안종만 · 안상준 |

편 집	양수정
기획/마케팅	이영조
표지디자인	이수빈
제 작	고철민 · 조영환

펴낸곳	(주) **박영사**
	서울특별시 금천구 가산디지털2로 53, 210호(가산동, 한라시그마밸리)
	등록 1959.3.11. 제300-1959-1호(倫)
전 화	02)733-6771
f a x	02)736-4818
e-mail	pys@pybook.co.kr
homepage	www.pybook.co.kr
ISBN	979-11-303-4042-5 93360

* 파본은 구입하신 곳에서 교환해 드립니다. 본서의 무단복제행위를 금합니다.
* 저자와 협의하여 인지첩부를 생략합니다.

정 가   20,000원